文件类

江苏省住房和城乡建设厅
江 苏 省 财 政 厅
江 苏 省 国 土 资 源 厅 文件
江 苏 省 物 价 局

苏建房保〔2014〕671号

关于推进保障性住房共有产权工作的意见

各市、县（市、区）建设局（房产局）、财政局、国土局、物价局：

近年来，我省一些市县探索试点保障性住房共有产权工作，较好地解决了经济适用住房分配和管理中的难题，满足了具有一定支付能力住房困难群体的住房需求，在一定程度上缓解了政府筹集住房保障资金的困难。为更好地发挥共有产权住房试点成果的作用，引导住房合理消费，满足城市中低收入住房困难群体多

— 1 —

苏建房保〔2014〕671号

南京市人民政府文件

宁政规字〔2015〕10号

市政府关于印发南京市保障性住房共有产权管理办法（试行）的通知

各区人民政府，市府各委办局，市各直属单位：

现将《南京市保障性住房共有产权管理办法（试行）》印发给你们，请认真遵照执行。

南京市人民政府
2015年4月29日

— 1 —

宁政规字〔2015〕010号

淮安市安置房办法

淮安市经济房办法

连云港市文件

泰州市共有产权发文

小区类

淮安市福星花园小区——全省第一个共有产权住房

淮安市康居花园小区

金坛市南洲花园

金坛市新城东苑

连云港市茗昇花园

连云港市保障性住房小区——茗怡花园

南京市丁家庄保障房

泰州市泰美园小区内部

淮安市洪福小区

淮安市新新家园

泰州市泰和园小区

南京市岱山保障房片区

课题组调研类

20150520 课题方案论证会 1

20150520 课题方案论证会 2

20160705 课题组到连云港调研

20160706 课题组到淮安调研

20160706 课题组到淮安调研

20160707 课题组到泰州调研

20170703 课题组到连云港调研

20170704 课题组到淮安调研

20170705 课题组到泰州调研

课题组到北京调研

部级课题验收会 1

部级课题验收会 2

中期汇报会 1

中期汇报会 2

共有产权住房制度
创新研究

曹云华 翁翎燕 吴翔华 编著

南京大学出版社

图书在版编目(CIP)数据

共有产权住房制度创新研究 / 曹云华,翁翎燕,吴翔华编著. —南京:南京大学出版社,2023.4
 ISBN 978-7-305-26788-8

Ⅰ.①共… Ⅱ.①曹… ②翁… ③吴… Ⅲ.①住房制度-研究-中国 Ⅳ.①F299.233.1

中国国家版本馆 CIP 数据核字(2023)第 031612 号

出版发行　南京大学出版社
社　　址　南京市汉口路 22 号　　　　邮　编　210093
出 版 人　金鑫荣

书　　名　共有产权住房制度创新研究
编　　著　曹云华　翁翎燕　吴翔华
责任编辑　田　甜　　　　　　　　　编辑热线　025-83593947

照　　排　南京紫藤制版印务中心
印　　刷　江苏苏中印刷有限公司
开　　本　718×1000　1/16　印张 19.25　字数 268 千
版　　次　2023 年 4 月第 1 版　2023 年 4 月第 1 次印刷
ISBN　978-7-305-26788-8
定　　价　78.00 元

网　　址:http://www.njupco.com
官方微博:http://weibo.com/njupco
官方微信:njupress
销售咨询热线:(025)83594756

* 版权所有,侵权必究
* 凡购买南大版图书,如有印装质量问题,请与所购图书销售部门联系调换

编 委 会

顾　　问：彭向峰　杜学伦　黄贤金
主　　编：曹云华　翁翎燕　吴翔华
副 主 编：黄国富　赵书健　蒋应柏　尤　俊
成　　员：吴立群　沈晓艳　孟　浩　漆信贤　霍晓宏
　　　　　万佳钰　黄　清　吴延宏　余剑波　刘　斌
　　　　　颜　江　滕　玲　刘广银　秦　玲　周建华
　　　　　孙彬凯　于　飞　袁永杰　丁正勤　王竹芳
　　　　　叶磊明　李伟霄

目 录

序 言 …………………………………………………………………… 1
1 导论 …………………………………………………………………… 1
   1.1 研究背景、理论基础和概念 ………………………………… 1
   1.2 国内外共有产权住房研究现状 ……………………………… 10
   1.3 研究的内容与方法 …………………………………………… 15
2 共有产权住房制度的国内外实践及比较 ………………………… 17
   2.1 江苏省共有产权住房制度实践 ……………………………… 17
   2.2 我国共有产权住房制度实践 ………………………………… 37
   2.3 国外共有产权住房制度实践 ………………………………… 43
   2.4 成效评价与经验借鉴 ………………………………………… 51
3 共有产权住房制度理论分析 ……………………………………… 61
   3.1 共有产权住房的法律分析 …………………………………… 61
   3.2 共有产权住房的社会价值分析 ……………………………… 65
   3.3 共有产权住房的经济性分析 ………………………………… 68
   3.4 共有产权住房与货币补贴保障效用比较 …………………… 71
4 共有产权住房制度的框架设计 …………………………………… 79
   4.1 共有产权住房制度的目标与原则 …………………………… 79
   4.2 共有产权住房制度框架设计 ………………………………… 86

5 共有产权住房制度的供需及确权机制 ……………………… 93
5.1 共有产权住房的需求研究 ……………………………… 93
5.2 共有产权住房制度供给机制及其创新 ………………… 100
5.3 共有产权住房的定价确权机制及其创新 ……………… 118

6 共有产权住房运行机制及其创新 ………………………… 126
6.1 共有产权住房资金保障机制 …………………………… 126
6.2 共有产权住房的退出机制 ……………………………… 131
6.3 共有产权住房的运营维护机制 ………………………… 133
6.4 共有产权住房的行政监管机制 ………………………… 136
6.5 共有产权住房的风险防范机制 ………………………… 138

7 完善共有产权住房制度的相关政策建议 ………………… 140
7.1 完善共有产权住房法律制度 …………………………… 140
7.2 推进共有产权住房运作市场化 ………………………… 149
7.3 促进共有产权住房主体多元化及方式多样化 ………… 152
7.4 健全共有产权住房制度的监督管理机制 ……………… 154

参考文献 …………………………………………………………… 157

附录一 共有产权住房制度创新研究专题研究报告 ………… 161
1 共有产权租售并举住房制度研究 ……………………… 162
2 基于市场化的共有产权住房运行模式研究 …………… 192
3 共有产权房权属登记与取得方式研究 ………………… 212
4 共有产权式经济适用住房的发展与探索 ……………… 232
5 经济适用住房共有产权份额认定 ……………………… 263

附录二 共有产权住房制度创新研究调研报告 ………………… 283
1 张家港市共有产权住房调研报告 ……………………… 284
2 高邮市共有产权住房调研报告 ………………………… 290

后 记 ……………………………………………………………… 299

序　言

　　住房问题依然是影响民生的一个重要问题,不仅关系着居民个人的家庭幸福,还影响着我国社会经济的发展与稳定。我国的住房改革从1978年开始已有30多年,经历了从最初的完全福利性质的实物分配到市场化过渡阶段再到市场化全面推行阶段。在此期间,我国先后出台了不同类型的住房保障措施,为不同收入阶层提供了符合其要求的保障性住房。我国的保障性住房主要有两种类型,一种是租赁性质的保障性住房,例如公共租赁房(公共租赁住房与廉租房已并轨);另一种是产权类型的保障性住房,例如经济适用住房。多层次的住房保障体系帮助不少住房困难家庭实现了住者有其居的梦想。

　　住房保障体系随着不断深入的实践探索逐步显现出一些新问题,如:住房困难的低收入、中低收入家庭申请政府的公共租赁房(含廉租房),不符合申请条件的向市场租房或购房,向市场买房几乎成为居民拥有住房所有权的唯一选择。但是,近十多年来各地房价持续上涨,低收入家庭大多被排挤出商品住房市场,部分城市甚至出现中等收入家庭也难以通过自身的力量购买商品住房的现象,形成新的夹心阶层,这些群体对拥有住房产权的呼声尤为强烈。针对上述问题,江苏省率先探索共有产权住房制度,并在理论与实践中积极寻求解决之道。从2004年起,江苏省姜堰、泰州、如皋、苏州、淮安、连云港等城市陆续开展共有产权经济适用房试点。2012—2013年,江苏省住房和城乡建设厅、财政厅和民政厅开展住房保障体系建设试点示范工作,淮安、南京、连云港、泰州、金坛等市参加其中的共有产权住房试点。2014 年 4 月,淮安与北京、上海、深圳、成都、黄石 6 个城市被列为全国共有产权住房试点城市。全国多个城市经过多年试点,结合各地实际形成各自特色,体现出"共有产权"的多样化,取得了一定的成效。

本书编委会课题组采用了文献分析法、实证分析法、比较分析法及预测分析法等方法,全面深入地梳理了江苏省七个调研城市共有产权住房政策的背景、历史及具体做法,剖析了该政策在各地实施过程中取得的成效和出现的问题,与国内其他试点城市进行了对比分析,同时通过借鉴国外共有产权住房的实践,对我国共有产权住房制度实施成效进行评价,总结现阶段我国共有产权住房制度理论,基于上述总结与分析尝试构建我国共有产权住房制度模型及创新机制,并提出相应的政策措施建议。

1 导论

1.1 研究背景、理论基础和概念

1.1.1 研究背景及意义

2000多年前,《孟子·梁惠王章句上》中记载,"居者有其屋,病者有其医",阐述了孟子对于大同社会的畅想。100多年前,孙中山将"居者有其屋"作为三民主义的重要内容,他希望凡是有定居需要的人都能获得住所。但在中国现有的住房保障体系中,城市房价的逐年攀升给城市的中低收入者及新就业者带来了前所未有的安居压力,全国上下开始了关于在城市生活"住有所居"的反思。市场机制在优化住房资源配置和提高住房资源配置效率等方面发挥着基础性作用。但是,由于市场失灵问题的存在,中低收入家庭在居住方面往往表现为支付能力不足,仅靠其自身的力量难以解决基本居住问题。要使得城市居民都"住有所居",政府必须建立和实施住房保障制度。住房保障制度是城市对于城市居民公平与正义的体现,也是关系到人民安居和社会稳定的德政工程。

20世纪末期,随着我国城镇住房制度改革的不断深入,我国的住房保障制度逐步从实物福利分房转变为商品住房和保障房并存的住房供应体系。

市场提供的商品住房与政府提供的保障性住房构成了当前住房供应的两大体系。其中,政府提供的保障房又经历了以售为主的经济适用房全面向以租为主的公共租赁住房的转变[①]。随着各地逐渐停止经济适用住房供应,其基本的现实情况是:住房困难的低收入、中低收入家庭申请政府的公共租赁房或廉租房,不符合申请条件的向市场租房或购房,向市场买房几乎成为居民拥有住房所有权的唯一选择。但是,近十多年来各地房价急速上涨,不仅把低收入家庭排挤出了商品住房市场,部分城市甚至出现中产阶级也难以通过自身的力量购买商品住房的现象,形成"夹心层"。为保障中低收入群体的居住权与资产自然增值收益权,为解决传统的经济适用住房产权不清、寻租严重,而公共租赁住房政府投入资金大量沉淀、退出不易、国有资产流失等问题,实现保障性住房制度的可持续运行,各地开始积极探索。2004 年,江苏省姜堰市最早开始共有产权经济适用房的探索实践。2007 年,泰州、淮安等地因地制宜,在旧城改造中推出具有共有产权性质的住房保障模式,即针对一部分拆迁户无经济能力补交安置房和被拆迁住房差价款的现状,通过以明确政府和被拆迁人各持有一定产权比例为前提,共同拥有同一套按照合理标准建设、限定套型面积和销售价格、具有保障性质的住房,有效地解决了中低收入家庭的住房困难。2009 年,黄石市结合国家法律法规及棚户区改造政策,创造性地在棚改拆迁还建项目中推出了共有产权性质的公共租赁房。2010 年,上海推出共有产权住房(经济适用房),政府对经济适用住房的各种投入转化为政府产权,与购房人形成共有产权。在淮安、黄石、上海等城市主要是为了解决居民想买房但又一次性买不了房的问题而主动推出共有产权住房的同时,一些经济欠发达地区如甘肃、吉林、贵州等地方政府则迫于廉租房建设资金巨大的压力,以廉租房租售并举为切入点,将中央补助金、地方补助金、税费优惠等转为政府出资,个人按开发成本价或略低于成本价出资,政府与个人形成共有产权。

---

① 张清勇. 中国住房保障百年:回顾与展望[J]. 财贸经济,2014,35(4):116-124.

十八大以来,以政府为主体满足基本保障、以市场为主体满足多层次住房需求的住房供应体系逐步建立。2014年,中央首次将"增加共有产权住房供应"写进了政府工作报告,共有产权模式正式进入顶层设计的视野,开启了探索共有产权住房制度走向全国性规划、建设、管理的道路,住房和城乡建设部在《关于做好2014年住房保障工作的通知》中确定北京、上海、深圳、成都、淮安、黄石为共有产权住房的试点城市。随着城市房地产市场的发展,近两年来,部分城市房地产市场火爆,城市的高房价让更多的人对于购买商品房望而却步。为此,2016年12月中央经济工作会议上,以习近平同志为核心的党中央明确提出,要促进房地产市场平稳健康发展,坚持"房子是用来住的、不是用来炒的"的定位。在这个定位下,全国城市房地产市场格局发生了较大的变化,城市住房供应体系出现了新的局面,特别是政策保障房的供应方面,一些城市开始出现越来越多的共有产权住房的形式。"房住不炒"也成为新形势下指导房地产健康发展的政策目标。综合运用金融、土地、财税、投资、立法等手段,加快研究建立符合国情、适应市场规律的基础性制度和长效机制,可以看出国家对于房地产发展要回归居住属性的新思路。随着大都市圈和区域核心城市土地供应增加,未来房地产投资回调幅度可能不深,因此,在现有的形势下,如何解决"夹心层"群体的住房问题,仍然是一个值得研究的问题。

尽管各地对共有产权住房已经有了诸多的探索和实践,但对这一问题的系统研究还相对比较滞后。共有产权的性质、优势还有待进一步探讨,如何通过共有产权住房模式来完善我国住房保障体系?共有产权住房制度该如何科学地设计?这些问题都还有待于进一步专业化、系统化、模式化地进行探讨和研究。

住房是人类生存与发展所必需的基本要素之一,获得适当的住房是人类的一项基本人权,"居者有其屋"也成为所有城市居民的共同梦想。无论是在发达国家还是发展中国家,住房问题都既是经济问题也是社会问题、政治问就是说,正是市场本身的运行产生了资源的集中,从而产生了垄断。我们把这一类强调市场运行下的直接结果的研究,归集为一类市场失灵的研究。另一类市场失灵的研究是外部性和公共品。它强调存在于市场之外的、市场运行规则无法对其发生作用的某些社会经济关系。围绕着能否将这部分经济关系和行为纳入市场,也就是能否让市场来内生化这一个问题,现代市场失灵理论展开了市场化和政府干预两条解决市场失灵的途径。七十年代以来,由于垄断理论的发展,对垄断现象的认识也进一步加深。许多人认为,适度的垄断甚至比自由竞争更有利于资源配置。这牵涉到规模经济问题和研究与开发的重要作用。于是,在市场失灵理论这个范围内,对垄断谈得少了,而谈论相应更集中于外部性和公共品,甚至在泰勒·科恩所编著的《市场失灵理论》一书中,干脆就认为,市场失灵的两个特征就是外部性和公共品,而其所选的论文无一不围绕这一点。因此,我们认为现代市场失灵理论的核心点就是对外部性和公共品的研究。

2. 住房租买选择理论

住房租购选择是一个十分重要的决策,住房租买选择理论就是住房市场上家庭特征、住宅特征、租购成本和心理因素会对居民住房租购选择产生的影响。虞晓芬以杭州为对象对我国居民住房租购选择进行了较为全面的研究。选择家庭特征因素(包括家庭年收入、家庭资产、户主年龄、婚姻状况、户主职业、户主受教育年限、户主户口、户主住房时间)、住宅特征因素(包括住宅面积、住宅总价、住宅房龄、区位环境、小区环境)、租购成本因素(房价租金比)和心理因素(包括价格走势、心理归属感和迁移的可能性)四大类因素对居民住房租购选择进行了实证研究。研究结论表明,家庭年收入、家庭资产、在杭州居住时间与家庭购买住房的可能性正相关;已婚和有稳定职业的家庭倾向于购买住宅;户主学历和年龄对住房租购选择无显著影响;面积越大的住宅被购买的可能性越大;区位环境越好、小区配套越好的住宅被购买的可能性越大;建成年限越短的住宅被购买的可能性越大;住宅总价的提高会显著降低住宅被购买的可能性;住宅的租金价格比越高,家庭购买住宅的可能性越大。预计对房价上涨难以判断的家庭更可能租赁住宅;心理归属感强的家庭更可能购买住宅;未来搬迁可能性大的家庭,倾向于租赁住宅[1]。

3. 住房过滤理论

住房过滤指的是在住房市场中,首先为较高收入居民建造的住房,随着时间的推移,住房质量会老化,房价会降低,较高收入的居民为了追求更好的住房,随即放弃现有住房,从而较低收入的居民有机会继续使用该住房的这一过程。成熟的房地产市场应该具备为各层次居民提供不同的产品的功能、满足其不同居住需求的能力。持久性是住房的特性之一,但是随着时间的推移,它的价值也会发生变化,因此不同消费人群对房屋面积与地段的需求标准也在提高。住房过滤理论揭示了住房市场发展的潜在规律,是住房保障制度设计的重要理论基础。在20世纪20年代初期,为解释芝加哥住宅格局,伯吉斯最早提出了住房过滤理论,主要用于从住宅区位经济格局的角度分析住宅空间分布的特点。通过长时间对该市的住宅区位格局做出调研分析,伯吉斯通过住房过滤的理论说明了芝加哥特殊的住宅位置的格局。他认为,如果人们的收入水平不断提高,他们居住的区域就会离真正的市中心区域越来越遥远。当时,由于19世纪工业的迅速发展,新的住宅离市中心的距离就越来越远,因此那些收入越高的家庭就住在离市中心越远越新的住宅中,他们以前的住宅就留下来由那些收入较低的家庭来居住,越穷的家庭住得越靠近市中心,这样一来,一直等到居住在市中心的那些收入最低的家庭搬出去,住到远方较新的住宅之中以后,那些最旧公房才被腾空出来,有时已经被拆除,最终由中央商业区所取代,从而形成接龙式梯度型布局。但到了20世纪50年代,"过滤论"已经很明显地表现出对区位的不适用性[2]。

---

[1] 虞晓芬. 居民住宅租购选择及其弹性研究——以杭州为对象[D]. 杭州:浙江大学,2007.
[2] 刘友平,张丽娟. 住房过滤理论对建立中低收入住房保障制度的借鉴[J]. 经济体制改革, 2008(4):154-158.

4. 产权理论

产权理论认为,私有企业的产权人享有剩余利润占有权,产权人有较强的激励动机去不断提高企业的效益。所以在利润激励上,私有企业比传统的国有企业强。产权理论奠基人科斯在《企业的性质》一书中的这一论述强调了明晰产权的重要性。没有产权的社会是一个效率绝对低下、资源配置绝对无效的社会。能够保证经济高效率运转的产权应该具有以下的特征:(1) 明确性,即它是一个包括财产所有者的各种权利及对限制和破坏这些权利的处罚的完整体系;(2) 排他性,它使因一种行为而产生的所有报酬和损失都可以直接与有权采取这一行动的人相联系,其他任何人无权介入;(3) 可转让性,这些权利可以被引到最有价值的用途上去;(4) 可操作性,清晰的产权同样可以很好地解决外部不经济(指某项活动使得社会成本高于个体成本的情形,即某项事务或活动对周围环境造成不良影响,而行为人并未因此而付出任何补偿)。科斯产权理论的核心是:一切经济交往活动的前提是制度安排,这种制度实质上是一种人们之间行使一定行为的权力。因此,经济分析的首要任务是明细和界定产权,明确规定当事人可以做什么,然后通过权利的交易达到社会总产品的最大化[①]。

1.1.3 相关概念

1. 共有产权住房制度

共有产权住房制度的基本含义是:政府用于保障房建设的财政性支出(主要是减免的土地出让收益和税费),转化为投资,政府按投资比例拥有房屋产权和相应权利。共有产权住房制度的具体形式是,凡由政府提供补贴的住房,均为按份共有住房,由政府和受助购房人按出资比例共同拥有产权,政府和受助者按规定共同申请领取《房屋共有权证》,标明房屋所有人为政府和受助购房人以及两者的产权比例。政府拥有的产权可以授权住房保障机构持有并行使相关权利。

---

① 吴易风. 产权理论:马克思和科斯的比较[J]. 中国社会科学,2007(2):4-18+204.

共有产权住房制度的内在本质是,坚持保障房的双重性质,实现保障性与商品性两者的有机统一。从这一意义上说,共有产权住房制度在本质上是通过保障房所有权具体权能的动态组合,使其成为"具有保障性质的政策性商品住房"的新的具体的实现形式。保障房产权与所有房屋产权一样,在经济和法律关系上主要体现为房屋所有人对房屋的占有、使用、收益和处分的权利。这些权利根据所有人的意志、目标和通过这些权利在不同条件下的不同组合形式,体现出保障房的保障性、商品性及其两者的统一[①]。

2. 共有产权住房份额

当多人共享一个所有权时,为避免相互之间的权利冲突,不得不规定一定的范围,使各人在其范围内行使其权利,这个范围就是各个共有人的应有部分。简而言之,份额就是各个共有人行使权利和承担义务的范围。这个范围可以通过多个角度表征,其中数量比例是最为直观的一个方面。份额抽象地存在于共有财产的任何一部分上,并不局限在共有物的某一特定部分之上,共有人根据其应有份额可以对共有物的任何一个部分行使权利,即占有、使用和收益权及于共有物的全部。

从共有产权住房来看,份额主要分为个人出资份额和政府出资份额。个人出资份额是指购买对象按保障房价格购买的个人相应出资金额。政府出资份额是指保障房免收的土地出让金、行政事业性收费和政府性基金。

3. 共有产权租售并举

共有产权租售并举住房制度是指政府向城市中低收入住房困难家庭提供的一种住房保障扶持政策,是住房保障体系的重要一环,也是住房保障制度的重要组成部分。具体来说,共有产权租售并举制度是由符合一定条件的住房困难家庭,采取部分购买、部分租赁的方式在一定时间内和政府按一定比例份额共同拥有一套政策性住房产权的制度。

---

① 刘维新,陆玉龙. 共有产权:经济适用房制度创新研究[J]. 中国房地产信息,2006(8):49-51.

1.2 国内外共有产权住房研究现状

1.2.1 国外共有产权住房研究现状

国外早在一百年前就已经开始摸索推广共有产权保障房,根据国家自身的经济条件所衍生的共有产权保障房类型也比较多,理论和实践经验也颇为丰富。在社会主义国家,首要解决的最基本的社会保障问题就是满足公民能够实现基本生活条件的居住问题。然而,这并不能够保证所有的公民都能够享有这种福利,因此,将其阐述为"福利国家不稳定的支柱"。如何高效推进保障房的建设,完善保障房体系已经成为国外政府承担责任的重中之重。

共有产权的概念最早用在住房领域的是英国[①],1980 年,英国政府为减轻财政负担,同时减轻部分中低收入家庭的负担和提高住房自有率,开始启动"共有产权计划"[②],迄今为止,经过 30 多年的实践发展,英国共有产权住房已较为成熟。共有产权住房的学术研究方面,剑桥大学土地经济系的 Anna Clarke 和 Andrew Heywood 对低成本住房产权的可支付能力、共有产权住房的住户在收入水平提高以后对共有产权进行产权购买的交易方式进行研究,鼓励采取"阶梯式"的购买方式,并对具体实施细节给予建议[③]。Anna Clarke、Sarah Monk 和 Aoife Ni Luanaigh 根据 MHO 和 Tower Homes 这两家过去 20 年英国伦敦主要实行共有产权的住房公司的数据,分析得出结论,大部分的共有产权住户对拥有住房感到十分开心,共有产权模式为很大一部分

---

① 韩文龙,刘灿. 共有产权的起源、分布与效率问题——一个基于经济学文献的分析[J]. 云南财经大学学报,2013,29(1): 15 - 23.

② 黄忠华,杜雪君,虞晓芬. 英国共有产权住房的实践、经验与启示[J]. 中国房地产,2014(13): 76 - 79.

③ Clarke, A., Heywood, A. Understanding the second-hand market for shared ownership properties[R]. Cambridge Center for Housing and Planning Research, 2012.

低收入群体提供了产权共有的机会,这对于社会公平与财富积累十分有益①。Anna Clarke、Alex Fenton 和 Sanna Markkanen 等人在针对获得住房使用权和共有产权的研究的文章中发现,共有产权计划在可支付住房计划中只占到大约 2.5% 的比例,但是共有产权计划使得可支付住房完成超出 30% 的任务,同时大部分申请共有产权的家庭都拥有至少一个全职劳动力。上述国外学者对共有产权模式的研究表明,共有产权计划在英国受认可程度较高,具备一定支付能力而又无力购买市场住房完整产权的家庭,乐意参与共有产权计划②。

1.2.2　国内共有产权住房研究现状

近年来,由于国内地方对共有产权住房制度探索的兴起,学术界也对共有产权住房制度愈发关注,研究的问题主要集中在共有产权住房制度的合理性、共有产权住房制度创新与构建等几方面。

在共有产权住房制度的合理性方面,刘维新、陆玉龙概括了共有产权住房制度对传统住房保障带来的改变,即改变了土地的供应方式、定价方式、房屋建设方式、房源供应方式、交易方式及补贴方式③。吴立群、宗跃光通过应用共有产权理论,结合实地经验分析得出"单一私有产权和国有产权能够以共有产权形式相结合"的结论,且该结论在现行法制下可行,在实际中可操作,支持了共有产权住房制度的客观存在性④。邓小鹏等认为共有产权的出现是因为经济适用房出现大量的寻租行为,而公租房又不能满足人们对私有

---

① Clarke A., Monk S., Luanaigh A. N. Low Cost Home Ownership Affordability Study[R]. University of Cambridge, 2007.
② Clarke A., Fenton A., Markkanen S. Tenure aspirations and shared ownership[R]. Cambridge Centre for Housing and Planning Research, 2008.
③ 刘维新,陆玉龙. 共有产权:经济适用房制度创新研究[J]. 中国房地产业, 2006(8): 49-51.
④ 吴立群,宗跃光. 共有产权住房保障制度及其实践模式研究[J]. 城市发展研究, 2009, 16(6): 7-9.

产权的要求①,于是租售并举的共有产权住房应运而生。梁爽在对英国共有产权住房制度的研究后表明,对于我国来说,共有产权住房制度是解决"夹心层"住房问题的一种制度选择,满足这部分家庭拥有住房的需求,并有机会分享资产的增值收益②③。金细簪、虞晓芬从给予中低收入家庭产权式保障的重要性、经济适用房政策的偏差、租赁型保障性住房难以持续等方面论证了共有产权的合理性④。国务院研究室对英国共有产权的调研研究发现,共有产权住房保障模式有利于提高住房保障的精准性,有利于缓解地方去库存压力和债务压力⑤。但也有学者对共有产权住房制度提出了质疑,朱宪辰、周彩霞总结了众多学者对共有产权的疑虑,主要有三个层面:首先是机制层面,政府不宜作为共有关系的权利主体,因为政府本身就是一个公共利益的代理人,一旦与特定的购房人形成共有关系,容易导致产权不清晰,国有企业即例证。其次,在政策层面,这些学者从共有产权的份额确定、权利义务界定、连带法律责任的风险、与国有资产管理制度如何衔接等方面提出了不少担忧。最后,在工具层面,这种保障方式不仅不会改善保障对象的生活,反而会人为地助长一些群体的购房欲求,由于这些群体的支付能力普遍不够强,形成的不良贷款将会给金融系统的稳定性埋下隐患⑥。

也有大量学者对共有产权的制度设计进行了探讨。在共有产权住房定位方面,学者们认为共有产权住房应坚持市场化运作原则,充分发挥市场在

---

① 邓小鹏,莫智,李启明. 保障性住房共有产权及份额研究[J]. 建筑经济,2010(3):31-34.
② 梁爽. 英国共有产权住房制度及对我国的启示[J]. 中国房地产,2014(11):31-38.
③ 郭新辉. 经济适用房共有产权制度研究[D]. 合肥:安徽大学,2011.
④ 金细簪,虞晓芬. 共有产权存在的合理性释义及未来发展思路[J]. 中国房地产,2014(6):22-26.
⑤ 国务院研究室赴英国"创新优化政府公共服务"培训考察组."创新优化政府公共服务"之五 以共有产权和货币化等灵活方式提供住房保障[J]. 社会治理,2017(1):151-153.
⑥ 朱宪辰,周彩霞. 经济适用房"共有产权制度"的制度缺陷分析[J]. 中国房地信息,2005(3):42-45.

资源配置中的决定性作用[1],可以通过鼓励培育政府监管下非营利性质的住房管理协会、改革住房公积金管理中心为政策性住房银行,为共有产权住房的市场化管理和融资提供支持[2]。此外还需要厘清共有产权住房和原有各类型保障房之间的关系[3],构建起多层次、清晰的住房保障体系。在住房定价方面,吕萍、修大鹏提出要按照市场价值确定共有产权住房价格[4]。顾正欣等从房屋的价格构成和中低收入者的可支付能力两个方面分析了共有产权经济适用住房的定价,建议采用家庭可支配收入乘以国际公认的6倍的合理房价收入比推算中低收入阶层所能承受的最高房价[5]。陈淑云提出,在传统经济适用房价格的基础上加上土地出让金,确定共有产权住房的总价格,共有产权住房个人购买部分的价格以成本定价为主要原则[6]。在产权比例设计方面,陈淑云提出按照"谁出资、谁收益"的原则确定产权份额。郭伟明等指出,共有产权住房的销售价格占周边市场价格的比例为家庭出资购买的产权比例,定价时可以根据周边市场和家庭承受能力等因素确定家庭购买的不同产权比例[7]。在保障对象方面,耿丹认为共有产权购房家庭应具有以下特征:有购置产权性住房的愿望,希望获得稳定的房屋所有权关系;有一定的购买能力,家庭收入和资产上高于廉租房最低收入标准,但又无力在市场上购房;在

---

[1] 杨春志,康俊亮.共有产权住房制度研究[J].北京航空航天大学学报(社会科学版),2016,29(5):1-6.
[2] 李海涛.完善共有产权住房制度设计的若干构思[J].现代城市研究,2016(4):82-87.
[3] 马辉民,刘潇.我国共有产权住房政策的探索与实践[J].中国行政管理,2016(1):145-149.
[4] 吕萍,修大鹏,李爽.保障性住房共有产权模式的理论和实践探索[J].城市发展研究,2013,20(2):20-23.
[5] 顾正欣,吴翔华,聂琦波.我国经济适用房定价模式研究——基于共有产权制度的分析[J].价格理论和时间,2010(2):29-30.
[6] 陈淑云.共有产权住房:我国住房保障制度的创新[J].华中师范大学学报(人文社会科学版),2012,51(1):48-58.
[7] 郭伟明,褚明鹤.完善共有产权住房的设想和实践探讨[J].中国房地产,2014(11):27-30.

解决自身住房问题的同时,对家庭出资和持有房屋产权有保值增值的预期①。在运行管理方面,吕萍等指出,构建权能完善的共有产权模式的首要条件是将住房产权的权利束完整明确地界定给共有权利人和私有权利人,并以合同的形式加以确定,赋予私有权人转让共有产权份额自由的权利,可通过合约限定转让对象和转让方式。此外,将共有产权保障住房使用纳入全市信用体系可为后期管理提供有效支撑②。郭伟明等提出借鉴英国实施共有产权的经验,政府产权部分由家庭承租的,还需建立租金动态管理机制,当共有产权住房应用于住房保障时,有必要从保障本原出发,对房屋的抵押担保、投资等处分权益进行限制,严格房屋变更、继承和退出管理,维护公共资源公平分配使用③。郜浩等人提出三种共有产权保障房的供给模式,并指出目前应采用政府集中兴建为主的模式,提出建立专门的共有产权住房管理机构,负责共有产权房的建设、分配和管理工作,拓展和创新长期融资的渠道④。也有学者认为,共有产权住房也可以引入 PPP 模式,这样公私双方可以通过合理的风险配置,发挥各自优势,实现利益共享,更好地满足社会公众对保障性住房的需求,最终达到"共赢"状态,更好地推动我国保障性住房的健康可持续发展⑤。

---

① 耿丹. 共有产权住房制度设计——基于公平和财富视角的研究[D].上海:华中师范大学,2012.

② 吕萍,修大鹏,李爽.保障性住房共有产权模式的理论与实践探索[J].城市发展研究,2013,20(2):20-23.

③ 郭伟明,褚明鹤.完善共有产权房的设想和实践探讨[J].中国房地产,2014(11):27-30.

④ 郜浩,吴翔华,聂琦波. 共有产权经济适用房运作体系研究[J]. 工程管理学报,2011,25(2):201-205.

⑤ 郑晓云,邓芮希. 基于共有产权保障性住房 PPP 模式研究[J]. 城市住宅,2016,23(5):77-80.

1.3 研究的内容与方法

本课题以共有产权住房制度为研究对象。首先,从国外、国内包括江苏省各地的理论与制度探索、创新与实践入手进行梳理,归纳总结出我国共有产权住房制度在实践上取得的成就及存在的问题,分析国外共有产权住房实践对我国的启示;其次,深入探讨共有产权住房制度的理论,从共有产权住房的概念界定、法律背景、社会价值及其经济性进行分析,并对共有产权住房与货币补贴保障效用进行比较,以此构建出共有产权住房的制度理论框架;再次,在明确了共有产权住房制度的目标和原则后,对共有产权住房的需求进行分析,以供给机制、定价确权机制、监管机制及其创新为核心,构建共有产权住房创新制度的模式;最后,根据共有产权住房制度的理论和实践的研究提出相关政策建议。本研究技术路线如图1.1。拟采用的研究方法有:

(1) 文献研究法:广泛阅读相应的文献资料,了解国际、国内共有产权住房按份共有的理论与实践情况;

(2) 实证研究法:通过一定深度的实地调研,以江苏省泰州、淮安、南京、连云港、常州金坛、高邮及张家港等地的实践为主题,探索共有产权住房制度的发展历程、典型经验、运行成效及存在的困难和问题等,并对共有产权住房制度进行相应的梳理;

(3) 比较分析法:通过对国内外典型共有产权模式的比较研究,借鉴经验,为完善我国共有产权住房发展提出政策建议。

(4) 预测分析法:对共有产权住房的需求量进行预测分析,并给予需求量的分析来研究共有产权住房保障的标准制定。

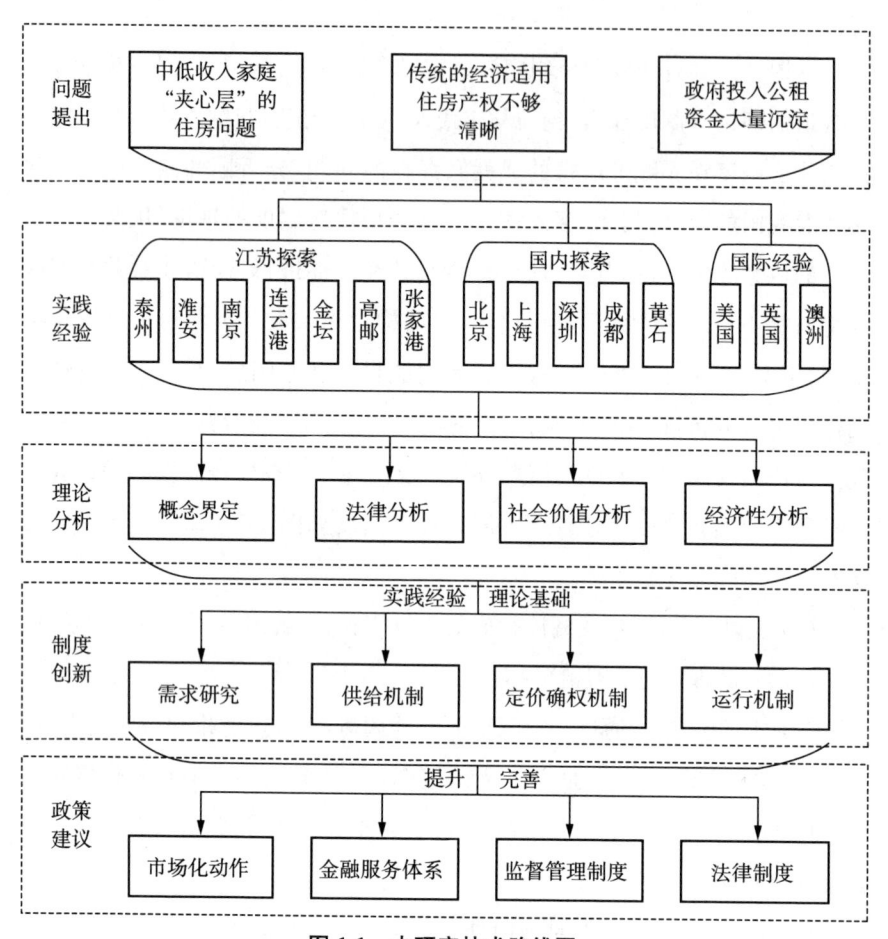

图 1.1　本研究技术路线图

2 共有产权住房制度的国内外实践及比较

2014年4月1日,包括北京、上海、淮安、成都、深圳和黄石在内的6个城市被住建部确定为全国共有产权住房试点城市。实际上,江苏省在住建部公布名单之前,就已经率先开始了共有产权住房模式的探索。这些探索与实践给我们提供了多样化的经验,为进一步在全国范围内推广起到了先导与示范的作用。同时,我们也注意到在实践过程中出现了一些有待完善的问题。共有产权住房在国外有很多值得借鉴的做法,比如英国、美国、澳大利亚等国的做法各具特色,在从我国国情出发的前提下,总结梳理国外先进经验,扬长避短,才能探寻和建立适合我国经济发展、城镇居民生活和居住水平的制度方式。本章节将综合国内外共有产权住房制度的探索与实践,梳理主要模式,总结经验,分析问题,为进一步拓宽视野、厘清要素、创新制度提供参考。

2.1 江苏省共有产权住房制度实践

共有产权住房制度是继经济适用房、解困定销房、廉租房等住房保障形式后的又一种制度创新,也是住房保障体系中的重要一环,是住房改革的一大跨越。为解决"夹心层"住房难问题,江苏首先提出共有产权模式作为改进和规范经济适用房制度的一种重要途径。2004年起,江苏省姜堰、泰州、如皋、苏州、淮安、连云港等城市陆续进行了共有产权经济适用房的试点。2012—2013年,江苏省住房城乡建设厅、财政厅和民政厅开展住房保障体系建设试点示范工作,淮安、南京、连云港、泰州、金坛、高邮、张家港等市参加其中的共有产权住房试点。深入总结共有产权模式已有试点经验,有利于完善共有产权实施机制,从而完善共有产权模式在不同类型城市的适用范围和实现方式。

2.1.1 泰州

1. 住房供给

泰州市共有产权、租售并举制度主要是面向旧城改造中的"双困"家庭和不符合经济适用房条件中的"夹心层"住房困难家庭。房源主要分两块,一是拆迁安置房,二是经济适用房,土地性质均为划拨。面向社会销售的房源一般根据经济适用房的开发建设总量,实施租售并举的经济适用房按当年经济适用房竣工总量的10%左右配置。实际上,每年按向市政府申请报批的财政资金额度安排实施租售并举的经济适用房规模,在开发建设的经济适用房房源中统筹安排。

同时,在泰州市行政区范围内建设的共有产权住房项目可以享受经济适用住房项目的各种税费优惠,免收城市基础设施配套费、行政事业性收费、政府基金,建设单位直接向住房保障管理部门申请办理配套费等免缴手续,享受国家规定的经济适用住房开发的各项优惠政策。

2. 准入机制

市区中等偏低收入住房困难家庭申请共有产权住房,采取"三审两公示"程序。首先,申请人提出申请。符合保障条件的家庭在规定时间内提出申请,填写申请表,提供相关资料,交户籍地社区。其次,受理及基层初审(社区)。社区居委会通过入户调查、邻里访问等方式对申请人家庭住房和家庭收入状况进行调查,对符合保障条件的家庭提出初审意见并上报所属街道办事处,不符合保障条件的,说明理由退回。第三,基层初审并公示(街道)。街道办事处就申请人的家庭收入、家庭住房状况等是否符合规定条件进行审核,提出初审意见并在辖区内张榜公示,对符合保障条件的家庭报房产管理处,不符合保障条件的,说明理由退回。第四,区级复审(房产管理处)。房产管理处就申请人家庭租住直管公房情况进行说明,并将申请人的申请材料转区房改办。第五,区级复审(区房改办)。区房改办根据申请人家庭房改情况、租住直管公房情况等,对该家庭住房状况进行复审,对符合规定条件的,报市房产管理局,不符合保障条件的,说明理由退回。第六,市级审批(市房产管理局)。市房产管理局就区房改办上报申请材料,再次对申请家庭基本情况进行审核。经审核,符合规定条件的,在房管局网站上予以公示,不符合保障条件的,说明理由退回。第七,选房(市房产管理局)。根据共有产权住房房源情况,确定选房方式、选房时间并进行选房,建立纸质和电子档案。

3. 产权分配

产权按照个人与政府共有的方式设计。泰州市以房屋建筑面积的1/3面积作为共有产权部分,最高不超过 30 m²。如购房者要购买 75 m² 的户型,按照泰州市共有产权租售并举的产权设计,购房者个人拥有 50 m² 产权,政府拥有 25 m² 产权。

4. 房价与租金

泰州市共有产权租售并举经济适用房的价格由房屋销售价格和公有产权部分的租金两部分构成。两部分价格均实行政府指导价,其中,共有产权租售并举经济适用房的销售价格严格按照《泰州市市区经济适用住房管理实施办法》中关于经济适用房价格管理的相关条款执行,由市价格行政主管部门会同市房产管理局审核后报政府批准,并向社会公布;共有产权部分的租金为 2 元/月/m²,用于日常的管理和维护。

5. 财政担保机制

为解决低收入家庭购买经济适用房按揭贷款担保难问题,2009 年下半年,泰州市出台了《泰州市市区低收入家庭购买经济适用住房办理按揭贷款

担保的操作细则》,创新担保方式,首创财政担保机制,解决困难家庭贷款难题。具体模式如下:

(1)由市财政局下属国有泰州市阳光投资担保公司为购买共有产权经济适用房家庭按揭贷款提供购房担保。贷款者需向担保公司缴纳担保费,担保费一次性缴纳,贷款5年内(含5年内),担保费按贷款总额的1%收取;贷款5年以上的,担保费按贷款总额的2%收取。

(2)购房者可将自有产权部分房屋抵押,向交通银行、兴业银行及地方的农商行等银行申请贷款,贷款的额度为70%,解决房屋资金购买难题。

(3)购房者遭遇特殊困难确实无法按期偿还银行贷款,由担保公司先履行担保义务,偿还银行贷款本息,由泰州市房管局作为主体,配合阳光担保公司向法院提起诉讼,通过拍卖的方式将这些家庭房屋的自有产权部分进行拍卖(相当于政府回购),用拍卖所得款偿还银行贷款,同时将这些家庭用公租房进行安置。

6. 退出机制

泰州市共有产权租售并举制度的退出机制有三种形式:第一,增购。个人可以购买政府产权形成完全产权;第二,上市交易。直接通过市场转让,按比例与政府分成收益;第三,特殊情况下的退出。

第一种情况,在共有产权期间,购买共有产权租售并举经济适用房的当事人可在5年内一次性或分期按初始售房单价购买公有产权份额,形成完全产权。5年后购买的,按照市政府确定的新价格执行。

第二种情况,《泰州市市区经济适用房租售并举实施细则》中明确规定租售并举经济适用房在取得完全产权5年后可上市交易,2014年经泰州市政府同意,对中低收入住房困难家庭的经济适用房上市免交增值收益。

第三种情况,共有产权期间,如有购房家庭由于自身家庭发生重大变故导致贷款资金没有能力及时偿还的,由泰州市房管局作为主体,配合阳光担保公司向法院提起诉讼,通过拍卖的方式将这些家庭的房屋拍卖,竞拍过程中政府拍得房屋,相当于政府将房屋回购。同时对这些家庭,采用公租房进行安置。房屋拍卖后,原保障家庭自身所持房屋产权转化为现金,这部分现金一部分用于还贷(还给阳光担保,因为阳光担保已经提前替保障家庭向银行还清贷款);一部分用于支付房屋拍卖过程中产生的费用,如诉讼费等;还有一部分用于支付公租房租金,由法院从自有产权拍卖后剩余的资金中提前提取8～10年的资金作为公租房租金,每年进行代扣。在这期间,如果住户不愿再住公租房,则剩余的租金可予以全部退还。这样的流程的目的一是保障当事人的利益,二是将住房保障部门作为第三方,避免出现很多矛盾。

具体操作内容见表 2.1:

表 2.1　泰州市共有产权模式的具体操作内容

环节	指标	内容
供给	用地性质	划拨土地
	土地供应	纳入年度土地供应计划,用地指标单独列出
	建设总量	在开发建设的经济适用房房源中统筹安排
	供应标准	居住人口 1～2 人户,安排 65 m^2 左右的户型;3～4 人户,安排 75 m^2 左右的户型;5～6 人户,安排 85 m^2 左右的户型
定价	房屋价格	比周边商品房便宜 30%～40%
	价格构成	出售价格＋租金
	产权比例	泰州市以房屋建筑面积的 1/3 面积作为共有产权部分,最高不超过 30 m^2
分配	申请对象	市区房屋被征收"双困"家庭;具有市区常住城镇户口 5 年以上,人均住房建筑面积在 20 m^2 以下,人均月收入低于上年市区人均可支配收入的 60%,无房家庭优先购买
	申请流程	申请—社区初审—街道初审公示—区复审—市审批公示—选房
退出	退出方式	个人购买政府产权形成完全产权而退出;特殊情况转让,政府通过拍卖回购;5 年后上市交易
	收益分配	上市免交增值收益,按比例与政府分成收益

2.1.2 淮安

1. 保障对象

保障对象分为三类人群,一是城市中等偏下收入住房困难家庭,二是新就业人员,三是进城务工人员。对城市中等偏下收入住房困难家庭每年动态调整收入线准入标准,2014年以前按照低于上年度城镇人均可支配收入的80%确定,从2014年开始按照低于上年度城镇人均可支配收入的100%确定。同时放开市区城市无房居民购买政府建设的共有产权的收入限制,也就是说,只要是具有市区户籍的无房居民,不论收入高低均可购买政府建设的共有产权房。大中专院校毕业不超过8年、具有市区城市居民户口的无房新就业人员可以申请货币补贴,也可以申请实物配售一套共有产权住房。新就业人员与城市居民的最大不同就是对收入没有限制。对淮安市户籍人口到市区务工并在市区连续缴纳城镇职工基本社会保险2年以上、家庭人均年收入不高于上年度城镇人均可支配收入、在市区无房人员,以家庭为单位可以申请货币补贴,也可申请实物配售一套共有产权房。

2. 住房供给

实物配售方式:政府集中建设、分散配建回购的共有产权房的用地均通过土地市场正常交易,以出让方式取得,同时项目以经济适用房名义办理立项、规划等基本建设手续,享受经济适用房等政策优惠,因其土地性质和使用法律,决定了共有产权房的性质是政策性普通商品住房。

货币助购方式:政府向保障对象提供货币补贴,由保障对象根据自己家庭生活和工作情况在市区(不含淮阴区、淮安区)范围内自主购买普通商品住房,不设置货币助购房源定向目录,形成共有产权房,充分利用市场资源。

3. 住房价格

实物配售方式:政府集中建设、分散配建回购的共有产权房配售价格与普通商品房市场销售价格挂钩(比同时期同地段普通商品房住房市场价格低5%~10%左右,体现政府让利)。

货币助购方式:政府补贴助购房源价格完全市场化。

4. 产权份额

实物配售方式:2007年至2012年期间,购房人和政府出资份额主要执行7∶3共有产权住房份额比例,主要是根据传统经济适用房价格与同期、同类地段普通商品房价格之比确定。一套共有产权房的个人出资额等同于购买同面积经济适用房的出资额。在棚户区改造中,共有产权拆迁安置住房的产权份额,主要执行7∶3,即被拆迁出资所占份额一般占购房总价的70%,不低于50%。从2013年起,进一步调低个人出资最低份额比例,同时不设置个人最高出资份额,即个人出资可在不低于60%的范围内自行选择出资的具体份额。

货币助购方式:由政府向保障对象提供货币补贴,保障对象直接到市场自主购买普通商品住房,形成共有产权房,出资份额可在保障对象出资不低于60%、政府出资不高于40%的条件下,由其自行选择。为了引入社会资本,淮安市还采取政府和企业共同出资的方式,向保障对象提供支持,共同购买普通商品住房,形成共有产权房。个人、企业、政府三方共同出资的,个人出资不低于70%,企业、政府出资分别不高于20%、10%的份额;个人与企业两方出资的,个人出资不低于70%。

5. 申请流程

2012年以前,对通过"三审两公示"(即由申请人到街道服务窗口申请,街道服务窗口一审一公示、市民政部门组织相关部门对申请保障家庭的收入和财产联动审核、市住房保障部门终审、媒体集中公示)的保障对象采用摇号分配方式供应共有产权房。由于房源充足,2012年采取供应证方式,由符合条件的申购家庭在两年内持证到市住房保障中心服务部选房、购房。

6. 信贷担保

为了提高购房家庭一次性支付能力,市住房公积金中心和商业银行创新按揭贷款业务,由市住房公积金中心和商业银行提供贷款、住房担保公司担保、住房保障部门托底的方式支持购房人购买共有产权房,解决购房能力弱的问题。目前,协调了江苏银行为共有产权购房家庭提供贷款。

同时,共有产权住房购买人,可以提取本人及其直系亲属的住房公积金;可以用本人及其直系亲属缴存的住房公积金,偿还个人住房贷款。

7. 退出机制

一是在共有产权期间,共有产权个人因治疗重大疾病和伤残等急需退出共有产权房的,或无力偿还个人产权部分贷款的,由个人提出申请,经审查情况属实的,政府可以按照原配售价格回购个人产权,同时按照规定向其提供公租房;或者调减个人产权份额,调减的产权份额由政府按原配售价格回购。

二是上市交易,共有产权房可以与普通商品住房一样上市交易,在共有产权期间,其他共有人有优先购买权,共有产权房的所有产权人按照各自的产权份额分成出售所得。出售价格,以房地产价格评估机构评定的市场价格为准。

三是购房人购买全部产权。自房屋交付之日起 8 年内购买的,按原配售价格结算,8 年后购买的,按届时市场评估价格购买。

具体操作内容见表 2.2:

表 2.2 淮安市共有产权模式的具体操作内容

环节	指标	内容
供给	用地性质	挂牌出让:限房价、竞地价
	土地供应	纳入年度土地供应计划,用地指标单独列出
	建设总量	纳入省市年度经济适用住房建设目标任务
	供应标准	保障面积标准不超过人均建筑面积 24 m²,人口增加时可以换购较大套型住房
定价	房屋价格	比周边商品房便宜 5%~10%
	价格构成	出售价格
	产权比例	实物配售:个人出资不低于 60%,自行选择; 货币助购:个人与政府共有:个人出资不低于 60%,自行选择;个人、企业和政府共有:个人出资不低于 70%,企业、政府出资分别不高于 20%、10%;个人与企业共有:个人出资不低于 70%

续　表

环　节	指　标	内　　容
分配	申请对象	一是城市中等偏下收入住房困难家庭,二是新就业人员,三是进城务工人员
	申请流程	申请—街道一审—公示—市民政部门二审—市住房保障部门终审、媒体集中公示—持供应证选房购房
退出	退出方式	个人购买政府产权形成完全产权而退出;特殊情况转让,政府回购,提供公租房;上市交易
	收益分配	按比例与政府分成收益

2.1.3　南京

1. 保障对象

南京市共有产权保障房的保障对象分三类人群:一是符合条件的城市中低收入住房困难家庭;二是具有本市玄武区、秦淮区、建邺区、鼓楼区、栖霞区、雨花台区(以下称江南六区)户籍且在本市无房屋权属登记、交易记录的城镇居民无房家庭;三是具有江南六区户籍且在本市无房屋权属登记、交易记录,签订劳动合同且连续缴纳社会保险2年及以上,全日制院校本科及以上学历、毕业未满5年的新就业人员。

2. 产权份额

保障对象可分次购买共有产权保障房产权份额。首次购买的产权份额,城市低收入住房困难家庭不得低于50%,城市中的偏低收入住房困难家庭不得低于70%,其他保障对象不得低于80%。

3. 房价核定

共有产权保障房供应价格实行动态管理,由市物价部门按照略低于周边同品质、同类型普通商品住房实际成交价格标准核定,并向社会公示。根据宁价服〔2016〕135号文件相关规定,首批共有产权保障房销售单价为9925元/m²。

4. 准入退出机制

南京市共有产权保障房的供应实行申请、审核、公示和轮候制度。对中本价格),核定的经济房成本价格作为个人出资金额,经测算确定政府和个人的产权比例,在房屋产权证上予以注明。该产权比例测算由住房保障主管部门牵头,各相关成员单位配合,在房屋预(销)售前确定。

在保障面积内的,购房人与政府按届时测算的比例拥有相应的产权比例;在保障面积以外的,购房人按照市场价格购买的,个人拥有完全产权。

4. 退出机制

共有产权式经济房 5 年内不得上市交易,因特殊原因确需转让的,须经市住房保障主管部门批准并按照原购房价格回购。满 5 年上市交易时,按届时同地段普通商品房住房销售价格及产权份额进行评估,分配上市交易金额,足额上缴政府产权及收益部分后方可办理相关手续,变更为完全产权。交易金额上缴部分全额缴入市住房保障专项资金专户,实行"收支两条线"管理,专项用于共有产权式经济适用住房的建设和回购。

购买共有产权式经济适用住房的家庭,可以分期购买政府产权部分,成为完全产权。5 年内(以缴纳契税日期为准),按初始购房价格购买;5 年后,按届时同地段普通商品住房销售价格购买。

共有产权式经济适用住房满 5 年上市交易的,应根据市物价部门公布的届时同地段普通商品住房销售均价进行评估(不计算房屋装修费用),并按照产权比例进行分割后,方可持相关凭证办理房屋、土地权属过户手续。过户后的房屋权属转变为完全产权,土地性质同步转变为出让。同等条件下,政府享有优先购买权。

具体操作内容见表 2.4:

表 2.4 连云港市共有产权模式的具体操作内容

环节	指标	内容
供给	用地性质	划拨土地
	土地供应	纳入年度土地供应计划,用地指标单独列出
	供应标准	2 口人家庭,保障面积为 50 m²;3 口人家庭,保障面积为 60 m²;4 口人及以上家庭,保障面积为 80 m²

续 表

环节	指标	内　容
定价	房屋价格	经济房成本价
	产权比例	核定的经济房成本价格作为个人出资金额,将政府免收的土地出让金、行政事业性收费和政府性基金折算为政府出资金额
分配	申请对象	城市低收入住房困难家庭
	申请流程	申请—街道初审—区复核公示—市复核公示—摇号轮候
退出	退出方式	个人购买政府产权形成完全产权而退出;特殊原因需转让,政府按原价回购;满5年上市交易
	收益分配	根据届时同地段普通商品住房销售均价进行评估,按照产权比例进行分割

2.1.5　常州金坛

1. 房价核定

根据《江苏省经济适用住房价格管理办法》,金坛区的经济适用住房价格包括土地征用费用、前期工程费用、房屋建筑安装工程费和附属公共配套设施费。

共有产权住房退出时,同地段普通商品房价格由经济适用住房的价格、土地净地出让与土地划拨前期取得费用价差、政府减免的各项规费和政府性基金、合理的利润(10%)和税金五个部分组成。

2. 产权份额

金坛区共有产权住房保障是以实物配售和货币补贴相结合,保障对象可自由选择。所以共有产权份额认定也分为实物安置产权份额和货币补贴产权份额。

(1) 实物安置产权份额

个人出资份额是指:经济适用住房购买对象按经济适用住房价格购买的个人出资金额。政府出资份额是指:经济适用住房免收的土地出让金、行政事业性收费和政府性基金。政府出资具体金额为同期同地段同类普通商品房市场价的85%减去经济适用住房价格。

个人份额面积为:$A \div (B \times 85\%) \times C$

政府份额面积为:$(B \times 85\% - A) \div (B \times 85\%) \times C$

其中 A 表示经济适用住房价格;B 表示同期同地段同类普通商品房价格;C 表示享受经济适用住房面积。

(2)货币补贴产权份额

个人出资份额是指:个人在市场上购买住房的个人出资金额。政府出资份额是指:享受经济适用住房货币补贴金额的 85%。

个人份额面积为:$(A - B \times 85\%) \div A \times C$

政府份额面积为:$(B \times 85\%) \div A \times C$

其中 A 表示购买该房屋总金额;B 表示货币补贴金额;C 表示该套房屋总面积。

3. 金融保障

《金坛市经济适用住房管理办法(修订版)》坛政规〔2012〕9 号规定:经济适用住房开发单位可以用在建项目作抵押向金融机构申请住房开发贷款。且各金融机构和住房公积金管理中心要向购买经济适用住房的个人优先发放商业性个人住房贷款、政策性个人住房贷款或个人住房组合贷款。

在共有产权贷款方面,金坛区与中国银行达成协议:协议保障对象如不能偿还共有产权住房贷款时,退出时以公租房置换共有产权住房,通过政府回购,来偿还银行的损失,并且约定全区共有产权抵押贷款业务只授权给一家银行来做。

4. 管理制度

金坛区创立"联合审查"制度,联合公安、民政、财政、人力资源和社会保障、住房和城乡建设、公积金管理中心、地税、国税、工商、总工会、残联、监察等十二个部门,按照各自职责共同做好城镇居民申请住房保障家庭经济状况核查工作。各相关部门应当指定专人负责本部门对申请住房保障家庭经济状况进行的核查工作。

设立专项维修基金,《办法》规定购买共有产权住房的居民要按时按房屋建筑面积交纳物业管理费用。专项维修基金由购房人按房屋建筑面积全额缴纳。后期管理费处理:共有产权小区的物业费由业主委员会自行收取。

具体操作内容见表 2.5:

表 2.5 常州市共有产权模式的具体操作内容

环节	指标	内容
供给	用地性质	出让土地
	土地供应	纳入年度土地供应计划,用地指标单独列出
	供应标准	每户家庭享受建筑面积 75 m²
定价	房屋价格	比同期同地段同类商品房便宜 15%
	产权比例	实物安置:个人出资额为经济房价格,政府出资额为免收的土地出让金、行政事业性收费和政府性基金;货币补贴:个人出资额为个人在市场上购买住房的出资额,政府出资额为享受经济房货币补贴金额的 85%
分配	申请对象	城镇中等以下收入住房困难家庭
	申请流程	申请—社区初审公示—区复审公示—市会审公示—摇号选房/先购房后补贴
退出	退出方式	个人购买政府产权形成完全产权而退出;特殊原因需转让,政府按原价并考虑折旧和物价水平回购;满 5 年上市交易,需补交增值收益
	收益分配	根据届时同地段普通商品住房销售均价进行评估,按照产权比例进行分割

2.1.6 高邮

1. 高邮市共有产权住房政策办法

2007 年高邮市政府出台了《高邮市共有产权经济适用住房管理试行办法》,这是高邮市第一次探索经济适用住房新的实行形式,主要保障对象是符合经济适用住房条件,但又无力购买经济适用住房的中低收入家庭。从 2007 年至 2012 年期间,共有 98 户中低收入家庭购买了共有产权经济适用住房。2013 年,根据省建设厅、财政厅、民政厅《关于公布住房保障体系建设省级试点项目及实施单位名单的通知》的要求,高邮市被列入省共有产权经济适用住房制度创新试点城市。于 2013 年 10 月 8 号出台了《高邮市共有产权经济适用住房管理试行办法》，建立了新的共有产权经济适用住房制度。

2. 高邮市共有产权住房实施制度

新的共有产权经济适用房特点为显化政府出资额，实行政府与保障对象共同拥有经济适用住房房屋产权，并按出资比例形成各自的产权份额。

高邮市按照《高邮市经济适用住房管理实施细则》第五条"经济适用住房建设用地以划拨方式供应"的规定，确定共有产权经济适用住房建设土地性质为划拨。其共有产权经济适用住房在经济适用住房小区中配建或单独建设共有产权经济适用住房小区。

共有产权经济适用住房严格执行经济适用房相关规定，实行严格的准入和退出机制，其供应程序包括申请、审核、公示和轮候制度。高邮市规定：符合经济适用住房保障条件的住房困难家庭可以申请购买共有产权经济适用住房。2014 年高邮市将经济适用住房保障家庭收入标准由人均月收入 1200 元及以下调整为人均月收入 1600 元及以下。经济适用住房保障对象不包括外来务工人员和新就业大学生。不过高邮市建设人才公寓解决新就业大学生的住房问题。

3. 高邮市共有产权住房实施现状

高邮市的共有产权住房的供应面积和保障面积主要由市住房保障部门按照届时经济适用住房相关规定确定。从调研的情况来看，保障面积在 70 m^2 左右。共有产权房产权比例按照购房人与政府各自的出资占房屋总价的份额确定。购房人出资额为经济适用住房房屋价款，经测算的土地出让金差价和经济适用住房享受减免的相关税费作为政府拥有的房屋产权份额。

2012 年高邮市经济适用住房发展中心在高邮镇丁庄村开始新建碧水新

城南苑保障房小区,目前已建设到三期工程,一期工程136套、二期258套经济适用住房已全部竣工;三期工程264套经济适用住房于2015年9月开工建设,计划2017年8月份竣工。目前,碧水新城南苑一、二、三期工程加上往年开发的惠民花园小区剩余房源(代售和在建)还有598套,经济适用住房存量较多。近几年,高邮市经济适用住房申请销售量呈下降趋势,2013—2015年三年总共销售了316套,2016年以来只有15户申请,10户购买,经济适用住房出现销售困难的状况。

2.1.7 张家港

1. 张家港市共有产权住房政策办法

张家港市于2013年开始着手共有产权住房相关工作。经过调研,于2014年11月份出台了《张家港市共有产权经济适用住房管理办法通知》。

2. 张家港市共有产权住房实施制度

对于共有产权经济适用房出资额和产权划分:共有产权可享受面积,即75 m² 内,按个人出资份额与政府出资份额的比例关系确定产权份额,超出优惠面积,按照市场价。按照政府适度让利要求,可享受面积内产权份额比例确定为7∶3,即个人占70%产权,政府占30%产权。产权份额需要调整时,由市房产中心制定方案,报市政府批准后公布执行。可享受面积以外部分以及自行车库、汽车库(位)、阁楼等由申购家庭按照核定的价格购买,享受完全产权。

张家港市共有产权经济适用住房建设土地性质为划拨。保障对象主要是中低收入家庭,而且家庭财产(家庭成员所拥有的全部货币财产和实务财产)价值在中低收入家庭年收入标准的8倍以下。经济适用住房保障对象不包括外来务工人员和新就业大学生。

3. 张家港市共有产权住房实施现状

张家港市共有产权经济适用住房建设以成片开发为主,建设规模根据中低收入家庭住房需求合理确定,严格控制套型面积,目前张家港市共有产权住房面积主要集中在 90 m² ~110 m²。目前张家港市共有产权经济适用住房还在建设过程中。共有产权住房可享受面积内的基准价,由市物价局会同市房产管理中心在综合考虑开发成本的基础上核定,建设用地土地出让金由市国土部门核定。目前张家港市共有产权经济适用住房在优惠面积以内是 3250 元/m²,超出优惠面积以市场价为准,由市物价局会同房产管理中心,参照同地段同类型普通商品房的平均价格水平适当下浮予以核定。

张家港市 2015 年共有产权经济适用住房提交审核 81 户,最终确定为 58 户,部分中低收入家庭选择放弃申请。主要是由于共有产权经济适用住房周边配套设施不完善,而且张家港市本身房价不高,获利空间小。

2.1.8 江苏省各市实践比较分析

总结上述各城市具体做法可见,江苏省各市对共有产权住房政策的实践根据各地具体情况的不同而有所差异,各地均基于地方发展情况和住房保障传统做法形成了各具特点的共有产权住房政策。在共有产权保障房的用地性质方面,多数地区依然将共有产权保障住房纳入经济适用房范围,用地性质为行政划拨,仅淮安、常州金坛两地使共有产权保障住房脱离原始经济适用房的土地取得方式,用地性质为出让,形成了自己在共有产权住房模式上鲜明的特点;在定价方式方面,各城市均根据不同情况对定价方式进行较为灵活的调节,以使共有产权住房价格既被控制在合理范围内又能使保障对象群体接受;各城市的共有产权保障住房基本以集中建设为主,其中常州金坛采用实物配售与货币补贴相结合的方式,淮安市采用货币补贴为主的保障方式;对于住房保障对象,各城市均根据各地不同情况对"中低收入住房困难家庭"进行界定,其中南京市、淮安市均将城市新就业人员纳入保障范围之内,着力解决城市新就业人员住房困难问题。各地具体运行模式如下表所示。

2 共有产权住房制度的国内外实践及比较

表 2.6 江苏省共有产权住房各试点地区运行模式比较

城市	保障房名称	保障对象	建设方式	定价方式	退出方式	参考文件
泰州	经济适用房租售并举	"双困"家庭；具有市区常住城镇户口5年以上，人均住房建筑面积在20 m²以下，人均月收入低于上年市区人均可支配收入的60%，无房家庭优先购买	实施租售并举的经济适用房按当年经济适用房总量的10%左右配建	比周边商品房便宜30%~40%，价格构成为出售价格+租金	个人购买产权成完全产权转让；特殊情况政府退出，政府通过拍卖回购；5年后上市交易	《泰州市市区经济适用房租售并举实施细则》《泰州市市区经济适用住房管理办法》
淮安	政策性普通商品住房，经济适用房	一是城市中等偏下收入住房困难家庭；二是新就业人员；三是进城务工人员	实物配售，棚改助购，货币补贴	比周边商品房便宜5%~10%，价格即为出售价格	个人购买产权成完全产权转让；特殊情况政府退出，政府回购，提供公租房；8年内购房原按市场评估价；8年后上市交易	《淮安市全国共有产权住房试点工作实施方案》
南京	保障性住房共有产权	一是城市中低收入住房困难家庭；二是具有本市户籍且在本市房屋权属登记、交易记录的城镇无房居民；三是新就业人员	在开发建设的经济适用房房源中统筹安排	略低于周边同品质、同类型普通商品房实际成交价格，价格核定，价格为出售价格+租金	个人购买产权成完全产权转让；特殊情况政府退出，政府回购；5年后上市交易	《南京市保障性住房共有产权管理办法(试行)》
连云港	共有产权式经济适用住房	城市低收入住房困难家庭	房源安排在市区政府投资集中建设的保障房小区内	经济房成本价	个人购买产权成完全产权转让；特殊情况因需转让，政府按原价回购；满5年后上市交易	《连云港市市区共有产权式经济适用房制度创新试点工作实施方案》

— 35 —

续 表

城市	保障房名称	保障对象	建设方式	定价方式	退出方式	参考文件
常州金坛	经济适用住房	城镇中等以下收入住房困难家庭	实物配售和货币补贴相结合	比同期同地段同类商品房便宜15%	个人购买政府产权而退出，完全产权转让，政府按原价因需折旧和物价水平回购；满5年上市交易，需补交增值收益	《金坛市经济适用住房管理办法（修订版）》
高邮	共有产权经济适用住房	符合经济适用住房保障条件的住房困难家庭	配建或单独建设共有产权经济适用房小区	市物价局同市房产管理中心在综合考虑开发成本的基础上核定	个人购买政府产权而退出，完全产权转让，政府按原价因需折旧和物价回购；满5年上市交易	《高邮市共有产权经济适用住房管理试行办法》
张家港	共有产权经济适用住房	中低收入家庭，而且家庭财产价值在中低收入家庭收入标准的8倍以下	成片开发为主	面积内的基准价，由市物价局会同市房产管理中心在综合考虑开发成本的基础上核定	个人购买政府产权而退出，完全产权转让，政府按照原价因素进行回购情况；5年后上市交易	《张家港市经济适用住房办法通知》

2.2 我国共有产权住房制度实践

我国的共有产权住房最早是在2004年由江苏省泰州市首先开始实践的,随后全国多个省市开始逐步试点共有产权经济适用房制度,目前,北京、上海、深圳、成都、黄石和淮安六个城市就共有产权住房政策展开了试点工作。其中,北京、上海和深圳作为"一线"城市,房价总体偏高,住房保障压力巨大;而成都作为拥有最大人口规模的省会城市之一以及区域中心的代表,同前述"一线"城市形势类似,也面临较大的住房保障压力;黄石是鄂东地区的大中型老工业城市,也是全国公共租赁住房制度建设和开发性金融支持住房保障体系建设"双试点"城市,淮安则是最早开展具有共有产权性质住房保障的探索工作,两者都是在共有产权政策探索实践中走在前列的地级市。这两个城市作为吸纳住房保障家庭最为广泛的大中型城市的代表,其试点成效的好坏将直接影响共有产权政策能否在全国推广。需要说明的是,目前上述部分城市尚未正式全面出台关于"共有产权式保障房"的规章制度,但是它们均根据各自住房保障特点,在不同程度上已经先期探索并实践了一些具有共有产权性质的住房保障政策。

2.2.1 北京

为进一步完善住房供应结构,支持居民自住性、改善性住房需求,稳定市场预期,促进长效机制建设,2013年10月23日,北京市住建委联合四部门发布《关于加快中低价位自住型改善型商品住房建设的意见》。按照"低端有保障、中端有政策、高端有控制"的总体思路,《意见》提出要加快自住型商品住房建设,对土地供应、套型面积和价格标准、销售对象、销售和登记管理以及转让管理等方面做出了详细规定。目前,北京的自住型商品房也是一种共有产权住房,以此支持中端住房需求。购房人没有经济能力购房,可由政府给予支持,在上市交易时根据产权比例,将政府投入部分的收益回收。价格方面,自住房的价格比市场低30%,甚至50%。

按照目前已公布的方案,北京将以牺牲土地收益为拥有产权份额的形式。这表明政府将在土地出让阶段控制土地成本,且通过控制房屋销售价格不让开发商从中"渔利",政府享有房屋的一部分产权。对于不符合申请公租房条件、具备一定经济能力而又买不起商品房的中间人群,将大力推动政府和个人共同拥有房屋产权的"共有产权住房"。

2.2.2 上海

上海市明确将共有产权住房定义为原有保障房类型之一——经济适用房,其共有产权政策核心是将上海市以前经济适用房管理制度加以完善。上海市共有产权住房政策对价格管理有比较详细的规定,其价格确定过程可以归纳为"三种价格、两次定价",一是建设项目结算价格,以保本微利为原则,由开发建设成本、利润和税金三部分构成;二是销售基准价格,由周边房价乘以折扣系数所得,而折扣系数以开发建设成本为基础,综合考虑周边因素而确定;三是单套价格,由销售基准价格和上下浮动幅度确定,上下浮动幅度则根据楼层、朝向、位置来确定,且上下不超过10%。规定同时要求,单套销售价格计算的项目住房销售总额,应与销售基准价格计算的项目住房销售总额相等。

2010—2015年,上海的共有产权保障房的申请标准经历了四次的降低调整过程。人均收入限额、家庭财产限额和户籍年限都得到大幅度调整,放宽比率高达60%左右,至此,符合申请共有产权住房条件的人数激增,而上海市共有产权住房的供应量并没有增加,使得供求关系较为紧张。到目前为止,上海如何获取房屋的完整产权的方式并没有详细的规定与说明。

2.2.3 深圳

深圳市共有产权住房政策的探索建立在其原先推出的安居型商品房的基础之上。深圳市的安居型商品房是指政府提供政策优惠,限定套型面积、销售价格和转让年限,按照规定标准,主要采取市场化运作方式筹集资金建设面向符合条件的家庭、单身居民配售的具有保障性质的住房。在未取得完全产权之前,住房转让需申请由政府收购,收购价格依据是否超过10年执行不同的计算条例。只有在签订买卖合同满10年之后,安居型商品房购买人才可以根据有关政策规定,申请取得完全产权。

深圳市通过共有产权的方式明确政府和个人产权,为政府持有部分产权的资产证券化打下基础。将部分产权通过证券方式进入流通市场可以做到资金的有效回笼,使深圳市住房保障得以可持续发展。

2.2.4 成都

成都市的保障性住房由公共租赁住房和共有产权住房构成,其中共有产权住房是限定套型面积和销售价格、面向保障对象出售、由政府或投资人与保障对象按份共有住房产权的具有社会保障性质的商品住房。其价格管理政策和上市转让政策同上海市类似,即通过计算销售基准价格来确定单套住房销售价格,以及根据是否购买满5年确定是否可以向政府申请回购或者上市自由转让。

同时,为了满足不同供应对象的住房需求,成都为实现优化保障性住房的供应模式,提出构建"租售互补"的保障体系。将限价房以及经济适用房等合并归一为共有产权住房,并且对其在不断实施的过程中修改运行方案。公共租赁住房和共有产权住房可以相互转化,实行"边租边售"的灵活政策[1]。

2.2.5 黄石

长期以来,"政府财政紧、百姓手头紧"阻碍了黄石市棚户区改造工程的推广。2009年10月,在被确定为全国公共租赁住房制度建设试点城市后,黄石市将经济适用房、廉租房、公租房、拆迁还建房等保障性住房统一归并为公共租赁住房管理,实行准市场租金、分类补贴、租补分离、可租可售、租售结合的办法。2014年黄石被确认为共有产权住房试点城市后,在原有棚改型共有产权住房的基础上,再拓展保障性共有产权住房、商品型共有产权住房两种共有产权试点范围[2][3]。

---

[1] 黄薇薇.共有产权保障房模式研究[D].哈尔滨:哈尔滨工业大学,2015.
[2] 吕萍,藏波,陈泓冰.共有产权保障房模式存在的问题——以黄石市为例[J].城市问题,2015(6):79-83.
[3] 新浪黄石房产.创新公租房制度设计,完善住房保障体系——专访黄石市房管局局长、众邦公司董事长刘昌猛[EB/OL]. http://huangshi.house.sina.com.cn/news/2010-08-06/14052629.html,2010.

棚改型共有产权住房,是在政府主导的棚户区改造项目中,探索房屋征收产权置换新机制。对于家庭唯一住房被列入征收范围的被征收人,选择产权置换的,其安置还建房可由政府拥有部分产权,实行先租后购,直至拥有完全产权。

保障性共有产权住房,主要针对国有企业自用闲置土地较多、职工住房困难且支付能力不足的问题,调整经济适用住房政策,探索政府、企业和职工共建共有产权住房新机制,将土地供应、税费减免等政府投入显性化,统一计算为政府产权份额,与购房职工产权共有、先租后售。

商品型共有产权住房,是针对部分购房人阶段性支付能力不足的问题,在国有企业投资建设的普通商品住宅中,探索房屋销售新机制。对于有稳定收入来源的城市家庭、新就业人员和在黄石投资、就业人员,可以采用分期付款的方式,购买普通商品住宅,未购买产权由政府持有,实行先租后售。

2.2.6 国内实践比较分析

总的来说,上述试点城市前期对共有产权住房政策的探索都体现了各自城市的地方特色。北京和深圳本来就提供多种形式的具有保障性质的商品房,此次它们分别在其原先推出的自住型商品房和安居型商品房政策基础之上,强化共有产权的特色;而上海和淮安则明确将当前共有产权住房的范围限定在原先经济适用房的基础之上,进一步明确产权比例关系和上市转让机制,一方面有效遏制购房人申请保障房时的投机心理,另一方面又满足共同出资共同发展的需求[①]。以成都市为代表的四川地区,在其规章草案中将保障房种类一分为二,试图将原有非公共租赁住房类型的保障房纳入共有产权的覆盖体系;而黄石市,由于已建立了全面的新型公共租赁住房体系,则将混合型公共租赁住房作为其共有产权政策探索的主要载体。各试点城市的具体运行模式如表2.7所示。

---

① 申卫星.经济适用房共有产权论——基本住房保障制度的物权法之维[J].政治与法律,2013(1):2-11.

表 2.7 共有产权住房各试点城市运行模式比较

城市	名称	保障对象	建设方式	定价方式	退出方式	参考文件
北京	自住型商品房	按照限购政策规定在本市具有购房资格的家庭	集中建设或开发商配建多种形式,鼓励企事业单位参加	按照同地段、同品质普通商品房价格的70%左右定价	满5年可转让,按同地段商品房差价的30%缴纳地价款	《关于加快中低价位自住型改善型商品住房建设的意见》①
上海	经济适用房	户口年限、收入和财产限额、单身人士年龄	新建、配建、安置房、公租房、廉租房向共有产权住房的转化	三种价格,两次定价	5年内因特殊原因可由政府回购,回购价格为原销售价格加银行存款利息;5年后可转让,政府有优先回购权	《上海市共有产权保障房(经济适用住房)申请、供应和售后管理实施细则》②
深圳	政策性商品房	安居房对应人群	将经济适用房和安居型商品房由明地价暗补改为共有产权	不超过市场评估价格70%的标准定价	10年内可申请政府回购,回购价为原价,10年以上可购买全部产权,或申请回购,回购价=原价×[1-1.4%×(购房年限-10年)]	《深圳市安居型商品房建设和管理暂行办法》③

---

① 北京市住房和城乡建设委员会.《关于加快中低价位自住型改善型商品住房建设的意见》(京建发〔2013〕510号)[EB/OL]. http://www.bjjs.gov.cn/publish/portal0/tab662/info85351.htm, 2013-10-23.

② 上海市住房保障和房屋管理局.《关于印发〈上海市共有产权保障房(经济适用住房)申请、供应和售后管理实施细则〉的通知》〈沪房管规范保〔2012〕7号〉[EB/OL]. http://www.shjjw.gov.cn/gb/node2/n5/n43/n68/543426.htm, 2012-3-23.

③ 深圳市人民政府.《深圳市安居型商品房建设和管理暂行办法》《深圳市人民政府令〈第228号〉》[EB/OL]. http://www.szjs.gov.cn/csml/zcfg/xxgk/zcfg_1/bzzf/201104/t20110421_1653363.htm, 2019-07-05.

续 表

城市	名称	保障对象	建设方式	定价方式	退出方式	参考文件
成都	非公共租赁住房类型的保障房	最低收入、低收入和中低收入	除政府组织建设或委托建设外,禁止任何单位和个人开发建设和销售共有产权住房	由基准价加上政府减免的土地收入和税费构成	5年内,由政府回购,回购价为销售价加存款利息;5年后可上市,交易金额按产权比例分配,政府有优先回购权	《四川省城镇住房保障条例(征求意见稿)》①
黄石	混合型公共租赁住房	棚改安置房住户	类型有棚户区改造、城中村改造、危旧房改造、园区建设拆迁项目等	按成本加微利定价,利润率不超过3%	混合型住房租满3年后,各产权主体可转让持有份额,但不得改变用途;公共型住房租满5年后,亦可申购完全产权	《黄石市公共租赁住房管理实施细则》②
淮安	政策性普通商品住房	市区中等偏下收入者、棚改住房困难家庭、新就业人员和进城务工人员	实物配售、棚改购、货币补贴	比同地同期商品房低5%~10%	8年内购买原价,8年后按市场评估价	《淮安市全国共有产权住房试点工作实施方案》③

---

① 四川省人民代表大会城乡建设环境资源保护委员会.四川省大人城乡建设环境资源保护委员会关于再次征求《四川省城镇住房保障条例(征求意见稿)》修改意见的函[EB/OL]. http://www.scjst.gov.cn/news/center/show-889046.html,2013-10-08.

② 黄石市人民政府.《黄石市公共租赁住房管理实施细则》(黄石政规[2011]4号)[EB/OL]. http://www.huangshi.gov.cn,2011-06-29.

③ 淮安市人民政府.《淮安市全国共有产权住房试点工作实施方案》的通知(淮政发[2014]132号)[EB/OL]. http://www.huaian.gov.cn/gzfw/zwfw/zf/zcfg/content/8a0280045144d191a01514d28365l0773.html,2014-09-15.

2.3 国外共有产权住房制度实践

共有产权住房在我国仍处于试点阶段,在制度设计上还不够成熟,但是共有产权住房制度在很多发达国家已经有数十年的历史,已经发展得相对成熟和完善。目前,英国、美国和澳大利亚等发达国家在住房供应政策中都有一种共有产权形式,即各方通过共同出资购买一套住房并且因此享有一定份额的产权,从而减轻了购房者单方一次性购房的经济压力。因此针对国外的典型案例进行模式详解,对完善和指导我国的政策实践有一定启示和借鉴作用。

2.3.1 英国

英国共享产权计划是典型的租售并举的共有产权住房制度,是英国政府在20世纪80年代推进公共住房私有化时的一种创新方式。按房源不同可分为三种:公房购买资助方案中的共有产权住房、住房协会提供的共有产权住房及市场资助的共有产权住房。

公房购买资助方案是以共有产权方式出售。1980年撒切尔政府开始通过公房出售的方式,改革原有的公房使用制度,实施"优先购买权"政策,即凡租住公房的住户有权优先、优惠购买其所住的公房。"购买权"条款规定,租住公房的住户,住满两年后即有权以优惠折扣价格购买所住的公房,每超过一年再减房价的1%;住满30年公房的房客,则可以60%的优惠折扣购房,但优惠折扣最大不超过房价的60%。对于暂时无完全购买能力的公房承租人,先购买其租住房屋最少25%的产权份额;剩下的产权份额由公房产权人保留,并对承租人征收被保留产权资本价值2.75%~3%的费用。公房承租人可根据其经济实力逐步购买该房屋被保留部分产权,直至拥有完全产权,也可以不回购政府产权。

住房协会提供的共有产权住房。由住房协会利用公共补贴和个人贷款新建或翻修住房并租售给住户。购房者首次购买的产权份额需在25%~

75%之间①，通常由个人储蓄和抵押贷款构成，并对住房协会所持有的剩余产权支付优惠租金（通常为被保留产权资本价值的3%，最低可低至2.75%），租赁年限为99年。租金费用不包括对房屋的维修费，房主仍需承担住房内在和外在的维修成本。该模式有以下特点：一是在供给对象方面，优先考虑现有地方政府和住房协会租户以及在候补名单上的中低收入人群，购房者可以为首次购房者，也可以是拥有住房但没有能力置换的家庭。购房者的家庭年收入有一个上限和下限，确保购房者有足够的收入来偿还抵押贷款和支付租金。政府对供给对象进行严格的条件审查，当有资格享受优惠购房的家庭以其自身经济能力仍不足以支付25%的房屋价款时，政府还可以为其提供低息抵押贷款。二是共有产权住房业主可以通过阶梯化的形式来实现完全产权，每次以剩余房款的10%~25%为单位购买，产权价格取决于购买时的住房市场价格。住房协会将对产权进行评估，购房者需支付相应的评估费用。三是住房协会保留优先购买权。在个人获得完全产权后，有上市转让权，住房协会享受21年（从个人获得完全产权的时间起）内的优先购买权。甚至在部分住房供应紧张地区，住房协会可对住户购买的产权份额设置上限以控制房源，干预住房资源流转。四是若购房者家庭遇到突发状况，如失业、疾病等造成收入下降，导致自有产权部分贷款负担过重时，还可以申请降低产权份额，即向住房协会出售一定比例的产权②。

市场资助购买共有产权住房。市场资助模式允许购房者根据共有产权条款，在公开市场购买英国任何地方的住房，实行按套补贴，其余实施步骤与常规模式相同。该计划施行的时间较短，于1999年被"居者有其屋计划"所代替。此外，还存在一些专门为老年人、残疾人等特殊群体设计的特殊共有产权计划。年龄大于55岁的购房者可以通过"老年人共有产权"计划获取帮助。该计划与一般的共有产权计划的执行过程相同，只是对住房销售的产权设置

---

① 李树斌,刘莉娅.英国共有产权住房制度及思考[J].城乡建设,2014(6):89-90+5.
② 王兆宇.英国住房保障政策的历史、体系与借鉴[J].城市发展研究,2012,19(12):134-139.

了75%上限值。当房主拥有75%的产权时,就不需要支付剩余产权的租金了。针对终身残疾人群的共有产权计划可以帮助购房者购买任何在共有产权计划下销售的住房。

通常情况下,共有产权住房的运作主体是住房协会。政府负责对共有产权住房所供给对象的标准、具体的运行方式进行框架性的安排,住房协会根据本地区的自然、人口、经济等特定的情况灵活地制定相关政策,包含对住房建设过程中(投资、招标等方面)的审查、供给对象的审查、共有产权住房出售等环节的审查[①]。同时,住房协会作为产权人之一,负责收取其所拥有的房屋产权资本价值3%的租金并对房屋的保护和维修进行监督[②]。

共有产权计划的实施,是权衡补贴深度和建设规模、租金水平和社会住房质量与位置、目标贫困人口和新贫困人口的一个有效手段。其实施目标包括以下五个方面:(1)提高社会的住房拥有率;(2)用低于社会租金成本的直接补贴来满足民众对住房的需求;(3)满足住房需求从而释放社会租房压力;(4)促进不动产产权结构多样性;(5)扩大市场对新建房的输出[③]。

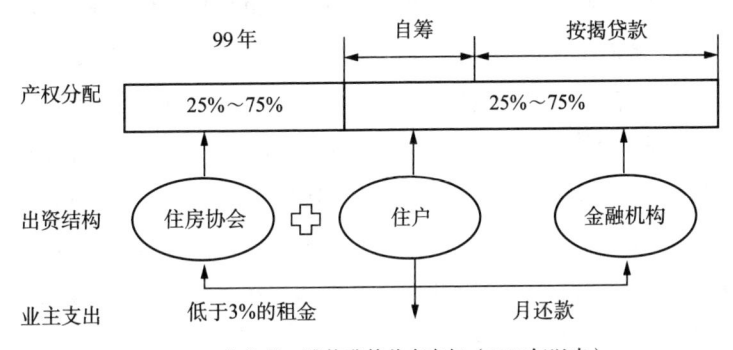

图 2.1 英国共有产权模式

① 翁翎燕,韩许高.国外共有产权住房实践对我国共有产权住房制度建设的启示[J].江苏科技信息,2017(31):75-77.
② 魏苇.经济适用房共有产权制度研究[D].北京:中国青年政治学院,2015.
③ Bramley G. Shared Ownership: Short-term Expedient or Long-term Major Tenure[J]. Housing Studies,1996,11(1):12-35.

表 2.8　英国共有产权住房特征①②

内容	特　征
房屋来源	新建房屋、二手房,极少量市场住房。
购买程序	先期购买 25%~75%产权,其余支付租金。
价格确定	产权购买价格以当地价格确定,根据购房者支付能力调节;房屋租金部分与持有产权挂钩,份额越高租金越低。
购房人权限	可以出售拥有的产权,出售价格通过独立的价值评估机构进行,可享受增值收益,但出售对象受限,转租受限,住房协会在一定条件下具有优先回购权。
特殊政策	为首次购房者和军人提供更优惠的贷款,为老人设置产权上限,根据租住年限提供优惠。

2.3.2　美国

美国的共有产权住房分为两种,一种是市场化的共有产权住房,一种是保障性共有产权住房。市场化共有产权住房根据产权主体不同分为两大类:一是以多个购房者合伙购买住房形成股份制的形式,按其出资大小形成股权份额比例;二是金融信贷机构提供购房者贷款,并以产权形式共有房屋产权。后者是指政府从保障角度出发,作为房屋的产权人之一,与居民或者团体共同买房,有时为了解决融资问题,金融信贷机构也会作为债权人持有部分产权,从而形成政府、金融信贷机构和购房者三方之间的产权分配关系③。

美国的保障性共有产权住房制度安排较为灵活,根据不同的保障形式,也可以分为多种类别的保障性共有产权住房,如表 2.9 所示。美国的保障性共有产权住房,与其说是共有产权,不如说是共享权益,政府只是通过不同的补贴形式,对购房者准入条件进行限制,并设有严格的界定政府与个人的产权比例,体现按份共有的特征,共享权益则体现在政府通过补贴购房者而获得房屋转售时的利益分配和控制权④。

---

① 李树斌,刘莉娅.英国共有产权住房制度及思考[J].城乡建设,2014(6):89-90+5.
② 王兆宇.英国住房保障政策的历史、体系与借鉴[J].城市发展研究,2012(12):134-139.
③ Council of Mortgage Lenders, National Housing Federation. Shared ownership: Joint guidance for England[R]. Homes and Communities Agency, 2009:6.
④ Thomas J. M., Gerald W. S., Sirmans C. F. The Role of Limited-Equity Cooperatives in Providing Affordable Housing[J]. Housing Policy Debate, 1994,5(4):469-490.

无论是市场化的共有产权住房还是保障性共有产权住房,在房屋转售或者退出共有产权关系时的利益分配机制都可以为研究我国共有产权住房的产权比例调整过程中的产权定价提供一定的借鉴价值。美国共有产权住房产权比例及退出利益分配机制,如表 2.10。

表 2.9　美国保障性共有产权住房分类

分类	产权架构及保障形式
限制合同住房	政府的保障方式是以直接投资入股或者提供优惠贷款的方式降低购房者压力,同时也享受住宅权益。政府持有产权部分以股权式或债权式存在,在房屋转售时,与购房者共同分享收益。根据不同的合同限制条件,尤其是转售对象范围与价格限制的不同,该类住房又分为开放式、封闭式和半封闭式三种。
社区土地信托住房	这类住房是将土地权利和房屋本身权利分开,由地方政府发起的信托机构持有土地权利,居民只有居住和使用房屋的权利,并通过支付一定的租金来获得租赁权。这种产权共有方式,居民只需支付房屋本身建设资金,不要支付土地成本,而信托机构还可以引入部分借贷资源,因此这种方式下房屋价格很低,购房者不另外进行贷款也有能力购房。
有限产权合作房	这一种模式的住房相对复杂,是建立在购房人互助组织模式的基础之上,政府给这种互助组织提供一定的资金,并根据政府要求设定准入退出门槛,形成以互助组织、政府和信贷方三方共有的产权共有。政府投入一定资金,居民以互助组织的名义进行整体贷款,对降低房屋价格有很大作用,但是这种模式涉及参与方较多,需要有比较成熟的市场化共有产权住房制度才得以实施。

表 2.10　美国共有产权住房产权比例及退出利益分配机制

性质	分类	退出及利益分配
市场化	购房人互助模式	住房不以单套出售,而是以股权形式出售,对出售的价格不限制,获得增值收益按产权比例分配。
	信贷创新模式	通过信贷合约,确定购房人和金融机构在产权转让环节对收益进行分配,主要包括两种方案。一是固定比例收益,首先购房时金融机构提供一定的本金,且不收取利息,但是在住房转让环节按固定比例收取增值收益,考虑到风险因素,一般该比例会高于前期金融机构投入的本金的比例。二是可变比例收益,指购房人持有的产权比例随时间以固定比例下降,这使购房人还款的激励问题得到解决,降低了风险。

续　表

性质	分类	退出及利益分配
保障性	限制合同住房	按政府的不同扶持方式,退出利益分配也分两种,股权式是随着住房出售,政府按事先约定的收益分配比例与购房人一起分享收益;债权式住房上市,政府一并收回本金和利息。
	社区土地信托住房	居民支付了土地上的房屋建设成本,拥有房屋本身的所有权(不包括土地),政府则主要靠出租土地获得持续收益,租赁期长达99年。明确的产权使住房维护管理和抵押权等具有明确的权利义务关系,并允许住户根据自身情况对租赁权进行一定的调整,还可传给其后代,但不允许转租住房。
	有限产权合作房	这类房屋由政府特许的公司所有,并经营管理,住户以持有股份的方式拥有住房,虽然有对住房使用、运营和执行控制等权利,但在占有及使用上与该住房公司属于特殊的租赁关系,因此住户须支付租金,主要包括房屋贷款还款、物业费及税收、保险费和水电费等,在出售时住户的投资溢价会受到一定限制。

2.3.3　澳大利亚

澳大利亚的一家名为"PodProperty"的机构于 2006 年在悉尼提出了共有产权模式(co-ownership),该模式虽然出现得比较晚,但是比较新颖。该机构是一家创新型的社会服务商业机构,旨在解决澳大利亚的住房可负担危机,帮助普通的澳大利亚人与其家人、朋友、同事、同性伙伴等购买住房。该模式代表了最原始的一种出资共有的形态,也就是帮助两个或者两个以上的购房人通过共同出资购买住房,购房人的产权关系即英美法中的"混合共有"(tenancy in common)。需要说明的是,在英美法中,多个主体在同一时间共享同一财产所有权的形式有"联合共有""混合共有""夫妻共有"等。"混合共有"即类似于大陆法中区分所有权中的按份共有。其实质是为多个在社会上分散的、有住房需求的家庭或个人提供一个合作购房的平台,而该机构则为其提供房源、贷款和法律服务。该机构为合伙购房人制定共有协议,其制定的协议被认为是行业领先,也被视为行业标准。协议里涵盖了如何出售房产,如果合伙人拖欠抵押贷款的解决办法,如何决定房产是否翻新,如果房产为投资用途如何分配租金等具体事项。同时,该机构与主要银行和抵押贷款经纪机构合作,帮助客户分析成本效益以及抵押贷款选择。对于一套住宅而言,常规的抵押贷款不允许被分割,而与该机构合作的联邦银行(Commonwealth Bank)要求合作购房的贷款个人互相为保证人,允许其保持各自份额贷款的独立性,选择不同的贷款期限[①]。

其收费标准目前为350美元/合伙人,包括无限次数无限期的修改共有协议,以确保符合合伙人实际情况,没有其他隐藏的收费。在住房优惠上,首次购房的购房者除了可以免缴印花税外,还可以作为一个主体共同享受政府专门提供的"首次购房基金"(First Home Owners Grant)支持。目前该机构已经帮助超过1200组客户完成其购房共有计划。在其官方网站上,可以看见其案例介绍。案例1:2007年,PodProperty为来自印度尼西亚、北领地和维多利亚州的五对夫妇共同购买了在昆士兰的一处度假地产;案例2:2008年,PodProperty为一对朋友制定了共有协议,帮助这两人用其存款在新南威尔士的萨里郡山购买了一处公寓;案例3:2013年,PodProperty为一处在新南威尔士州的五室小屋起草了一份共有协议。

在房价日益攀高的形势下,澳大利亚人愈加青睐购买共有产权住房,在该机构进行的一项调研中表明,高房价是当地人选择共有产权模式的主要原因,并且有一半的被调查者在购买首套住房时希望采用这一模式而不是独立购买。

在住房保障方面,按照澳大利亚政府的规定,申请共有产权住房的个人需要满足年收入在5万~7万之间、家庭年收入低于9万的条件。申请人在接受评估之后,政府部门会根据评估报告减免其购房费用,并保留其余份额最高可达30%的所有权,受保障者则可以享有最高70%的房屋产权。共有产权模式也顺势成为澳大利亚主流的保障性住房政策。

2.3.4 国外实践比较分析

通过共有产权住房典型模式的分析,可知各国制度设计的出发点都是一

[①] 翁翎燕,韩许高.国外共有产权住房实践对我国共有产权住房制度建设的启示[J].江苏科技信息,2017(31):75-77.

致的,即为了解决住房困难家庭住有所居的问题。但是不同的国家背景下,共有产权住房制度也存在较大差异。对我国与国外的共有产权住房制度进行异同点比较,将有利于得出我国目前的不足,并借鉴相关经验。

1. 共同点分析

我国共有产权住房试点制度主要参考英国,因此与英国有一些共同点。一是在产权比例上十分相似,也是规定了购房者至少购买25%的产权比例,然后逐步购回剩余产权,而且对占用其他共有人的产权部分需要支付一定的"租金",并规定了租金的标准范围。共有产权住房的退出也是购房者住房支付能力提升之后,按市场价格购回共有产权住房而退出。我国和英国一样,设立购房者购回剩余产权的优惠期,并设定在优惠期限内回购给予一定的购房优惠,以便于建设者较快回收建设资金。

2. 差异分析

我国共有产权住房主要是指政府和购房者共有产权,而美国和英国的共有产权住房形式多样,除了政府和购房者,往往还有协会或者信贷机构等参与,使共有产权形式多样化,产权比例设置也因不同的共有形式而出现多样化、灵活性等特征,既有固定比例收益,也有可变比例收益。

我国共有产权住房制度尚未大面积实施,金融机构、协会或者组织还没有完全参与进来,仅仅是银行以给予政府保障房建设贷款等方式间接参与;而美国和英国的共有产权住房,大多都有金融信贷机构的直接参与,是共有产权住房的产权持有者之一,这样可以使得保障房建设资金渠道多元化,缓解建设资金压力问题,也有利于风险的分担,但是同时也增加了制度设计的复杂性以及具体实施的难度。

关于共有产权住房的退出,我国一般有两条途径,即购房者购回全部产权而退出或者政府回购剩余产权以使共有产权住房循环使用,而且前者居多。而美国共有产权住房的退出大部分是购房者搬离共有产权住房,退出时按所持有的产权比例分享增值收益,腾退出来的共有产权住房供其他需求者入住。

美国共有产权住房是由下向上发展起来的,既重视解决住房困难问题,也强调产权增值收益分配问题,使各方获利,这一点与我国稍有差异,我国是政府作为共有产权住房产权持有人,主要不是从获利的角度出发,而是从解决居民住房困难和缓解建设资金压力方面出发的。

2.4 成效评价与经验借鉴

共有产权住房制度作为住房保障制度的创新之举,试点至今,根据各地实际实现了形式多样的运行模式,为不同人群圆了拥有一套住宅的安居梦,取得了显著的成效。同时,探索的过程也是发现问题与解决问题的过程,在借鉴国外先进经验的基础上,结合我国国情,未来需将目前仍显模糊、仍待规范的问题进一步完善。

2.4.1 我国共有产权住房制度实施成效

从2004年泰州开始试点至今,我国共有产权住房制度的探索与实践已经取得了丰硕的成果,即进一步完善了住房保障体系,促进了市场经济的发展,维护了社会的和谐稳定,解决了住房保障管理中的诸多难点问题,成效值得肯定。共有产权住房是中国住房领域改革的一项重要内容,是衔接公租房与商品房的一种重要的住房形式。

1. 完善了经济适用房的保障体系

近几年来,不少地方住房供应不能满足需求、房价上涨压力较大,使得中低收入家庭住房可负担能力下降。同时,新城镇移民如新就业大学生、外来务工人员的住房问题突出。虽然现在大部分城市的公租房已经逐渐覆盖到这部分人群,但是这其中也有部分人群,尤其是有家庭的人群希望拥有一套属于自己的稳定的住房。"共有产权、租售并举"政策的实施,较好地解决了

"夹心层"住房困难家庭的住房问题,为不满足公租房申请条件又无能力购买普通商品房的中低收入人群提供了住房保障。共有产权住房制度使原来经济适用房"只售不租"的单一保障功能变成了"产权共享""租售并举"的复合型功能,从而实现了保障性住房与商品房之间的过渡连接,实现更高效率的住房供给,促进社会多元化可持续发展。

2. 保持了住房保障的可持续性

共有产权模式,将政府投入计入产权,作为共有产权的主体之一,其投入享有一定比例的收益,从而增强了政府投入的"酵母效应"。主要体现在:(1)购房者出资,依据自身支付能力获得部分产权所需支付的购房费用,减轻了政府对保障房投入的财政压力。(2)租金回收,购买者在对房屋使用期间,对非自有的产权部分,即政府或社会投资的产权部分支付的租金,在实践中更多体现住房的保障性,降低中低收入家庭的住房成本,也有部分城市可考虑不设租金,无偿让渡使用权。(3)产权回收资金(溢价),即购房者想要获得房屋全部产权时,通过提供土地收益等规定比例价款的方式,对政府持有的部分进行购买所支付的资金。政府将所获补偿金重新纳入保障住房建设资金,形成"投资—建设—销售(回笼资金)—再投资"的资金良性循环,逐步建立起保障性住房资金筹措的长效机制,克服了租赁式保障房建设"只投入、不产出"的局限。从长期来看,共有产权保障房模式不但可以提供可循环利用的保障资金,而且能够一定程度上缓解政府大规模建设保障住房所面临的资金约束问题,有利于克服政府财政困难。

3. 保证了保障性住房的可支付性

共有产权住房填补了租房与买房之间的空白,扩大了住房市场上的选择范畴。共有产权住房是一个所有权的选择,其以低价提供部分所有权,以促进中低收入家庭获得住房。住房的增值收益是由购房者与项目的资助者共享,以实现积累财富的个人利益与保障住房的长期可负担性的社会利益。简而言之,共有产权住房为购房者提供一定的补贴或共享增值贷款,从而弥补中低收入家庭对住房的初始支付能力不足的问题；通过降低购房的初始成本并允许人们逐步购买政府持有的剩余产权，增加住房获取的渠道。这不仅满足了居民拥有住房和资产的愿望，而且即使是低收入者，也可以通过房价升值和强制储蓄成为资产拥有者、资产溢价分享者、改革红利和城市化红利分享者。因此，从理论上讲，共有产权住房是一种具有改变家庭能力的资产，它拓展了中低收入家庭获得财产的机会，满足了中低收入家庭对于拥有住房产权的诉求。

4. 连通了住房保障和市场化的渠道

从国际上多数国家的实践看，如果多数的保障对象没有有效的"上升"通道退出住房保障体系，长期居住在保障性住房中，有可能产生几个后果：一是进入保障性住房中的群体越来越大，社会管理难度加大；二是越来越多的保障性住房（特别是租赁型住房）年久失修，居住质量越来越差；三是由于住房财产的缺失，社会分化日益加重。这些都不利于住房保障的可持续发展和社会的和谐进步。所以政府在提供住房保障的同时，应考虑使有能力的家庭提高收入，最终离开保障群体进入市场。但在大城市的房价上涨速度快于收入增长，房价收入比失衡，居民的收入通过长期的积蓄还远远赶不上住房价格的上涨，甚至，已积累的收入相对增长的房价还在不断缩水，保障对象将很难离开住房保障进入市场。因此，共有产权保障住房应该既解决保障对象眼前的住房困难，又使保障对象在享受住房保障期间，能逐步积累住房支付能力，最终通过自身的努力，离开住房保障，进入市场改善住房条件。

5. 消除了经济适用房的牟利空间

从传统的经济适用房到共有产权住房的转变，主要是为了消除逐利者的牟利空间，使共有产权住房成为真正保障对象（城镇居民中等以下收入家庭）的住所。创新性地采用实物保障与货币保障相结合的形式，尽量全面地覆盖保障对象的需求。以产权面积式的计算方式动态衡量共有产权主体的面积，推出合理、科学的上市退出机制，使共有产权住房探索成为保障对象受益、政府住房保障资金保值增值良性循环、有效遏制牟利行为的"多赢"机制。

6. 产权明晰有利于住房管理工作

共有产权保障住房由购房人和政府按其"出资额"不同拥有相应的产权,体现了"谁投资谁受益"的市场经济原则。共有产权保障住房低于商品住房价格的部分不是简单"让渡"给购房人,而是政府拥有产权,当共有产权保障住房上市时,政府按其产权份额回收投资并获得相应的收益。在住房的使用阶段,政府将住房的使用权"让渡"给购房人,以支持其解决住房困难。由于申请共有产权住房的家庭大多具有长期居住或近期购房意向,因此可充分调动其爱护及管理自己住房的积极性,使房屋设施维护成本明显降低,"逾期滞留"现象也将得到有效控制,政府在住房保障工作中承担的"无限责任"将转变为"有限责任"。由于有了清晰的产权界定,在处理房屋溢价增值、房屋转让时,当事双方将更有据可循,减少纠纷。同时,共有产权住房有产权和责任明晰的商品属性,可以覆盖到社会不同收入群体,满足其住房需求,也可使不同收入群体混合聚居,避免了居住隔离问题。

7. 加快了推进旧城改造的步伐

旧城改造中的拆迁问题一直是城市发展的老大难,如果没有一定的优惠政策和组织措施,想让经济条件较差、房屋面积小且又在一个地方居住几十年的老百姓搬迁到另外的地方,并需自己筹钱去重新购房,难度是非常大的。通过共有产权租售并举的举措,有力地化解了拆迁矛盾,推动了征收工作的顺利进行,并加快了旧城改造的步伐,同时也为加快城市建设、提高城市管理水平提供了新的思路。

8. 弥补了传统房改政策的不足

2000年左右随着国有企业的改制、破产、重组,大量企业人员进入社会。这部分人员既没有享受到实物分房,也没有享受到货币补贴,同时年龄也偏大。他们现有住房面积小,家庭人口多,家庭收入偏低,改善住房意愿迫切,但又无力完全依靠自己的能力购房。从公平的角度来说,政府缺少对这部分群体一次住房保障的惠及。因此,从深化房改的视角看,通过共有产权、租售并举的实施弥补了传统房改政策的不足,解决了部分房改遗留的社会问题。

2.4.2 我国共有产权住房制度存在的问题

在取得成效的同时,我们也应该看到,我国的共有产权住房制度尚不完善,在操作实施层面,仍有不少领域缺乏解释或界定模糊,亟需填补与完善。下面将从法律问题、住房供应体系中的定位问题、供给形式多样性问题以及运作实施问题这四个方面讨论。

1. 法律问题

大多数国家在住房保障方面都有相应的成文法律规定,既明确政府在住房保障方面的责任和目标,又为建立专司住房保障的机构提供了法律依据。例如,美国政府为解决低收入居民和贫民窟问题,先后颁布了多个"住宅法""住宅与城市建设法",对扩大房屋抵押贷款保险、禁止住房方面的种族与宗教歧视等做出了相应规定。日本面对战后严重的"房荒",先后颁布了《住宅金融公库法》《公营住宅法》《住宅公团法》《住宅计划法》,并以法律为依托建立了相关机构。当前我国保障性住房的法律规定不完善是地方政府建设不力的诱因之一,我国保障性住宅仅规定在部门规章中,如《经济适用住房管理办法》(2004年)、《廉租住房保障办法》(2007年)等。从各国立法看,保障性住宅国策应当纳入法律甚至宪法的内容中。

2. 住房供应体系中的定位问题

共有产权住房,并非与原有保障房相独立,而是紧密相连的。由于前期的经济适用房管理运营存在的缺陷和争议较多,且按照当前住建部的工作部署,要逐渐减少全国范围内经济适用房的供应,公共租赁住房将成为住房保障的主体。但目前多个城市试点的供给模式仍集中在原有经济适用房或限价房等住房类型上,只有黄石市合并了所有政策性住房,将公共租赁住房作为唯一的供给来源。因此,首先需要厘清的是共有产权住房和原有类型的保障房之间的关系。

各试点城市对共有产权住房是属于保障房范畴还是商品房范畴的定位也存在差异,共有产权住房在当前的住房保障体系或者住房供应体系中没有一个统一或层次分明的对接关系,使得共有产权住房在居民心中的形象模糊,难以接受。因此,同样需要明确共有产权住房在当前住房供应体系中所处的层次和应该具有的功能。

3. 供给形式多样性问题

共有主体多样性问题。当前试点城市中,共有主体主要有三种类型:个人与政府共有;个人、政府与企业三方共有;个人与企业共有。由于共有产权住房提出时被认为是住房保障的模式之一,因此个人与政府共有是惯有的模式。2014年6月,深圳市率先表示拓宽共有产权共有主体,将企业引入,而后淮安市于2014年9月将原本政府与个人这种单一形式拓展为三种,引入企业共有主体,提出由政府、开发企业或者其他社会组织与共有产权住房供应对象共同购买,形成政府、企业、个人三方共有与个人和企业两方共有。然而政策出台后,目前尚无企业实际参与共有。黄石市也有企业和个人共有的模式,然而该企业也是由政府部门成立的保障房建设管理公司,实质上仍然是传统的政府与个人共有,其他途径尚未打开。因此当前试点城市仍然是以政府与个人共有为主,企业是否适合参与产权共有,哪些措施可以吸引企业参与,企业又以何种形式参与,都是需要深入探讨的问题。

房源多样性问题。从江苏省共有产权住房建设情况来看,建设模式普遍较单一,不够成熟,具体表现在:(1)部分城市仍然采取单一的政府集中建设模式。在共有产权住房制度试点早期,保障性住房需求量很大,要想短期之内较大范围地缓解这种需求矛盾,政府集中建设模式具有不可替代的作用。但是,随着政策推进和保障范围扩大,必然使资金短缺问题日益突显,同时也会使政府投资风险不断积累,从而影响共有产权住房制度的可持续发展。(2)部分城市试行的组合建设模式存在不足。虽然淮安和连云港等城市开始尝试政府统筹建设和市场分散配建相结合、政府集中建设和政府助购相结合的供应模式,但是,市场配建模式下开发商的积极性并不高,配建的共有产权住房数量有限、分布较集中,难以满足大规模、多层次的住房需求。

资金来源多样性问题。金融要素在共有产权住房中起到举足轻重的作用,一是政府提供实物与货币的支持需要大量资金,二是居民个人购买住房需要获得金融、税收、担保等多方面支持,其中金融尤为重要;三是多元化的金融参与方式可以实现市场化运作。当前试点城市的资金主要来源于:中央和地方财政拨款、土地出让净收益、公积金增值收益部分、社会捐赠资金、保障房配套设施收益(如商铺、停车场等)。其中,中央和地方财政拨款占主要部分,其余收效甚微,建设资金的70%需要地方政府筹集,资金缺口严重。在个人贷款方面,共有产权住房购房者往往较难获得银行贷款,需要政府对接银行与相关的担保机构,在实际操作中各方合作遇到的阻力较多。

4. 实施运作问题

初始定价问题。从目前试点城市看,共有产权住房初始定价大致为两种机制——市场比较法和政府定价法。其中北京定价为比周边房价低30%,但具体价格仍较模糊;上海限定套型面积和建造标准,实行政府定价;淮安售价比同期商品房价格低5%～10%;有些城市采用基准定价法。一方面,当前市场定价的做法并不完善且产权模糊,同时,按市场定价时,政策扶持占比多少也需明确;另一方面,缺乏市场博弈的政府指导价格,不能及时精准地反映住房市场价值的波动与变化。

增购与回购的风险分担问题。增购指申请人在与政府或企业产权共有之后,随着申请人经济能力的提升,逐步购买政府或企业的产权份额,最终获得完全产权。回购是指申请人购买其他商品房、发生重大变故特殊情况、房屋满足年限进行上市交易时,政府有优先购买权,即政府对个人产权的购买。如何解决共有产权住房存在的风险问题?政府与个人按份出资共同拥有房屋产权,共同分享房屋增值收益,这些都是建立在房价未来上涨的预期之上的,而房地产市场本身是存在风险的,如果将来房地产市场下行、房屋降价、资产贬值,其风险该如何分担,共有产权住房又该如何处理?这些风险如果产生,其可能导致的后果也是亟待分析和解决的重要问题。

购房人监管问题。由于我国至今尚未建立较完备的金融信用体制和居民个人收入申报等制度,在以可支配收入和家庭财产为划分依据的操作中,调查申请人收入、住房和资产等个人隐私信息存在较大难度,导致保障性住房的审核环节缺乏可靠的数据支持,申购人的个人收入及家庭资产审核结果的可信度不高,使住房保障政策目标对象与实际的保障对象产生了一定的偏差。同时,个人收入和家庭资产信息分散在不同的政府部门以及商业机构,住房保障主管部门很难及时掌握被保障对象的经济变化情况。

2.4.3 国外共有产权住房实践对我国的启示

如上文介绍,在部分发达国家中,共有产权住房制度实践历史较长,在共有模式和保障制度上取得了良好的效果,在维护社会稳定和促进经济发展方面起到了很大的作用,这对于我国共有产权住房制度的探索和建立有着示范意义。

1. 加快住房法制建设、规范住房保障制度

由于中低收入阶层住房问题是实现社会住房目标所面临的主要问题,因此英国、美国等国家一方面以法律为依据成立专门的机构来实现法律规定的各项保障措施;另一方面通过法律来引导和规范其他经济主体的行为,鼓励其服务于住房保障的整体目标,从而保证住房保障制度措施落到实处。制定出符合我国国情的统一的住房法规,可从立法上规定共有产权住房的供应对象、供应标准、资金来源、专门管理机构的建立,以及对一些骗取政策优惠的行为予以严惩等。各地方应当结合本地经济发展的实际,制定出地方性的住房法规。

2. 管理机构的专业化和市场化

在英国,负责组织实施共有产权计划的住房协会属于非营利机构。为了获得政府投资,它与私营机构一样要向住房公司投标申请住房建设贷款。住

房销售等经营活动是住房协会商业计划的重要组成部分,其所产生的利润需要全部用于保障性住房的建设。在美国,社区土地信托住房和有限权益合作住房的住户要与专门的公司打交道,前者是持有土地的公司,后者则是持有住房的公司。在澳大利亚,合作购房是通过一个能够消除住房进入壁垒的商业机构作为中间人来实现的。

我国虽然也有许多地方成立了专门的保障性住房管理机构,然而政府作为产权人之一,住房管理机构的行政性质将会给未来产权纠纷的处置带来困难。政府既是社会保障的接受方又是给予方,角色存在不合理兼任。在引入行政与法律监管的条件下,与政府住房保障部门进行合作,并能自主经营管理的住房机构是提高政策执行效率和监管水平的有效途径。

3. 产权共有形式多样化

英国和美国的共有产权住房制度多样,尤其是美国的共有产权住房是由下而上发展起来的,产权共有的形式灵活,种类多。

产权架构。不仅有共有产权住房,还有共享权益房,前者产权比例明确,后者权益分配机制明确。在产权分配上,一般将房产和地产作为整体进行产权分配,而美国的社区土地信托住房则是购房人购买房屋,土地由地方政府低价出租给购房者。

共有产权成分。除了与购房人按比例共有产权外,还存在投资入股形成股权,或者提供优惠信贷形成债权等形式。

产权共有对象。美国和英国除了政府参与共有产权住房外,还存在一些其他组织参与产权分配,例如居民互助组织、住房协会和金融机构等。

4. 产权比例可调整性

英国的共有产权住房计划又可称为阶梯型购房计划,这个设计思路也符合保障房的基本思路,当购房家庭经济条件逐步改善,有能力支付时,可以分阶段逐步购回剩余产权,从而获得房屋的全部产权,实现居者有其屋的梦想;当购房家庭因某些原因,经济条件变差时,可以减少产权持有比例,变现部分产权。这其中涉及产权比例的调整机制，也是值得我们学习的。

共有产权住房产权比例调整机制，一般在共有产房合同中会明确约定共有产权住房产权调整办法，如转让、上市和回购等。具体的产权比例调整机制，不同的共有产权模式具有不同的做法，在利益分配上主要有两种：一种是有明确的产权比例时，其增值收益一般按产权比例进行分配，或者根据产权比例进行浮动调整，从而确定收益分配比例；另一种，没有明确的产权比例时，根据不同的模式，有不同的约定，如股权式约定固定的分配比例，债权式则是政府收回本金和利息等。

无论是哪一种产权模式下的产权比例调整机制，都会约定明确的利益分配办法，在保障中低收入家庭的同时，也确保公平分享收益，避免投机腐败现象，突出共有产权住房作为保障房的优势。这一原则对我国共有产权住房制度设计具有重要的启示作用。

5. 住房保障功能的延续性

就英国的共有产权住房而言，如果住户在未来购买全部产权，那么与政府就自动解除了租赁关系，住户可以自由处分其住房。因此，一些地区会对住户购买产权设置上限（如80%），当住户出售其所有产权时政府可以指定购买对象。实际上，无论是采取何种形式，政府始终都有优先回购权。美国的共享权益住房，由于限制了转让的对象，因此其保持原有住房保障性的作用更为直接。实际上，美国的共享权益住房最显著的特征就在于其保障功能在代际上的延续性，即保障的住户在重新出售或者让与现有住房时，无法获取全部房屋增值带来的收益，而是将部分收益让与新住户。权益在前后购房人之间实现"共享"，而不是英国式的在当期出资人之间的"共享"。

3 共有产权住房制度理论分析

3.1 共有产权住房的法律分析

3.1.1 共有产权的含义及法律依据

共有产权住房即政府与承购人按照一定比例共同拥有住房,住房的共有人包括政府及承购人,共有人之间同时具有行政关系和民事关系[1]。具体而言,在共有产权经济适用住房的销售、持有及退出过程中,政府的审批及监管行为是具体行政行为,申请人或者保障对象对住房保障审核、调整、退出的决定以及行政处罚不服的,可以依法申请行政复议或者提起行政诉讼,而作为共有人,根据《民法典》平等原则,其间的共有关系本身是平等主体间的民事关系[2]。共有产权表现为共有人对房屋所有权、房屋使用权、土地使用权和房屋相关财产权利的共同所有[3]。当政府与承购人按照一定比例购买房屋时,

---

[1] 陆玉龙.共有产权:经济适用房制度创新研究[J].中国房地信息,2005(9):18-21.
[2] 蒋拯.共有产权经济适用住房法律问题研究[J].西南民族大学学报(人文社会科学版),2011,32(11):89-93.
[3] 罗云辉,林洁.苏州、昆山等地开发区招商引资中土地出让的过度竞争——对中国经济过度竞争原因分析的一项实证[J].改革,2003(6):101-106.

双方按比例持有房屋所有权以及房屋使用权，一方使用房屋时需与另一共有方商议使用协议，例如共有部分上交租金等；房屋所占土地性质为国家所有，但由于土地出让金已折算入购房金额内，所以共有人共同拥有土地使用权，在超过土地使用期限后，共有人需要共同续交土地出让金以获得土地使用权；共有人对房屋的相关财产权利均为按比例共有，并且在处分相关房产时，共有人享有优先购买权①。

共有产权住房制度制定所依据的法律基础，对共有产权住房模式在试点过程中顺利推行起到了颇为重要的作用。共有产权住房模式法律依据的相关法律规范文件有：《民法典》规定，"不动产或者动产可以由两个以上组织、个人共有。共有包括按份共有和共同共有。按份共有人对共有的不动产或者动产按照其份额享有所有权。共同共有人对共有的不动产或者动产共同享有所有权。按份共有人可以转让其享有的共有的不动产或者动产份额。其他共有人在同等条件下享有优先购买的权利。"

3.1.2 共有产权住房的共有性质

我国目前将共有分成两种共有形态：共同共有和按份共有。其中规定，共同共有需要有共同的基础，主要表现为家庭关系；而按份共有并没有这一要求，按份共有的产生可以是当事人约定而产生，也可以是基于法律的规定②，如《中华人民共和国民法典》第三百零八条规定，共有人对共有的不动产或者动产没有约定为按份共有或者共同共有，或者约定不明确的，除共有人具有家庭关系等外，视为按份共有。就共有产权住房模式而言，政府与承购人之间并非家庭关系而是出于承购人的家庭困难现状而产生的双方协议性购房，所以共有产权住房的共有形式应视为按份共有，即政府与承购人按照一定比例按份共有住房，而与按份共有的法律相关规定就形成了共有产权按

---

① 王子博.基于产权理论的共有产权房制度分析[J].经济师，2014(7):68-70.
② 陈淑云.共有产权住房：我国住房保障制度的创新[J].华中师范大学学报(人文社会科学版)，2012,51(1):48-58.

份共有的法律基础。

根据我国法律规定,按份共有的共有人对于其享有的共有份额可以随时转让,而其他按份共有人在同等情况下享有优先购买权。而赋予按份共有人的优先购买权也是为了减少共有人的数量,防止因为外人的介入而使得共有关系复杂化,从而更好地实现对共有物的利用率[①]。这一点即为政府有权购回共有产权住房提供了法律依据,承购人在特殊环境下退出自身持有房屋份额时,政府可出资回购以进行保障房再保障,有利于防止保障房资源、政府资源流失。

3.1.3 共有产权住房共有人的权利与义务

共有产权关系在承购人和政府之间形成后,共有人具有相应的权利以及义务。

承购人的权利包括:对共有产权住房的合理占用、使用权;持有产权份额的处分权;政府持有份额的购买权、成员权等。首先,承购人在按照份额购置共有产权保障住房后,有权利按照住房用途对该住房进行合理使用,政府份额部分面积由双方商议是否需要上缴租金后获得完整的房屋使用权利,承购人需严格按照规定进行使用,不得私自改变住房用途,即将住房用作出租房等其他非自住性质。其次,承购人拥有对个人持有的房屋产权份额进行处分的权利,如自身出现特殊情况,个人可以提出退出个人持有份额给政府以回购,在一定年限后,承购人可选择将房屋上市以退出共有产权住房。再次,承购人可以选择购买政府持有产权部分,以获得完整产权,基于共有产权住房的保障性住房性质,需要鼓励承购人通过自身努力在条件转好后购买房屋完整产权。最后,承购人具有在对于房屋的相关事项决策中的成员权。

承购人的义务包括:服从政府监管;专有部分房屋修缮;缴纳物业管理费用。首先,基于共有产权住房的保障性,承购人需要接受政府相关监管事项,接受政府相关管理措施,确保使用的合理性,保证社会公平。其次,政府与承

---

① 谢在全.《民法物权论(上册)》[M].北京:中国政法大学出版社,2003.

购人需要约定房屋修缮费用由谁支出,但对于房屋专有部分维修,我国法律有明确规定,如《民法典》第一千二百五十四条规定:"从建筑物中抛掷物品或者从建筑物上坠落的物品造成他人损害的,由侵权人依法承担侵权责任;经调查难以确定具体侵权人的,除能够证明自己不是侵权人的外,由可能加害的建筑物使用人给予补偿。"由于建筑物使用人为承购人,所以,承购人有对房屋专有部分维修的义务。最后,承购人有义务缴纳物业管理费用,《民法典》第三百零二条规定:"共有人对共有物的管理费用以及其他负担,有约定的,按照其约定;没有约定或者约定不明确的,按份共有人按照其份额负担,共同共有人共同负担。"就实际而言,政府出资但没有直接占有、使用房屋,承购人直接占有、使用共有住房而没有向政府付费,该住房及其附属设施的管理和养护费用将由承购人承担。

政府的权利包括:优先回购权利;房屋上市收益权利;房屋监查权利;成员权等。首先,在承购人申请退出共有产权住房时,政府享有优先回购的权利,确保保障房资源的合理利用和流转。其次,承购人在一定年限后将房屋上市,政府有权获得相应比例份额收益,以防止承购人利用保障性住房进行牟利,失去共有产权住房的保障性目的。最后,政府享有对共有产权住房的使用检查权利,对承购人是否合理地按照规定使用房屋进行检查,有权对不合理利用行为进行制止和一定处罚并责令改正。

政府的义务包括:提高监管及服务质量;完善基础设施建设;合理管理共有份额。首先,政府需要建立高效、公正的共有产权经济适用住房管理机构及其体系,以便与承购人建立良好的互动机制。其次,完善住房周围基础设施建设,加强社区相关配套设施建设,保证承购人的生活质量。最后,需要对共有产权政府所持比例部分进行合理管理,不得进行转让、出售等会对承购人生活产生负面影响的行为,保护承购人的隐私。

当面对第三方侵权损害时,承购人与政府享有赔偿请求权。侵权损害赔偿请求权是指,当第三人对受保障者和政府对房屋享有的权利造成损害时,按份共有人有权请求第三人给予经济赔偿。《民法典》第三百零七条规定,因共有的不动产或者动产产生的债权债务,在对外关系上,共有人享有连带债权、承担连带债务,但是法律另有规定或者第三人知道共有人不具有连带债权债务关系的除外。连带意味着按份共有人都能独立地向第三人进行主张全部份额,当然,按份共有人也能独自向侵权的第三人主张其侵权造成的全部损失。不过,《民法典》的除外规定意味着,侵权人如果知晓共有人不具有连带关系,就可以只赔偿按份共有人中的一方应当享有的赔偿份额。而且在此情况下,侵权人不能通过向按份共有人的一方赔偿损失而免除其应当对其他按份共有人进行赔偿的份额。在房屋产权的按份共有对应的外部法律关系当中,按份共有人不仅仅是享有权利,还会承担义务。这里的义务主要是指按份共有人因房屋而产生的需要对第三人承担的债务。主要类型包括房屋对他人造成损害时应当负担的赔偿义务与因房屋维护而发生的支付债务,后者即共有物的管理费用,具体管理费用的支出分配可由政府与承购人在协议中详细进行规定。

3.2 共有产权住房的社会价值分析

共有产权住房模式作为保障性住房的一种保障方式,设计之初就扮演着救助社会困难群体、提升社会公平和改善居民生活环境的角色,这些目标无疑有利于社会发展、有利于贡献社会价值。社会价值,是指个体及社会组织通过自身的自我实践活动给予社会或他人物质或精神的发展规律及内在矛盾的贡献[①]。就共有产权住房模式而言,研究这种保障模式相比于传统住房保障方式是否有更为突出的社会价值贡献显得十分重要,即研究在同样多的社会资源情况下,共有产权住房模式是否能产生更大的社会效益。以下将从

---

① 刘芳.服务型政府:社会主义核心价值体系建设的重要载体[D].桂林:广西师范大学,2011.

四个方面具体阐释共有产权住房模式的社会价值体现。

1. 保障性住房的增值收益分配更加合理

我国传统经济适用房规定,承购人享有有限产权,然而由于对有限产权的模糊定义,使得在经济适用住房上市后出现操作难、收益分配不合理等现象,产生大量投机牟利等情况。所以,共有产权即为基于明晰产权而产生的更为合理的住房保障方式,政府与承购人按出资比例共有住房的产权,并且将产权比例明确标注于房屋产权证明以及协议当中[1]。在按份共有的情况中,共有人的权利和需要承担的义务都是不同的,要按照他们的份额确定,也就是说,共有人的权利和义务是由他们的份额决定的,其中收益也按照产权份额进行分配[2]。在共有产权住房的一方共有人退出时,共有人的各方都能得到自有产权部分的增值,包括自有产权份额的土地和房产两方面的增值。共有产权制度的存在,首先要有明确的产权份额,也可以说产权份额是共有产权制度的基础。因此,共有产权住房可以有效保障各主体获得房产的利益,解决收益分配问题,解除政府与民争利的嫌疑[3]。

2. 减少权力寻租和投机牟利,增强社会公平

住房的产权是有限的产权,不能很明确地界定产权和产权份额,很多寻租的行为就这样产生。从房屋开始销售一直到最后退出,都不能确定经济适用住房的产权份额。开始销售时,由于低价驱使,较多投机者为获取房屋增值利益而想办法获得经济适用房,在这一过程中容易产生政府权力寻租行为。退出时,因为没有约定好产权住房的产权份额,经济适用住房的回购价格、补缴价款、上市交易价格、收益分配等内容都没有明确的根据,因此这个制度的一项漏洞就是更容易产生权力寻租的现象[4]。在"共有产权"模式下,

---

[1] 陈淑云.共有产权住房:我国住房保障制度的创新[J].华中师范大学学报(人文社会科学版),2012,51(1):48-58.

[2] 陈淑云,耿丹.经济适用房共享式产权比例的确定及退出[J].商业研究,2010(10):208-212.

[3] 朱年红.《中华人民共和国物权法》两个英译本对比研究[D].天津:天津商业大学,2012.

[4] 马胜虎,阳林.经济适用房寻租行为分析[J].合作经济与科技,2013(2):14-16.

政府对住房进行的投资补贴已不再成为保障对象的私有财产,共有产权住房拥有两个或两个以上共有人,产权完整,且产权份额比例明确。有完整产权的共有产权住房,并不是共有人在某一部分有权利,也不是说共有人在某一部分可以单独享有权利,而是共有人在住房的全部都有相应的权利,这和单个所有权有相同的效力,所以购房者相当于购买了普通商品房,有和普通商品房一样的权益,而且有明确的产权比例。在住房申请时,即使有投机者取得了共有产权住房,因产权比例明确,投机者也仍然只拥有自己出资购买的部分产权,而无法拥有全部产权,最终上市交易时,仅获得自己产权份额部分的增值收益,大大降低了可获取的利益额,从而减少了权力寻租和投机牟利行为,有利于保障房源的合理利用和促进社会公平[①]。

3. 增强社区融合

传统上,我国的保障性住房建设多为集中建设或者成为大型项目中的一些单元。由于地方政府不对保障性住房征收土地出让金,所以集中的经济适用住房项目往往位于城乡结合部,公共服务设施和生活环境较差。此外,集中发展也可能造成居住空间分异,引起社会群体之间的隔离和其他社会问题,如高犯罪率和失业率以及贫困加剧。而共有产权住房由于为政府与承购人按出资比例按份共有住房,相对于传统的经济适用住房具有更多的商品住房性质,所以较多城市提倡利用配建项目住房、货币补贴承购人购买商品住房的形式进行共有产权住房模式的开展。利用现有房源、分散进行住房保障的形式有利于促进社会各阶层融合,实现社会共同、包容发展。因此利用现有房源进行共有产权式住房保障,在未来将不仅成为一个满足保障性住房大规模需要的重要的新策略,也是减少社会和空间隔离的重要措施。

4. 提高受保障群体生活水平

共有产权房的房屋产权是由政府和购房者共同拥有的,原本政府的这部分资金是用来建设住房的,现在把资金和补贴(减免土地出让金、行政收费、

---

① 朱亚鹏.中国共有产权房政策的创新与争议[J].社会保障评论,2018,2(3):112-122.

划分的,如果是城市之中的低收入住房困难家庭,出资比例至少是房屋总价的一半,中等偏下收入家庭出资至少是70%,政府占30%,其他符合申购条件的家庭和个人出资不得低于住房价格的90%,政府只出资购买其中的10%[1]。政府通过制定购买完整产权住房的优惠政策,吸引共有产权住房承购人在一定年限内购买完整的住房产权,对其购房积极性产生积极影响,促进承购人通过自身努力提高生活水平。这样,一方面利于共有产权住房社会价值的实现,另一方面在购房后的一定年限内逐步收回投入资金,减轻政府财政负担。

2.减轻低收入家庭购房负担,促进其住房消费

共有产权住房模式中,低收入住房困难家庭可以以其可负担的首付金额购买到自己的住房,通过各地方与各地金融组织的协调,承购人可通过贷款逐步还清房款,大大减轻了承购人的购房负担,让其在较低的购房压力下就可以获得自己的住房。承购人可以在共有关系期间支配自己的产权份额,虽然是有条件地管理自己的份额。在规定年限内,如果有特殊原因或特殊困难,如离开当地或者出国、家庭关系消灭需要分割房产、重大疾病需要医疗费等情况,可以由政府回购房地产权利人手中的份额,降低了购房风险。并且,相对于传统经济适用住房,共有产权住房模式下承购人购买的住房具有更为明晰的产权,在同等购房资金投入情况下,明晰的住房产权相对于模糊产权更具经济效益。同时,许多低收入家庭在购置共有产权住房之前,多通过租房方式解决住房问题,而由租房转变为购房,促进了房地产的投资与消费。宏观经济学研究的经济总量是大量的单个经济相互联系、相互制约的结果[2],因此,从某种意义上讲,产权份额确定的情况下,共有产权制度有利于促进国民经济的发展和国民消费水平的提高。

---

[1] 彭超群.共有产权保障性住房产权份额确定及保障效应研究[D].南京:南京工业大学,2015.
[2] 汤铎铎.新开放经济宏观经济学:理论和问题[J].世界经济,2009,32(9):37-55.

3. 有利于低收入家庭的财富积累

共有产权承购人按照份额对共有物享有权利和义务,享有的权利包括了收益权利。保障对象购买共有产权住房,可以逐步购买得到政府部分的份额,使得该住房成为个人财产,完整产权的住房不会影响房地产市场的秩序,能与市场无缝接轨。在共有产权住房管理中,规定住户购买住房达到一定年限,可以转让产权人享有的份额,即是作为其他共有人同意转让份额的条件。政府也是共有产权住房的共有人,在其他条件相同的情况下,政府可以优先进行购买,相同条件的存量二手住房市场价格决定了政府回购住房的价格,相应比例的回购款交给保障对象。如果政府不回购,保障对象可向其他人转让,需要向原住房保障机构所在地的财政部门缴纳政府份额的转让价款,才可以办理产权转移登记,住房价格也按照普通商品住房市场价格确定,保障对象可以得到自有份额的产权增值收益。规定的年限如果还没有满足,购房者因为自身的原因,想要让政府回购的,回购的价格为原来的共有产权住房销售价格,同时加上银行的定期存款利息,购房者也获得了利益,免掉了购买住房价款的利息加上购房以来的租金。所以,共有产权住房的购置有利于受保障家庭的长期财富积累,体现了社会保障的持续性与共有产权住房模式为承购人产生的经济效益。

3.4 共有产权住房与货币补贴保障效用比较

3.4.1 共有产权住房实物配给与购房补贴比较分析

共有产权住房保障模式可以分为实物配给与货币补贴两种类型。其中,实物配给模式是指政府通过压低房价的方式来保障低收入人群的住房需求,美国补贴保留的共有产权模式是实物补贴模式的典型代表。货币补贴模式是政府直接向低收入家庭提供住房补助,以提高购房者的承租或购房能力的保障方式。货币补贴模式以英国的共享收益模式和美国的共享增值收益贷款模式为代表,此外,有人认为上海实施的共有产权模式把政府资源投入到提升居民的消费水平上,也是货币补贴模式的典型[1]。

在实物配给模式中,政府通过直接兴建或为开发商提供补贴的方式增加保障房的建设,并将其以低于市场的价格出售给住房困难家庭,在后续转售过程中对住房进行限制,保证住房的持续可负担性。实物补贴是保证保障住房供给的一种有效手段,其降低了保障对象寻找住房所需的成本,也遏制了租金或房价上涨的风险,在短期内能较好地解决低端市场的住房短缺问题[2]。实物补贴降低了低端市场的均衡价格,在保障对象受益的同时,也减少了开发商的利润空间及其投资动机,阻碍了住房的过滤效应,降低了住房市场运行效率,不利于整个房地产行业的长期发展;同时,均衡价格的减少直接造成房屋维修费用的下降,进而导致了房屋折旧速度的加快,住房退出住房市场的频率变高,容易造成社会资源的浪费。此外,实物补贴模式中(尤其是公共政策补贴),政府资金成本大,负担较重,后期持续的监督管理也是困难重重[3]。

货币补贴的共有产权模式通过为低收入家庭提供资金补贴的方式直接提高了购房者的支付能力,将住房保障与房地产市场运行有效地结合在一起,鼓励保障对象利用补贴资金和自身的财产积累购买共有产权住房。该模式在提高受助家庭对住房的支付能力的同时,也增加了开发商的利润空间,有利于存量住房的维修养护和充分使用,促进了房地产业的可持续发展[4]。货币补贴模式能加快住房过滤,在一定程度上增加了低端市场的住房供应。此外,该模式也能有效地减轻政府的负担。

---

[1] 韦海民,王浩.共有产权保障房退出模式比较分析——以我国试点城市为例[J].建筑经济,2015,36(11):78-82.
[2] 匡萍.我国廉租住房配租机制的比较分析[J].价格理论与实践,2011(3):37-38.
[3] 杨明.对我国当前经济适用房补贴制度的分析[J].才智,2011(30):329-330.
[4] 孙斌艺.住房保障制度中实物补贴和货币补贴的效率分析[J].重庆大学学报(社会科学版),2015,21(6):86-92.

表 3.1 共有产权住房实物配给与购房补贴比较

	共有产权实物配给	共有产权购房补贴
产权分配	政府根据其投入住房建设成本、税费、土地成本及微薄利润等相关费用计算的出资额与承购人出资形成购房比例共享产权	政府按人头对购房家庭进行补贴的金额与承购人出资形成购房比例共享产权
获得全部产权的途径	购买国有产权部分	购买国有产权部分
优势	其降低了保障对象寻找住房所需的成本;遏制了租金或房价上涨的风险;在短期内能较好地解决低收入家庭的住房短缺问题	减轻政府负担,后期监管难度较小;增加了开发商的利润空间,有利于存量住房的维修养护和充分使用;房源选择更加自由
缺点	政府资金成本大,负担较重,后期监督管理难度大;减少了开发商的利润空间及其投资动机;住房退出住房市场的频率变高,容易造成社会资源的浪费	购房家庭寻找房源成本较大;租金或房价上涨风险较大
适合阶段	低端住房存量较少,适宜短期解决住房困难家庭住房问题	低端住房存量充足,适宜从长远角度对住房困难家庭进行保障

注:仅考虑政府共有的情况,企业或其他机构等共有时类同。

有学者基于住房过滤模型对实物配给与货币补贴的经济效用进行分析,根据城市的不同发展阶段将共有产权房的实施分为三种方式,分别为共有产权的实物补贴模式、半货币补贴模式和货币补贴模式[1]。当城市住房存量少,房地产中介服务也不发达时,单独靠市场通常无法解决低端住房的短缺问题。因此对于处于这一发展阶段的城市,应该实施实物补贴模式,通过政府协助或调控的方式兴建一批住房,并通过限制转售价格和转售对象的方式保证低端住房的供给,进而在短期内满足低收入家庭的住房需求。然而由于实物补贴的长期运行将会加重政府的财政负担,也会减缓市场的运行效率,因此当城市的低端住房存量相对较为充足时,应逐渐转向以半货币补贴模式为主,政府可根据同地段、同品质的商品房价格对共有产权房的出售价格进行适当控制,购房者以半租半买的形式获取共有产权房,并可随自身经济条件

---

[1] 邓雨婷. 共有产权保障房的比较研究与我国制度设计[D]. 杭州:浙江工业大学,2014.

的变化逐渐实现完全产权的过渡。随着市场化经济的逐渐发展和完善,共有产权保障模式将采用货币补贴模式,购房者可通过申请产权贷款的形式提高自身的住房消费水平,并利用共享权益的方式购买普通商品房,住房产权归个人所有。共有产权的货币补贴模式减少了产权复杂性所带来的不便,也实现了政府保障资源的保值和增值。

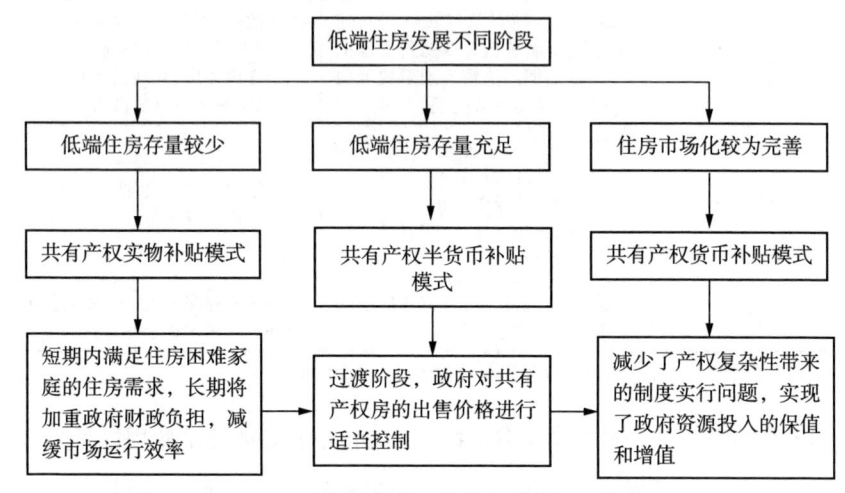

图 3.1 住房过滤模型的共有产权住房模式

3.4.2 共有产权住房与贴息贷款比较分析

作为实物保障与货币补贴的一种形式,共有产权与贴息贷款也存在很多类似与对应之处,比如在保障对象上有较大重合,都可以覆盖具有一定经济基础但是仍无法购买住房的城市"夹心层"人群。在资金投入上,两种模式都避免了新建保障性住房带来的一次性资金压力,缓解了政府负担。以下便从要素对应、产权关系、优势特点以及前提条件角度对两者进行比较分析:

(1) 要素对应

共有产权住房即个人与政府(或企业、机构等)共同出资购买住房,住房产权相应包括个人和非个人两部分,对于非个人持有部分,在优惠年限后个人需支付租金以获得其使用权,租金相对于正常的市场租金要低,一般介于廉租住房租金和市场住房租金之间,将来根据市场情况由政府不定期调整,以体现保障功能。如果从融资角度来看共有产权方式,政府(或企业、机构等)出资参与购房,类似于提供贴息贷款给购房者。只是除个人付款部分外的不足部分,可申请由政府或银行以贷款形式补足。政府提供的保障部分,前者体现为产权部分及其租金减免部分,后者体现为政府(银行)提供贷款部分以及政府贴息部分。仅从要素形式上,两者存在以下类似的对应关系(见图3.2)。

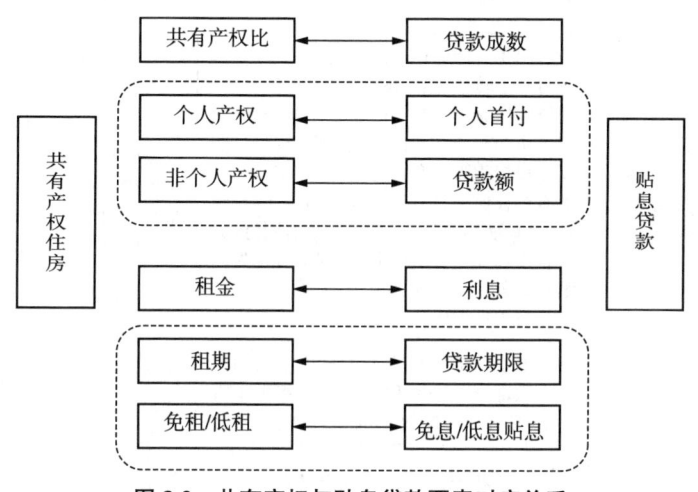

图3.2 共有产权与贴息贷款要素对应关系

（2）产权关系

从产权关系角度考虑,共有产权和贴息贷款就有较大区别。在共有产权住房中,产权由政府(或企业、机构等)和个人共同拥有,他们之间按照出资额所占的比例分割共有产权。不过,在所有权的权能划分上,政府拥有所有权,而向共有产权的购房者让渡了房屋的占用权和使用权,并且政府放弃了房屋的收益权。在共有产权的试点中,均对租赁、抵押、出售等方面做出了不同程度和标准的限制。

在住房贴息贷款方式中,个人住房产权证上须注明已抵押,提供贷款方持有抵押权证。个人与提供贷款方(政府或银行)之间形成抵押人与抵押权人关系[①]。虽然抵押人仍享有对抵押物房屋的使用、收益和处分权,但在行使时有所限制,例如需经抵押权人同意等(见表3.2)。

表3.2 共有产权与贴息贷款产权对比

	保障性住房共有产权	政策性贴息贷款
产权证	商品住房共有产权证按份共有,政府和个人按出资额分割	商品住房产权证
政府或银行的产权体现形式	共有产权证	抵押权证
占用、使用、抵押、出售、租赁等权能	政府向受助拆迁户让渡占用权和使用权,不得私下转让、用于出租经营。出资购房家庭经共有产权方同意,若以其私有房产部分办理按揭或抵押贷款,只能用于抵押购买本套住房国有产权部分。共有产权保障性住房在取得房屋所有权证、土地使用权证5年后,经政府同意,方可按市场评估价上市出售,国家有优先回购权。若对外共同出售,所售收入双方按各自所占比例进行分配。	抵押人的权利:仍享有对抵押物的使用、收益和处分权。抵押权人的权利:保全、处分抵押权,但转让时需要和主债权同时进行;优先受偿权。
继承权	共有产权保障性住房受助家庭子女对国有产权部分住房面积不具有承租继承权(仅对私有产权部分住房面积具有继承权)。	清偿后的剩余部分可作为遗产被继承。
维修责任、物业管理费	公共部位和公共设施的维修基金和物业管理费由购房家庭负责承担。	公共部位和公共设施的维修基金和物业管理费由购房家庭负责承担。
获得全部产权的途径	购买国有产权部分	还清全部贷款

注:仅考虑政府共有的情况,企业或其他机构等共有时类同。

这里需指出的是,无论是共有产权方式还是贴息贷款方式,都可以购置不同形式的住房,如商品住房、拆迁安置房、经济适用住房等等,相应地发放不同的产权证,例如商品住房产权证、经济适用住房产权证等。

(3)优势特点

从优势特点角度考虑,与传统住房保障方式相比,共有产权和贴息贷款

[①] 王泽丽.贵州扶贫贴息贷款运行效率研究[D].贵阳:贵州财经大学,2012.

两者存在共同的优势：

一是有助于解决"夹心层"的住房问题,完善我国住房保障体系。我国保障房体系中其他保障房都有严格的准入条件,一般是考虑中低收入家庭的城镇户口、人均收入、资产数量、住房面积等,而各层保障房的对象范围之间并没有实现无缝对接,存在不符合以上任一种保障房的保障范围,却又的确存在住房困难的家庭,即上文所说的"夹心层"。而共有产权房实行宽进严出,购房者按一定出资比例与政府共同买房,可以通过设置较为灵活的出资比例,使这类保障房覆盖面更广;贴息贷款作为货币补贴形式则更为灵活,根据宏观经济与购房者还款能力相应调整各个收入阶层的贴息比例,从而解决"夹心层"住房问题。

二是明确产权比例,使保障房产权有了准确的法律定位,从根本上解决有限产权房在退出时的尴尬情况,从而使保障房与市场对接。在共有产权模式中,政府持有部分产权,可以有效遏制投机者进入共有产权房的分配,即使购买人弄虚作假成功,其得到的也只是使用价值,政府持有部分产权也可以限制购房者将房屋转租等牟利行为,加强了政府监管。由于产权明晰,如果私下倒卖转租,交易双方都侵占了政府产权部分即国家利益,触犯了国家法律。而贴息贷款的产权形式等同于按揭商品房,产权明晰,不存在保障房退出问题,除补贴时审核外基本按照市场机制运行。

三是有利于政府(银行)投资的回收,形成良好的资金循环。共有产权方式将政府的投入明确为产权,当房屋发生处置行为时,政府通过产权比例行使收益权,可将投入收回,甚至可享受到房产增值的部分收益。贴息贷款方式则通过回收贷款保证资金的回笼。相对于传统的经济适用住房上市交易时补缴土地收益的做法,更具操作性,更为灵活。

四是有利于房地产市场的健康发展。共有产权与贴息贷款方式,均鼓励居民到市场上购房,避免了传统经济适用住房模式造成的土地出让双轨制,避免了公共租赁住房模式因政府直接提供房屋而形成的干扰。因此很大程度上可以提高房地产企业为这类人群提供住房的积极性,盘活存量住房,降低去化周期。

(4) 前提条件

与此同时,共有产权与贴息贷款两者也需要具备同样的前提条件:

一是购房者须具有一定的经济基础。共有产权方式中,购房者最好有能力持有一半以上的产权份额,否则政府将持有绝大部分产权又不具有任何收益能力,若不能及时转为民间资本持有,将占用大量资金,导致政府的房屋供应能力和保障覆盖能力受限。贴息贷款方式,购房者除了支付首付款外,还需稳定的收入,以便有持续能力还贷,否则将影响拥有一套住房目标的最终实现。

二是市场上需有足够的能满足基本居住条件的住房供应。无论是共有产权方式,还是贴息贷款方式,购房者首先需到市场上找到符合其要求的住房,否则仍是空中楼阁。虽然住房市场进入存量时代,但是在中低收入人群能力范围内相对舒适的住房的数量仍然有待商榷。

此外,由于信息不对称,对使用人私下转租等其他行为政府基本上无法行使权利,无法获取收益份额,这也是共有产权和贴息贷款共同的不足或困难之处。

4 共有产权住房制度的框架设计

4.1 共有产权住房制度的目标与原则

4.1.1 共有产权住房的定位

共有产权住房的推出,是具有许多潜在制度红利的一次创新。建立楼市调控的长效机制,是住房制度改革的重要目标。在这个目标中,不仅包括防止"炒房"对实体经济形成挤占效应,防止房屋过多的金融属性冲击金融风控,还包括满足住有所居的正常刚需。如果说商品房市场调控的"紧"重在防风险的话,那么共有产权住房的"松",就是为特定的住房困难家庭安排。张弛有度,防风险与重民生两端并重,地方楼市调控才有可能从追求单一目标和短期政策效应的惯性中跳出来,为建立长效调控机制夯实基础、搭好台子。

由于共有产权住房属于带有资助性质的商品房,目的是让更多的中等收入者拥有自身的住房,使得其有一定的财富积累,提高自身的社会归属感和责任感,因此也需要尽量放开其住房对象的进入门槛,使得更多的购买首套住房的刚需者能更容易拥有属于自己的住房。鉴于安居住自身的政策扶持、帮助性质,共有产权住房面积应该有所限制,以满足基本居住功能的普通商品住房标准为其户型面积标准,故以户型建筑面积 60 m²~90 m²、2~3 间卧房的住房作为共有产权住房的主力户型。

可见,对于共有产权住房的基本定位,主要表现为两个方面:一是放开进入门槛,对存在有大量住房需求的中等收入人群的城市,通过共有产权的方式,使他们能逐步购买并拥有住房产权,潜在地实现自身财富的积累,并改善自身居住条件和环境。二是规范和遏制购置型的保障房里的牟利空间,使得共有产权住房可以解决既买不起商品房但又达不到保障房进入门槛的"夹心层"的住房刚需,避免投机牟利,同时在一定程度上平抑高房价。

4.1.2 共有产权住房制度的政策目标

紧紧围绕实现"住有所居"目标,通过共有产权住房等多形式、多渠道帮助城镇住房困难群体满足其产权住房的需求,加强和改进共有产权保障性住房权属管理,进一步消除利用保障性住房投机牟利空间,加快完善住房保障制度体系,实现政府投入和回收的住房保障资源可持续用于解决群众住房困难。共有产权住房制度的政策目标主要围绕以下三方面展开。

1. 准确把握共有产权保障房的适用范围、对象和实施渠道

根据经济社会发展水平和住房困难群体的住房消费能力,统筹研究确定共有产权保障性住房的实施计划、范围和供应规模。住房市场总体供不应求、房价上涨压力较大的城市,应努力增加共有产权保障性住房供应;住房市场供需基本平衡但困难群体住房消费能力较弱的城市,应积极稳妥推进共有产权住房工作,合理确定年度供应规模。

共有产权住房的保障对象主要是城市中低收入住房困难家庭、棚户区危房片区经济困难家庭,各地应积极适应城镇化发展和户籍制度改革要求,逐步将共有产权保障对象扩大到新就业无房人员和符合居住年限等规定条件的农业转移人口。当前,共有产权保障性住房主要通过政策性住房、棚户区改造安置住房和政府提供货币补贴购房等渠道实施。保障性房源充足、住房困难家庭租房需求已得到充分满足的地区,经省批准可探索试点公共租赁住房共有产权机制。

共有产权保障性住房应以中小户型为主,单套建筑面积一般不超过90平方米。各地应结合实际,合理确定建筑户型和使用面积标准。共有产权保障性住房供应对象的家庭收入资产标准,由政府根据当地普通商品住房价格、居民家庭可支配收入水平和家庭人口结构等因素确定,实行动态管理,定期向社会公布。各地还应积极平衡供需关系,对共有产权保障性住房的建设供应数量、结构进行动态调整和优化。

在住房申购方面,共有产权保障性住房应按照相关规定,实行申请、审核、公示和轮候制度。建设单位应出具《住宅质量保证书》和《住宅使用说明书》,并承担保修责任。各地住房公积金管理机构应按规定对购房家庭办理住房公积金贷款、提取等手续。保障家庭应承担所购住房全部的管理责任。

2. 合理确定产权份额,严格实施权属登记

份额比例确定。实施共有产权的保障性住房个人产权比例原则上不低于50%,具体比例由各地综合考虑住房保障人群支付能力和住房市场价格水平后自行确定。

经济适用住房和限价商品住房。当地价格主管部门会同住房保障部门按照略低于同地段、同品质、同类型普通商品住房的销售价格确定房屋销售价格。个人拥有的产权面积按其出资份额占房屋销售总价的比例分摊确定,其余面积作为政府产权,由当地政府持有。

棚户区危旧房改造安置住房。应将棚户区危旧房改造还建面积以及按有关规定补偿住房的面积计入棚户区危旧房改造安置住房的个人产权面积,棚户区危旧房改造安置住房超面积部分可计入政府产权面积。购房者可利用政府提供货币补贴购买普通商品住房。应按照所发放货币补贴额和个人实际出资购买房屋份额的比例,由当地住房保障部门牵头,各相关部门配合,在房屋预(销)售前,确定双方持有的产权面积份额。

权属登记。保障家庭应按规定办理共有产权住房权属登记,产权证书应注明共有产权面积、比例等情况。保障家庭或人员在购买实施共有产权的经

济适用住房、限价商品住房,利用货币补贴购买普通商品住房或安置住房时,应按照有关规定缴纳个人产权部分的契税。

3. 规范共有产权住房使用行为,完善上市交易和收益管理

住房使用。保障家庭应按整套住房全部产权建筑面积计算的标准全额缴纳专项维修基金,应按时交纳按整套住房全部产权建筑面积计算的物业管理费用,在取得共有产权保障性住房完全产权前,房屋只能用于自住,保障家庭不得擅自将房屋出租经营,不得改变房屋用途,个人产权部分抵押需经政府和其他产权持有主体同意。保障性住房中政府拥有产权的部分可免费提供给保障家庭使用,也可按年度签订租赁合同,由保障家庭向政府交纳租金,是否收取租金以及租金具体收取标准由各地自行确定。保障家庭使用共有产权保障性住房期间购买其他住房的,应先取得共有产权保障性住房完全产权,或按照约定退出个人持有份额,否则不予办理新购房屋的权属登记。

购买政府产权。保障家庭在取得共有产权保障性住房后,可通过一次性付款或分期购买政府产权,并按有关规定缴纳相应面积的契税,从而最终拥有完全产权,具体购买价格由当地价格主管部门会同住房保障部门确定。保障家庭取得完全产权后,如房屋的土地性质是采取划拨形式的,应变更为出让形式,权属登记部门应及时予以办理变更登记手续。

上市交易。共有产权保障性住房5年内不得上市交易,因特殊原因确需转让的,应优先由当地住房保障机构按照原购房价格回购个人持有份额;满5年上市交易的,可参照当地同区域、同品质普通住房交易均价进行评估(房屋装修等费用除外),并按产权比例进行分割后,方可上市交易。

政府产权收益。政府持有产权上市收益应全额缴入当地住房保障资金专户,实行"收支两条线"管理,专项用于保障性住房的筹集和管理工作。

违规行为处理。对弄虚作假、隐瞒收入条件和住房条件骗购或违规获取共有产权保障性住房的,当地住房保障性部门应责令承购人按同地段、同品质、同类型普通商品住房销售均价购买完全产权,或由当地政府保障部门限

期收回所购房屋,个人出资部分的原购房款在扣除相应的罚金、按市场租金标准应补交的房租,并考虑房屋折旧等因素后,退还购买家庭、承购人等。当地住房保障部门应依法责令其限期腾退,在规定的期限内未腾退的,由当地住房保障部门依法申请人民法院强制执行。国家行政机关工作人员在保障性住房共有产权工作中滥用职权、徇私舞弊、玩忽职守的,由行政主管部门或者监察机关依法追究行政、纪律责任;涉嫌犯罪的,移送司法机关处理。

共有产权住房对现行保障房制度也是一种有益补充。毋庸讳言,一些地方在施行保障房制度过程中存在弊端。有的拿经适房、限价商品住房寻租;有的保障房建设只重建设数量,忽视了配套措施建设,导致"空城""睡城"出现,加大了城市交通压力;有的政策性保障房封闭式运转,缺少合理的供需管理。共有产权住房对自住房和保障性住房统一管理,在持有、使用、退出、转让等各环节都做了较为细致的专门性规定,有利于从制度层面革除保障性住房存在的痼疾,优化城市区域布局,为共有产权住房的实施创建公平环境。

共有产权住房的要义,还是要实现"房子是用来住的,不是用来炒的"的目标。实际上,共有产权住房实施的到位,就会具有很大的政策效益延展性。一方面,随着"同质"水平的共有产权住房批量上市,有可能对周边商品房价格产生平抑作用,带动住房市场价格回归理性周期中,逐渐让刚需者看得到也够得着;另一方面,共有产权住房能够把土地、住房和金融资源用到该用的地方。共有产权住房购房人在未来获得不动产权证后,也可以按规定回购政府所持产权份额。这些设计,既考虑到了共有产权住房购房人与商品房购房人的权利平等性,也考虑到了共有产权住房购房人家庭财富的动态变化;既顺应了市场规律,也满足了民生需求。

4.1.3 共有产权住房制度构建的原则

1. 坚持以人为本的原则

以人为本、便民惠民是共有产权房模式设计的基本原则。作为保障性住房的一个重要类型,共有产权模式在不断完善的同时,社会对保障性住房的保障水平、住房标准也在不断提高。因此共有产权房在建房选址、房屋设计、房屋建造以及在周边学校、医疗、商业、交通等公共生活配套设施等方面要更加突出人性化,做到居住舒适、功能齐全、生活便利,使保障群体在保障性住房的惠及下既要住得下,也要住得好。共有产权房模式的设计应始终坚持以人为本的原则,克服部门利益、房地产公司利益等多方面利益群体的掣肘,坚持把公共利益放在首位,切实维护好广大人民、特别是保障群体人民群众的切身利益。

2. 坚持公平与效率的原则

公平与效率原则是共有产权房实际运行中的核心原则。公平原则是共有产权房应该遵循的首要原则,它在维护社会公平、促进社会平等、构建良好的住房保障秩序等方面应发挥积极的作用。公平原则既要在共有产权房制定保障目标、确定供应群体、政府财政支持等方面得到体现,又要在房屋分配、使用管理、违规清退等群众切身感受最清晰的方面得到体现。

共有产权房模式设计还要突出效率原则。住房保障是政府通过政策实施将一部分社会资源向有保障需求的社会群体倾斜,而这部分社会资源毕竟是有限的,因此充分发掘少量社会资源的最大效率是提高社会保障能力的重要途径。效率的提高是多途径的,包括合理规划共有产权房的推进速度、次序、建设地址、年限等,保证共有产权房的供应效率;合理设计房屋的构造,提高房屋的利用率、实用性;合理制定并严格遵守准入、管理、退出等各项规章制度,提高房屋的分配、循环利用效率等。

3. 坚持"政府主导,市场运作"的原则

共有产权住房既有一定的保障属性,又有一定的市场属性,因此共有产权住房采取"政府主导、市场运作"的指导原则。所谓共有产权住房的"市场运作",是将共有产权住房作为住房体系的一个新产品,或是一种新的商品住房营销方式,通过市场运作,弥补当前商品住房产品供应单一的现状。另一方面,目前尚处于共有产权住房试点阶段,市场发育暂且不成熟,由于共有产权房兼具福利性质,为保证其一定的福利性,保障共有产权的政策和思想能完全得到落实,在其管理机构、参与主体、定价和交易管理等尚不成熟的条件下,目前不能完全交由市场来解决。现阶段由政府作为共有产权的管理主体是必要的。所谓"政府主导",是指将共有产权住房纳入住房建设规划和年度建设计划,将共有产权住房用地纳入建设用地年度土地供应计划中。另外购房的贷款贴息和租金补贴也是政府支持的一部分,对于共有产权住房的补贴,政府需要表现在"明处"而非"暗处",通过试点总结经验,然后制订统一的规范,确保共有产权住房的健康发展。总之,应加大政府对共有产权保障性住房建设的投入,制定为落实引导、鼓励社会力量参与建设和管理的政策措施,更好地发挥市场机制的作用。

4. 坚持有限保障的原则

任何一项社会保障措施都离不开相应的社会环境和经济发展水平。作为社会保障体系的重要组成部分,保障性住房法律制度具有与其他社会保障方式相似的共同点,即适度、有限。基于这样的现状,推进保障性住房立法时必须坚持有限保障原则,既要对保障对象进行严格界定,又要根据实际的经济发展水平、政府的财政支付能力和保障对象的状况来确定相应的保障标准,不宜过高或过低。保障标准过低,保障对象的需求无法得到满足;保障标准过高,财政负担加剧,还可能滋养懒汉,形成社会惰性。国外经验也表明,各国政府对保障公民住宅权普遍承担的是有限责任,而不是不切实际的无限责任。因此,应在通过市场机制对住房消费进行初次分配的基础上,即在大多数人通过自己的收入购买或租赁房屋以满足居住需求的同时,政府通过运用二次分配手段对中低收入住房困难群体予以帮助,解决其基本居住问题。

5. 坚持因地制宜、多措并举的原则

从实施地域来看,新建共有产权住房,应因地制宜,重点放在大城市、中心城市。在大城市、中心城市,推出共有产权住房,不应挤压商品住房供应,更不应当拖累困难群体的经济能力、减少必要的租赁型保障房供应。中小城市可自主选择,采用货币补贴等方式,多样化发展共有产权住房。从实施形式来看,各地在共有产权实践方面,有在经济适用住房上采用的,也有在限价商品房上采用的。共有产权住房作为持有产权的形式,可以考虑在商品住房、保障性住房两个层面实行。这样,通过让居民拥有 0~100% 产权的制度设计,对居民形成全产权、部分产权和无产权住房,实现居民支付能力与住房供应之间的匹配和平衡。因此,共有产权住房不一定是一种新的住房类型,更多的应是一种保障或支持形式,实行方式可以多样化。例如,在新建经济适用住房和限价房、棚户区安置改造中,对政府给予的地价优惠、房价打折、购房补贴等部分,变"暗补"为"明补",以共有产权形式体现出来;又如,除新建具有共有产权属性的政策性商品房外,原有经济适用住房、限价商品房也可以采用共有产权住房模式进行规范管理;此外,除政府与保障家庭共有产权外,也可探索非营利组织与保障家庭共有产权。

4.2　共有产权住房制度框架设计

共有产权住房制度是一个复杂的体系,包括多方面制度的确定:共有保障对象的界定、保障方式的确定、产权比例的确定、退出机制的设定等,并将根据其不同的城市化发展、社会经济的发展、政府财政收入、住房价格、居民收入等因素而有所不同。

4.2.1　保障对象

我国原住房保障体系的保障对象主要是城市中低收入住房困难家庭、棚户区危房片区经济困难家庭,在这种住房供应体系下,没有被保障人群的住房问题成了亟需解决的问题。为了将来真正实现住房体系的无缝衔接,首先我国保障性住房的保障对象需要严格确定,覆盖面需要进一步扩大。共有产权住房的保障对象应超出原有范围,将住房保障对象的范围重点定于各城市的夹心阶层,即城市中既不在廉租房保障范围内,又买不起商品房的住房困难群体。保障对象定位于"夹心层"群体,实现住房系统的无缝对接,让更多存在住房困难的家庭得到保障。

保障对象的范围既不能太宽也不能太窄,应兼顾有效保障和公平性,既要使更多的住房困难居民获得住房保障,又要使提供的住房保障达到有效标准。这就需要将覆盖面和住房保障的有效性结合起来,以广覆盖作为基本原则和长期方向,以有效保障为限制条件,根据住房条件和经济条件确定出优先保障对象。

第一类城市由于市场失灵造成了严重的保障范围缺口,考虑到第一类城市如南京、苏州市场失灵严重,夹心阶层比例较高,因此,此类城市应针对首次置业的、没有享受过住房保障政策的夹心阶层住房困难家庭。

第二类城市主要包括扬州、无锡、南通等地级市,依据保障收入线划分的方法,夹心阶层由中等偏低收入人群逐步扩大至中等收入人群,夹心阶层的收入线可以依据商品房价格下限和保障房价格的差距进行综合测定。

第三类城市为大部分县级市,夹心阶层较少,根据目前的保障供应体系已覆盖了全部需要保障的人群,因此可按原保障房保障对象范围(低收入人群)进行确定。

此外,对于以下对象,三类城市都应将其纳入共有产权保障范围:城市中拥有当地户籍,但未买过房屋的住房困难家庭;在本市工作一定期限以上的新就业大学生;在本市工作一定年限,具有一定收入的外来务工人员;并向该市引进的人才(有一定职称、一定科研成就且住房困难的人员)提供共有产权住房保障资格。

4.2.2 保障收入线

共有产权保障房的保障对象是购买商品房支付能力不足,但又希望获得产权房的群体。在界定共有产权房保障对象时,对其支付能力的考量是其中一项重要的内容,因此划定收入线是确定共有产权住房保障对象标准的重要内容。共有产权房的保障范围是家庭年收入介于配租线与配售线之间的这部分群体,即"夹心层"群体。因此,科学地划定配租线与配售线是科学地确定共有产权保障房保障对象的重要依据。

4.2.3 保障方式

1. 土地供应方式

相对于划拨土地而言,共有产权住房宜采用土地出让的方式,这样可使共有产权住房真正具有商品的性质,个人可在自己产权比例部分内对房屋实施抵押、担保,并享有增值收益,同时让共有产权住房与商品房市场实现无缝对接,对平抑市场房价、激活房地产市场有重要意义。

2. 住房供应方式

住房保障的方式多种多样,根据住房结构与人口结构的基本匹配可知,对于共有产权住房的实施定位应当也有所区别对待。

集中建设模式在供需缺口非常大的区域和时间阶段具有不可替代的作用,能够实现短期内大规模建设,供给效率高,从而较大程度地快速缓解供需矛盾;面对商品房供大于求的市场状态且政府又有建设保障房的压力,可以政企合作,政府选择合适的项目,向市场收购,激发市场活力。

对于第一类城市,如南京、苏州等住房问题突出、夹心阶层数量多、人口流入规模较大的城市,应该更多地通过实物供给的方式,以增加住房的有效供给,缓解商品房供应紧缺以及住房市场供求矛盾,可通过新增建设,即政府投资建设、企业代建及PPP模式建设等方式供应。

对于第二类城市,如扬州、无锡等地级市,该类型城市存在一定的住房供应短缺,也存在一定的夹心层,可采用住房货币补贴与共有产权住房实物供应相结合的方式。在实物供应方面可采用新增建设和市场配建、市场收购、存量转换相结合的方式。

对于第三类城市,如大部分县级市,该类型城市可能存在高库存现象,夹心阶层较少,商品住宅市场价格接近于保障性住房,该类城市可采用货币补贴的形式,不宜采用实物供应。但在库存较大的城市,可由政府指定房源,由政府对保障对象给予购房补贴后,政府和个人各占一定的产权比例,形成共有产权。

4.2.4 保障面积

我国的人均住房建筑面积为 30 m²,南京人均住房建筑面积也达到此标准,而江苏省的保障标准从住房保障体系建设之初到今天仍然为 24 m²。建议在政府筹集或助购的共有产权房户型方面,应提高城镇中等偏下收入住房困难家庭的保障面积,由于该人群的收入界定为上年度城镇人均可支配收入的 80%,人均住房建筑面积应界定为 24 m² 左右,三口之家不低于 72 m²,四口之家不低于 96 m²。

4.2.5 产权比例

申购新建的共有产权住房。个人拥有的产权面积按其出资份额占房屋销售总价的比例分摊确定,其余面积作为政府产权,由当地政府持有。

棚户区危旧房改造安置住房。应将棚户区危旧房改造还建面积以及按有关规定补偿住房的面积计入棚户区危旧房改造安置住房的个人产权面积,棚户区为旧房改造安置住房超面积部分可计入政府产权面积。

利用政府提供货币补贴购买普通商品住房。应按照所发放货币补贴份额和个人实际出资购房屋份额的比例,由当地住房保障部门牵头,各相关部门配合,在房屋预(销)售前,确定双方持有产权面积份额。

4.2.6 定价确权

我国共有产权住房目前存在产权模糊、产权比例僵化等问题,影响保障作用的有效性。共有产权住房政府和个人产权比例包括初始比例和调整比例问题,产权比例大小关系到双方出资比例,主要影响到政府和个人的出资额的大小以及所获得权益的大小。产权比例如何分配需要考虑保障对象的住房支付能力、共有产权房价格以及政府财政保障能力等问题。定价确权的模型如下:

$$P = P_2(1-\beta)$$

续 表

保障机制	城市类别	具体内容	
定价确权机制	各类城市	$\begin{cases} P' = \dfrac{6Y'}{S} \\ P = P_2(1-\beta) \\ \alpha = P'/P \\ P > C \end{cases}$	P'——购房者支付的保障房单价上限； β——相比于周边商品该共有产权住房项目单价下降幅度； Y'——该城市中等偏高收入人群对应的人均年可支配收入； S——该城市的人均住房保障面积(依据4.2.4方法测算)； P——共有产权住房的单价； P_2——同区位类似项目的商品房的单价； C——共有产权住房项目建筑成本单价； α——购房者产权比例
退出机制	购买政府产权	一次性付款或分期购买政府产权,并按有关规定缴纳相应面积的契税后,拥有完全产权	
	上市交易	满5年上市交易的,可参照当地同区域、同品质普通住房交易均价进行评估,并按产权比例进行分割后,可上市交易	

5 共有产权住房制度的供需及确权机制

5.1 共有产权住房的需求研究

5.1.1 共有产权住房的需求群体分析

发展共有产权住房,首先需要明确共有对象。共有产权住房旨在弥补现有住房保障系统中的空缺,保障对象定位于无能力购买商品房的中低收入住房困难家庭即"夹心层"群体,实现住房系统的无缝对接,让更多存在住房困难问题的家庭得到保障。由于我国目前住房供应体系的不完善、住房租买选择机制的缺失等一系列因素造成"夹心层"人群既没有能力支付市场经济中高昂的房价,也没有被纳入保障范围,这部分群体享受不到应有的适足住房权(图5.1)。

由于住房市场失灵,我国存在庞大的"夹心层"群体,他们的收入多属于"上不去,下不来",成为消费构成中的中间力量,同时也成为国家相关优惠政策的绕行群体。共有产权住房的保障对象主要是城市中低收入住房困难家庭、棚户区危房片区经济困难家庭,各地应积极适应城镇化发展和户籍制度改革要求,逐步将共有产权保障对象扩大到新就业无房人员和符合居住年限等规定条件的农业转移人口。当前,共有产权保障性住房主要通过政策性住

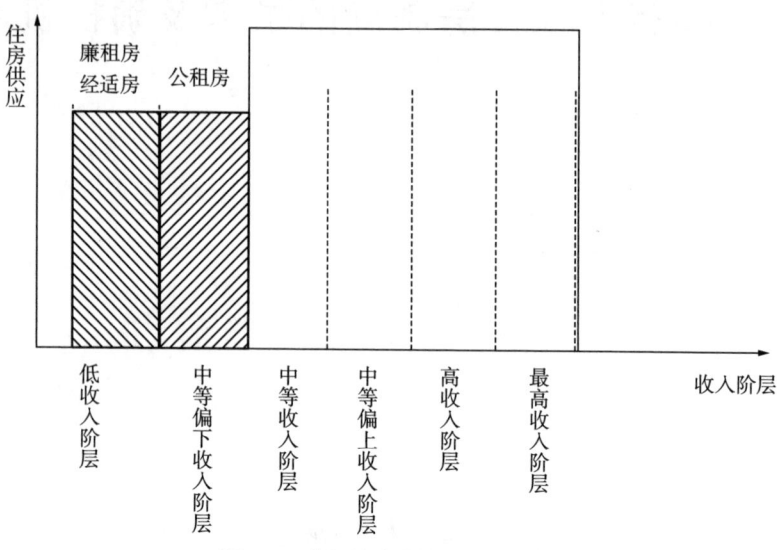

图 5.1　我国住房供应体系示意图

房、棚户区改造安置住房和政府提供货币补贴购房等渠道实施。保障性房源充足、住房困难家庭租房需求已得到充分满足的地区,经省批准可探索试点公共租赁住房共有产权机制。

从共有产权保障性住房试点城市来看,共有产权住房旨在弥补现有住房保障系统中的空缺,保障对象定位于无能力购买商品房的中低收入住房困难家庭,从而实现住房系统的无缝对接,让更多存在住房困难问题的家庭得到保障。从政策导向来看,多类型产权式保障性住房将并轨为共有产权住房,保障对象覆盖到低收入家庭。因为我国地区间经济水平相差较大,中低收入在不同地方也具有差异性,具体标准需依照当地的经济水平来定。各个城市应根据当地情况对保障对象收入范围定性定量研究,主要面向中低收入住房困难家庭,在部分发达城市可扩展到中等收入甚至中等偏上收入住房困难家庭。我国地域辽阔,每个地区的经济发展水平、房地产市场情况、住房消费观念存在很大区别。在保障性住房发展过程中,不能一刀切,应在全国建立较为统一的基础制度后,再根据不同地域的自身特点来制定当地的标准,与当地人均收入水平、物价水平相适应。另外,各地区在确认共有产权住房保障范围的时候,要注意可变性原则,家庭可支配收入会随着经济不断提升而变动,收入线和资产线划分尺度应随着城市化发展、经济增长、政府财政收入、房价的上涨和人们的收入变化等实时更新。

综上,由于住房市场失灵导致夹心人群买不起普通商品房,但这部分人群也不属于住房保障体系中的保障对象,同时因为中国的租买选择机制的缺失,租赁式保障性住房无法为这部分人群提供产权式住房带来的权利,因此在住房市场引入共有产权住房,使保障性住房和商品房之间的衔接更加紧密,这也决定了共有产权住房同时拥有保障性住房的保障性和商品房的市场属性双重性质。加上最近提出的公租房和廉租房"并轨"与经济适用房的逐渐退出,我国的住房保障和供应体系向着公共租赁住房、共有产权住房和商品房相衔接的趋势发展。所以,住房供应体系中共有产权住房的推出使得我国的住房供应不断完善,逐步覆盖至全部阶层。

5.1.2 共有产权房需求总量预测

本项目组赴南京、连云港、淮安、泰州、常州金坛、高邮、张家港等7个城市展开了密集调研。其中针对新就业人员和外来人口的抽样调查结果显示,绝大多数的被调查者希望通过共有产权获得自己的住房。基于目标的可达性及共有产权房有限保障的原则,将江苏省共有产权房覆盖率设置了三个情景:一般保障情景(1%)、适度保障情景(3%)、高保障情景(5%)。

(1) 江苏省未来常住人口总数的预测分析

从《江苏统计年鉴(2001—2015)》中获得 2000—2014 年江苏省城镇人口总数(常住人口),如图 5.2 所示。

原始序列为 $X^{(0)}(k)$,对 $X^{(0)}(k)$ 作一次累加生成运算得到 $X^{(1)}(k)$,由 $X^{(1)}(k)$ 得到其紧邻均值生成序列 $Z^{(1)}(k)$,采用最小二乘法对 $GM(1,1)$ 模型的均值形式 $X^{(0)}(k)+aZ^{(1)}(k)=b$ 中的系数 a、b 进行估计。

经计算得到 $a=-0.038654, b=3057.157543$,其预测模型为:

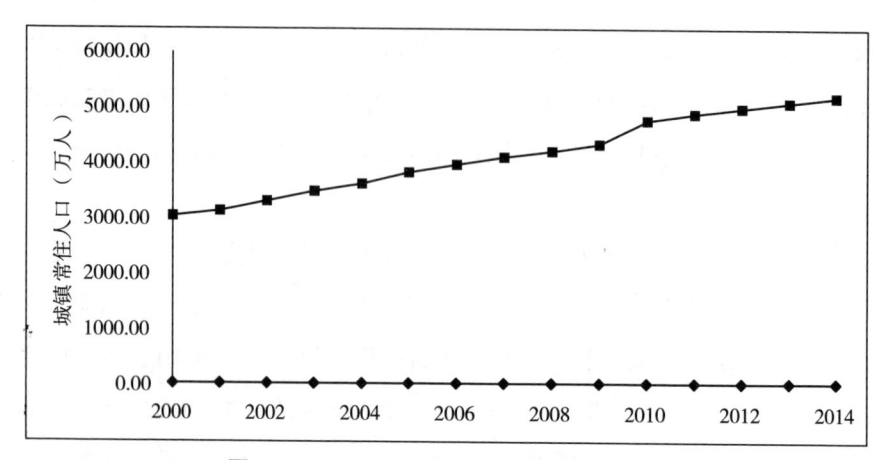

图 5.2 2000—2014 年江苏省城镇常住人口

$X(k+1)=82130.831467e^{0.038654*k}-79090.021467, k=1,2,\cdots,n$

利用上述建立的预测模型计算模拟数据,并与原始数据对照,进行误差分析,其原始数据、模拟数据、计算的残差以及相对误差如表 5.1 所示。

表 5.1 误差分析表

k 值	原始数据	模拟数据	残差	相对误差
2	3134.73	3236.85	102.12	3.26
3	3310.25	3364.42	54.17	1.64
4	3487.97	3497.02	9.05	0.26
5	3624.56	3634.84	10.28	0.28
6	3832.06	3778.09	−53.97	−1.41
7	3973.29	3926.99	−46.30	−1.17
8	4108.70	4081.75	−26.95	−0.66
9	4215.17	4242.62	27.45	0.65
10	4342.51	4409.82	67.31	1.55
11	4767.63	4583.62	−184.01	−3.86
12	4889.36	4764.26	−125.10	−2.56
13	4990.09	4952.03	−38.06	−0.76
14	5090.01	5147.19	57.18	1.12
15	5190.76	5350.05	159.29	3.07

由表 5.1 可计算出相对误差的平均值为 0.10，拟合精度较高，进一步表明该模型可以对江苏省的未来城镇常住人口的数量进行预测。利用该模型进行 2015—2020 年的江苏省城镇常住人口的测算，2015—2020 年，新增城镇常住人口为 1555.78 万人，平均每年增长 259.30 万人（表 5.2）。

表 5.2　2015—2020 年的江苏省城镇常住人口的测算（万人）

年份	2015	2016	2017	2018	2019	2020
城镇常住人口	5560.90	5780.06	6007.86	6244.63	6490.74	6746.54
城镇新增常住人口	370.14	219.16	227.80	236.78	246.11	255.81

（2）共有产权房需求量的预测

前文 4.2.4 中，共有产权房制度框架设计中建议的人均住房建筑面积为 30 m²，江苏省户均为 3 口人，则户均面积为 90 m²。基于新增城镇常住人口的测算及共有产权房覆盖率的一般保障情景（1％）、适度保障情景（3％）、高保障情景（5％），预测 2015—2020 年江苏省共有产权房的需求面积及套数（表 5.3）。

表 5.3　江苏省共有产权房的需求面积及套数

不同情景	覆盖率	面积（万 m²/年）	套数（万套/年）
一般保障情景	1％	77.79	0.86
适度保障情景	3％	233.37	2.59
高保障情景	5％	388.95	4.32

从上表可以看出，在适度保障情景下，江苏省每年需求的共有产权房面积和套数分别为 233.37 万 m²、2.59 万套。而现有调研城市的共有产权房的规模均较小，例如，截至 2016 年 6 月 30 日，淮安仅向 1071 户家庭供应了共有产权房，远未达到一般保障情景。因此，在未来的时间里，仍需深化"以共有产权模式改进经济适用房制度"的改革部署，进一步加强和改进共有产权房的落实。

5.1.3　基于需求群体分析的共有产权住房保障标准确定

在共有产权经济适用房推行过程中，为了使有限的资源得到充分利用，在共有产权住房的进入上,就要严格控制分配对象。而这个严格的程度,主要取决于一个明确的界限——收入线。本节从人均月可支配收入的角度对江苏省的南京市、连云港市、淮安市、泰州市、金坛区等5个案例地区的共有产权保障性住房的保障范围进行界定。以居民的支付能力进行保障群体的确定是最为核心的保障原则,根据不同收入阶层居民的购房支付能力,对中低收入者进行进一步划分,制定分层保障体系,确定不同的保障标准,具有重要意义。按照居民收入水平不同,可通过保障标准线的确定形成以下保障体系(图5.3):

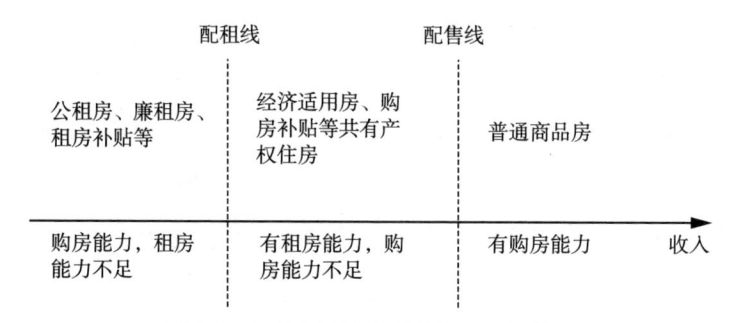

配租线	配售线
公租房、廉租房、租房补贴等	经济适用房、购房补贴等共有产权住房	普通商品房
购房能力,租房能力不足	有租房能力,购房能力不足	有购房能力

图5.3 按收入不同形成的住房保障体系

共有产权住房的保障范围应介于配租线以及配售线之间,即这部分"夹心层"群体有一定租房能力但是购房能力不足,以下将针对南京市、连云港市、淮安市、泰州市、金坛区等5个案例地区的具体情况按不同收入确定共有产权住房的具体保障标准。

1. 配租线的确定

充分考虑案例地区当前的实际情况,有以下基本数据及假定:

(1) 住房的户均面积 S 约为 60 m²;

(2) 案例地区近一年来(2015.09—2016.08)商品住宅销售平均价格为 P 元/m²[1],平均租赁价格为 R 元/月/m²[2]。具体数据如下:

---

[1] 数据来源:http://nj.jiwu.com/fangjia/.

[2] 数据来源:http://nj.cityhouse.cn/lmarket/.

5 共有产权住房制度的供需及确权机制

表 5.4 商品住宅销售及租赁的平均价格

案例地区	南京市	淮安市	连云港市	泰州市	金坛区
平均租赁价格	37.72	13.91	14.41	17.07	16.59
商品住宅销售均价	18132	4896	5516	6040	6725

(3) 以江苏银行(2016年3月1日)的五年以上贷款的年利率4.9%为标准,居民使用等额本息还款方式;

(4) 家庭购房年限30年;

(5) 2016年2月1日,人民银行、银监会(以下简称"两部门")出台了《关于调整个人住房贷款政策有关问题的通知》,其中规定,首次购房首付比例为25%,即贷款额度为75%。

对于配租线的确定,首先需要根据租金水平,确定居民是否有租房可支付能力:

$$a \times Y \geqslant c = RS \Rightarrow Y \geqslant \frac{R \times S}{a}$$

$$Y' \geqslant \frac{12RS}{a}$$

其中,c 表示住房消费支出;R 表示近一年商品住宅平均租金;S 表示面积标准;Y 表示家庭月收入,Y' 表示家庭年收入;a 表示住房消费收入比。本研究根据恩格尔定律,中低收入家庭的界定取其恩格尔系数为基本解决温饱问题对应的60%,则可用于住房支出的部分占其可支配收入的比重 λ 就应该小于或等于40%,所以取 $a=λ=40\%$。从而,计算得到"有能力购买共有产权房"的家庭的年收入下限(表5.5)。

2. 配售线的确定

对于配售线的确定,需要根据普通商品住房房价水平、购房年限等信息,确定对于普通商品房"具有购房能力"群体的收入下限,即共有产权住房保障群体的收入上限:

$$a \times Y \geqslant c = \frac{P \times S \times m \times r \times (1+r)^n}{(1+r)^n - 1} = Y' \geqslant \frac{P \times S \times m \times r \times (1+r)^n}{[(1+r)^n - 1] \times a}$$

其中,c 表示住房消费支出;P 表示近一年普通商品住宅平均价格;S 表示面积标准;Y 表示家庭月收入,Y' 表示家庭年收入;a 表示住房消费收入比。本研究根据恩格尔定律,中低收入家庭的界定取其恩格尔系数为基本解决温饱问题对应的 60%,则可用于住房支出的部分占其可支配收入的比重 λ 就应该小于或等于 40%,所以取 $a=\lambda=40\%$;m 表示贷款额度;r 表示住房抵押贷款年利率;n 表示贷款年限。从而,计算得到"具有购房能力"群体的年收入下限为:

$$Y' \geqslant \frac{P \times S \times m \times r \times (1+r)^n}{[(1+r)^n - 1] \times a}$$

至此可以确定,凡是家庭年收入高于 Y' 元的家庭,皆属于"具有购房能力"群体,所以,由此可确定共有产权住房保障标准的家庭收入上限,即配售线(表 5.5)。

表 5.5　共有产权房保障标准的上下限(家庭年收入)　　单位:元/年

案例地区	南京市	淮安市	连云港市	泰州市	金坛区
配租线	67896	25038	25938	30726	29862
配售线	131186	35423	39909	43700	48656

5.2　共有产权住房制度供给机制及其创新

5.2.1　现有共有产权住房供给机制评价

5.2.1.1　保障对象

1. 现有保障对象

2007 年 11 月份印发的《经济适用住房管理办法》中,原经济适用房对个人主体做出了如下要求:第一,申购者要具有当地城镇户口;第二,家庭收入符合市、县人民政府划定的低收入家庭收入标准;第三,无房或现住房面积低于市、县人民政府规定的住房困难标准。如前文所述,全国各地方政府依据

《经济适用住房管理办法》的立法精神和立法要求,分别制定符合当地房地产市场现状的共有产权住房管理办法。

2. 存在的问题

(1) 住房供应体系不完善导致供应对象覆盖不全面

我国住房保障制度主要包括产权式保障和租赁式保障两种,前者主要指经济适用住房、限价商品房,后者则以廉租房和公共租赁房为代表。这样多层次的制度,目的是将全部社会人群考虑在内,为他们提供住房保障。住房供给结构趋于稳定以后,形成了表5.6所示的多层次住房供应体系。

表 5.6 我国现行城镇住房分层次供应表

收入人群	低收入户	中等偏下户	中等收入户	中等偏上户	高收入户	最高收入户
住房形式	经济适用房、廉租房	公共租赁房	一般商品房	一般商品房	一般商品房 高档商品房	高档商品房

我国城镇住房制度改革虽然形成了多层次住房供应体系,但该体系中不同类型的住房发展并不均衡、协调,从而严重制约了该体系整体作用的有效发挥。

这种不均衡首先体现在住房供应体系中,保障性住房供应体系相对于商品住房供应体系发展显著落后,多数城市保障性住房建设和供应规模明显不足,在住房供应总量中所占比例过低,导致需要保障的人群得不到相应的住房保障。其次体现在保障性住房制度本身也存在着供需结构不匹配、住房保障对象的宽泛化和错位、保障标准的趋高化等问题,导致目前的住房保障体系并不能覆盖所有需要保障的人群,进一步制约了其作用的发挥。最后体现在高度商品化推动市场经济发展,迅速膨胀的房价使得房地产市场出现了一些"夹心层"和低收入者,这些人没有能力支付市场经济中如此高昂的房价。

在这种住房供应体系下,没有被保障人群的住房问题成了亟需解决的问题。为了将来真正实现住房体系的无缝衔接,首先,我国保障性住房的保障对象需要严格确定,覆盖面需要进一步扩大。其次,结合当前我国住房需求的阶梯型发展趋势,住房需求的划分必然较以往有所变动,所以住房保障范围的确定也需要更加标准化、细致化。

(2) 政府财力不足导致保障范围有限

2011年国际货币基金组织(IMF)公布数据显示,2011年,我国人均GDP位居世界第89位。在目前经济水平和居住现状背景下,我国正处于加快城市化进程阶段,经济发展水平有限,而且我国是一个人口大国,人多地少、总量大、人均少是最基本的国情。受人力、物力、财力的制约,我国不可能在短时间内将住房保障对象范围扩大到很宽广的范围,过高或过低的保障水平都存在一定的问题。过高的保障水平标准不仅目前实现不了,而且会占用其他方面的社会保障资源,损伤保障的效率,降低社会整体福利水平。过低的保障水平标准又满足不了大多数居民的基本住房需求,使得大批住房困难民众长期得不到合适住宅,不利于社会稳定。

(3) 尚未建立完备的个人征信数据系统,被保障对象收入信息难以监管

我国现行的住房保障制度在划定保障对象时一般把申请人的可支配收入和家庭财产列为重要考量内容,其目的是让中等偏低收入有住房困难的群体纳入住房保障体系,共有产权住房保障对象的范围也应以此为依据。这种划分依据本身是没有问题的,也是世界上住房制度建设先进的国家普遍采用的方法。并且,住房保障制度是否可行,其中一个重要指标就是能否实现被保障对象的动态管理,即当家庭收入高于住房保障准入标准时,应让其退出住房保障体系。

但是,由于我国至今尚未建立较完备的金融信用体制和居民个人收入申报等制度,在以可支配收入和家庭财产为划分依据的操作中,调查申请人收入、住房和资产等个人隐私信息存在较大难度,导致保障性住房的审核环节缺乏可靠的数据支持,被保障对象的个人收入及家庭资产审核结果的可信度不高,使住房保障政策目标对象与实际的保障对象产生了一定的偏差。同时,个人收入和家庭资产信息分散在不同的政府部门以及商业机构,住房保障主管部门很难及时掌握被保障对象的经济变化情况。

5.2.1.2 保障标准

1. 现有保障标准

2007年江苏省出台了《江苏省共有产权经济适用住房试行办法》,该试行办法规定:共有产权经济适用住房的建设纳入当地经济适用住房建设年度投资计划和用地计划;共有产权经济适用住房享有国家、省以及市、县(市)人民政府规定的经济适用住房的各项优惠政策;共有产权经济适用住房的开发建设、规划设计、技术规范和标准、工程质量、面积控制标准等应当严格执行《经济适用住房管理办法》和《江苏省经济适用住房管理实施细则》的有关规定;共有产权经济适用住房的套型建筑面积严格控制在70 m^2 以下;共有产权经济适用住房的价格按照国家《经济适用住房价格管理办法》的规定确定,个人拥有的共有产权经济适用住房的产权份额根据购房人出资部分占总房价的比例确定,其余部分为国有产权,个人出资所占份额一般不低于50%等。

2. 存在的问题

(1) 保障面积偏小,并不能满足保障对象的基本生活需求

例如,南京的商品房以高层为主,政府为了提供更多的保障性住房,也选择建设高层建筑。以经济适用房为例,南京的面积标准控制在60 m^2 以下,而高层建筑的公摊面积在20%~25%之间,若以20%估算,则套内面积仅为48 m^2,并不能较好地满足住户的基本需求。而南京的经济适用房规定,1人户控制在40 m^2 左右,2人户控制在50 m^2 左右,住房舒适度差强人意。

(2) 有些城市存在保障房面积过大、总价偏高、户型设计不够合理的问题

以经济适用房为例,存在面积达到110 m^2 左右的经适房,但这种户型并不适用。面积过大,自然会导致这些户型总价较高,这就容易造成以下两种情况:一种是销售不出去,另一种是被高收入家庭买走。虽然国家对经济适用房的套型进行了严格的界定,但有些开发商为了能获取高额的利润而扩大单套面积。

(3) 区位偏僻,配套设施不够完善

大部分保障房小区的车次虽然不少,但是直达市中心、火车站、长途车站

的车次却不多，交通不够便利。而且新开发的经济适用房小区配套设施不够完善，比如居住区缺少配套的教育、医疗设施等，这就额外给居住者增加了一些其他的成本。虽然住房成本有所降低，但是其他方面成本有所增加，并没有彻底解决保障问题。

(4) 小户型较少且单价较高

例如，扬州住房市场上的大多楼盘均以三房 90 多平方米或者两房 80 多平方米为主要户型。相同楼盘中，户型越小单价越高，这对于支付能力不足的保障对象或者"夹心层"来说购买都是困难的。市面上的小户型均为一居室公寓，这并不能满足保障对象的居住需求以及部分保障人群未来的就学目的。

5.2.1.3 供给方式

1. 现有的供给方式

我国新建共有产权住房的供给方式可以概括为三类：政府主导型供给方式、市场为主的供给方式和混合互助型供给方式。其中，政府主导型供给方式主要有政府直接建设、企业代建、PPP 等方式。详见下表 5.7。

表 5.7 我国共有产权住房建设模式

建设模式分类	具体建设模式	土地出让方式	备注
新增建设	政府直接建设	划拨/出让	政府主导型
	企业代建	出让	
	PPP	出让	
	市场配建	出让	市场为主型
存量转换	市场收购		混合互助型

(1) 政府直接建设模式

政府集中建设模式是指由地方政府成立保障房建设管理公司，负责保障房的融资、建设和运营管理等工作。地方政府将土地和资金注入到该公司，该公司以政府信用或者抵押担保的方式从商业银行、保险和社保基金等金融机构获得资金，然后进行保障房的建设、运营、管理。在这种模式中，土地供应方式为划拨或出让,以政府信用为担保向金融机构融资,通过后续的运营收入和财政拨款偿还金融机构贷款和物业管理支出。

政府直接建设模式是目前各地普遍采用的共有产权房建设模式,其优点在于:可以实现短期内大规模供给,房屋质量有保证;可以使保障对象居住相对集中,便于对保障对象的信息采集、跟踪和管理,便于退出管理。

然而,政府直接建设模式也存在固有的缺陷:第一,前期需要投入大量的建设资金,后期的运营管理成本较高,随着保障范围的扩大,资金缺口问题会日益突显。第二,投资回收周期长,一旦住房销售情况不佳,将引发投资风险。第三,会使城市贫困人口居住相对集中,造成城市融入障碍,久而久之易形成拉美式的"城市贫民窟",从而引发新的社会问题。

(2) 企业代建模式

企业代建模式是指政府的保障房运营管理机构作为项目的产权主体,在取得土地使用权后,通过公开招标的方式选定项目的代建企业,按照"交钥匙工程"标准,由代建企业负责整个项目的设计、开发和施工,建成后移交给政府管理机构,政府根据合同规定,按照工程进度拨付工程资金和代建管理费。由于代建企业的专业化程度高于政府的平台公司,因此其建设成本低于政府建设模式,其利润主要来自代建管理费和项目投资节余奖励。

与政府直接建设模式相比,企业代建模式降低了政府的建设投入、缓解了资金压力,提高了资金的利用效率;然而,企业代建模式只能暂时缓解政府的资金压力,并不能降低投资金额和投资风险。

(3) PPP 模式

PPP(public-private partnership)模式,是指公共部门(政府)和私人部门(营利性企业和非营利性企业)合作提供公共产品和服务的建设模式。该模式支持政府与私营部门建立长期合作伙伴关系,以"契约约束机制"督促私营部门按政府规定的质量标准进行公共品生产。

PPP 模式的具体应用形式多样,适用于保障房建设的也有多种模式,比如 BT（build-transfer）模式、BOT（build-operate-transfer）模式、BOO（build-own-operate）模式、BOOT（build-own-operate-transfer）模式等，其中，BOT、BOO 和 BOOT 模式较适合于租赁型保障房的建设，而 BT 模式适用范围较广，可适用于租售型保障房的建设。

BT 模式是指政府作为发起人与投资者签订合同，由投资者负责项目的融资和开发建设，并且在规定时间内将竣工验收合格后的项目移交给项目的发起人，发起人依法对项目进行监督、控制和管理，并根据合同条款分期向投资者支付项目投资及回报。

引入 BT 模式可以在短时间内缓解财政压力，节省人力物力投入，发挥企业的专业优势；而对于作为投资者的开发建设企业，可以获得稳定的无风险回报，且投资回收期较短。对于金融机构，向共有产权住房投资者发放贷款的风险较低，能获得稳定的利息回报，因此，能形成政府、投资者与金融机构三赢的局面。但是 BT 模式也有一定的局限性：对于政府部门，BT 模式只能在短时间内缓解政府的财政压力，对于开发建设企业，其投资收益率较低，导致其投资热情不高。

BT 模式与企业代建模式的主要区别在于：BT 模式是由投资者进行融资活动并垫付不少于 30% 的自有资金，而企业代建模式则由项目的发起人即政府部门负责融资工作并预先垫付资金；BT 模式中，项目的投资者除了获得合同规定的收益率外，还获得部门服务费用，而在企业代建模式中，代建单位只获得了服务费用。因此，选择代建模式仍然需要政府在前期垫付大量的资金，只有财政资金非常充裕时，才宜选择代建模式。

（4）市场分散配建模式

市场分散配建模式是指政府在新建普通商品住房或旧房改造等项目中，以开发商配建一定数量的共有产权住房作为条件来出让土地，政府按土地出让前约定的基准价格回购。配建模式多采用"定配建、竞地价""定地价、竞配建""竞地价、竞配建"等方式。目前北京市自住型商品房则是通过"限房价、竞地价"的方式,加快自住型商品住房用地供应。

与前面几种建设模式相比,市场配建模式的优点显而易见。这种建设方式具有以下优势:

① 在市场商品房小区中配建共有产权住房,可以保证共有产权住房开发品质;

② 用地选址空间自由度加大,可以保证共有产权住房建设地点的分布均匀性,可以避免因为集中建设和居住形成"贫民窟"和因此带来的社会隔离问题,有利于缓解阶层分化;

③ 采用"竞地价"可以防止土地出让价格过高,避免"地王"的出现;

④ 政府不用前期投入开发建设资金,而且能获得土地出让金溢价,从而有效减少资金压力和投资风险,增加政府共有产权住房建设的动力;

⑤ 共有产权住房的申购、运行、管理等不再需要政府负责,降低了政府的管理成本;

⑥ 使得共有产权住房的物业管理标准和所在商品房小区保持一致,可以提高共有产权住房的物业管理水平。

然而,市场配建模式也有不足之处:① 配建项目利润率相对较低,开发商积极性不高,且可能降低建设标准和工程质量,需要加强监管;② 配建保障房数量有限,供给效率比上述新建模式低。

(5) 市场收购方式

一方面,企业面对商品房供大于求的市场状态;另一方面,政府又有建设保障房的压力。可以政企合作,政府选择合适的项目,向市场收购整个房产项目,或选择项目部分楼栋,整体收购,通过"政府采购商品房做共有产权住房"的方式,快速消化目前市场上的存量房,激发市场活力;又可以减少保障房的新建量,避免出现"房等人"的现象。

2. 现有供给方式评价

从政府的角度对上述共有产权房建设模式进行综合分析,见表5.8。

在新增建设模式中,政府直接建设、企业代建和BT模式属于集中建设模式,市场配建属于分散建设模式。集中建设模式在供需缺口非常大的区域和时间阶段具有不可替代的作用,能够实现短期内大规模建设,供给效率高,从而较大程度地快速缓解供需矛盾;但是,集中新建需要大量的资金投入,其中,政府直接投资模式的资金投入压力最大,企业代建模式次之,BT模式再次之,综合比较而言,BT模式是最为理想的选择。市场配建模式能够实现短期内小规模供给,适用于供需矛盾不是很大的区域和时期,采取市场配建模式时,政府的投资压力较小、可操作性较强。

表5.8 共有产权住房建设模式综合分析表

建设模式	特点	政府资金投入	建设效果	住房分布	适用时期	对住房市场影响
新增建设	政府直接建设	政府直接投入建设资金	大规模供给	集中	供需缺口大	大
	企业代建	政府分阶段投入建设资金	大规模供给	集中	供需缺口大	大
	BT模式	建设完成后政府投入资金	大规模供给	集中	供需缺口大	大
	市场配建	让渡土地收入,实行隐性投入	小规模供给	较集中	供需缺口一般	小
存量转换	市场收购	政府直接投入部分收购资金	小规模供给	集中或分散	供需缺口一般	小

相较于新增建设模式,存量转换模式的运作成本低很多,对房地产市场的影响也较小,但是,存量转换模式的供给效率较低,只适用于保障房供需矛盾较小的地区与时期。在存量转换模式中,市场收购模式是增加供给的方式,政府和社会助购模式是增加需求的方式,由于市场收购模式需要政府先进行投资收购、房屋整修和维护管理,而政府和社会助购模式则不需要此环节,因此运作效率更高,可操作性更强。而且,国内外很多学者的研究结果显示,"补人头"方式下更能够保证被保障对象的社会福利,而"补砖头"政策则有损社会福利。因此,在同样能够实现社会公平的情况下,建议采取向低收入者进行直接补贴的转移支付政策。

3. 存在的问题

从江苏省共有产权住房建设情况来看,建设模式普遍较单一,不够成熟,而且融资渠道单一,配套制度不够完善,这些因素将会影响共有产权住房制度的推广和可持续发展。具体表现在:

(1) 部分城市仍然采取单一的政府集中建设模式

在共有产权住房制度试点早期,保障性住房需求量很大,要想在短期之内较大范围地缓解这种需求矛盾,政府集中建设模式具有不可替代的作用。但是,随着政策推进和保障范围扩大,必然使资金短缺问题日益突显,同时也会使政府投资风险不断积累,从而影响共有产权住房制度的可持续发展。因此,应当拓宽集中新建的投融资渠道,建立多元的集中建设模式,以减少政府投资建设的资金压力,保证建设的持续性。

(2) 部分城市试行的组合建设模式存在不足

虽然淮安和连云港等城市开始尝试政府统筹建设和市场分散配建相结合、政府集中建设和政府助购相结合的供应模式,但是,市场配建模式下开发商的积极性并不高,配建的共有产权房数量有限、分布较集中,难以满足大规模、多层次的住房需求。因此,应当尝试建立更加多元的建设模式组合,以提高共有产权住房的供给质量和效率。

5.2.1.4 供给主体

1. 现有供给主体

在当前试点城市中,共有产权采取三种类型:(1) 个人与政府共有,代表城市包括北京、上海、成都、黄石;(2) 个人、政府与企业三方共有,代表城市如淮安;(3) 企业与个人共有,代表城市如深圳。由于共有产权模式在提起之初,被广泛认为是保障房的产品之一,因此政府与个人共有也是广为知晓的模式。2014年6月,深圳市率先表示将拓宽共有产权共有主体,将企业引入,然而具体政策还暂未出台;而淮安市于2014年9月15日,由人民政府发文公布《淮安市全国共有产权住房试点工作实施方案》,将原本政府与个人这种单一共有主体形式拓展为三种,引入企业作为共有产权住房的共有主体,提出由政府、开发企业或其他社会组织与共有产权住房供应对象共同购买定向目录内的普通商品住房,形成政府、企业、个人三方共有和个人与企业两方共有。

目前在试点城市的实践中,深圳市尽管率先提出拓宽共有产权共有主体,将企业引入后形成企业与个人共有的方式,但具体政策至今仍未出台。黄石市也采取企业与个人共有的方式,但是该企业是由政府部门成立的保障房建设管理公司,实质上仍然是采取传统意义上的政府与个人共有的方式,共有途径尚未完全展开。

因此,当前的共有主体仍以个人与政府为主,企业是否适合参与产权共有,哪些措施可以吸引企业参与,企业以何种形式参与,都成为我们将要解决的问题。

2. 存在的问题

住房保障需求具有增长快、规模大、集中性强、伴随着城市化进程而长期存在的特点,仅仅依靠政府力量来提供住房保障会造成两种结果:一是保障覆盖面小,只能保障最底层最困难的那部分居民,而绝大多数没有能力在市场上获得合适住房的中低收入者得不到保障;二是保障水平低下,获得保障后住房条件并不能够得到改善。这样的局面并不是政府主观愿意造成的,而是一定时期内城市整体经济发展水平和政府可支配资金的多少决定了政府所能保障的力度。

当前,我国正处于保障性住房建设的高峰期,快速城市化过程中住房保障水平的提高,需要扩大提供住房保障的主体,形成制度化的多元主体供给局面。保障性住房建设的资金需求量大,而现行的保障性住房建设资金主要来源为财政资金和提取不稳定的土地出让金、公积金收益,此外还没有一种成熟有效的其他融资方式,社会投资资金的数量是比较少的,开发商较少涉及该领域,银行放贷亦十分谨慎。除去银行贷款,其他市场化融资渠道,还有保险资金、信托、企业债等方式可供选择,但都存在融资规模较小的问题。这将严重影响和制约国家"十四五"规划提出的保障性住房建设目标任务的顺利实现。

然而,目前共有产权住房的供应主体存在供应主体单一、供应资金不足的问题。所以,要想为共有产权住房的建设提供充足的资金来源作保证,就要通过各种金融手段来扩大住房融资渠道、创造良好的融资环境,以促进共有产权房的建设和消费。

5.2.2 共有产权住房保障对象确定机制

1. 共有产权住房保障对象确定的原则

(1) 适度保障原则

保障对象的范围既不能太宽也不能太窄,应兼顾有效保障和公平性,既要使更多的住房困难居民获得住房保障,又要使提供的住房保障达到有效标准,这就需要将覆盖面和住房保障的有效性结合起来,以广覆盖作为基本原则和长期方向,以有效保障为限制条件,根据住房条件和经济条件确定出优先保障对象,既要让真正的低收入困难群众安居乐业并逐步扩大覆盖面,也要防止产生"养懒人"的不良倾向,努力在群众期望值和政府承受能力之间寻找保障程度的最佳平衡点。

现阶段,新型共有产权住房应在原来"针对中低收入人群提供保障"的限制原则基础上,将短期目标重点放在中等、潜在收入阶层身上,强调产权共有,鼓励产权私有化;而长期目标是可以考虑覆盖所有无住房所有权的家庭。

(2) 弱化户籍制度原则

共有产权住房的保障目标人群中包含潜在的收入阶层,其中包括流动高素质人才及二三线城市新生代农民工这类特殊群体,针对其定居某城市的心理预期而产生的私有产权住房需求,受到现阶段国内户籍制度的很大制约,异地购房限制颇多,尤其对于进城务工的农民工而言,即使拥有足够的资本,但没有城市户口,也就只能"望房兴叹"了。如此一来,便很难继续推动社会公平。在城镇化改革的背景下,这种正常的人口流动,其实也可以被看作一种劳动力资源与社会资本于市场作用下的优化配置,不应受到过分抑制或限制。因此,未来的福利住房无论是租赁式住房还是共有产权住房,都应以"弱化户籍制度"制约的原则为改革方向,由地方性福利转为合作形式的全国性福利,促成并发展一条覆盖全社会弱势群体住房需求的保障型网络,切实发挥"无缝衔接"的保障作用。

2. 共有产权住房保障对象确定机制

(1) 户籍要求

在城镇化改革的背景下,正常的人口流动可以被看作一种劳动力资源与社会资本于市场作用下的优化配置,不应受到过分抑制或限制。因此,未来的福利住房无论是公租房还是共有产权住房,都应以"弱化户籍制度"制约的原则为改革方向,以下四类对象应当成为共有产权住房供应对象:城市中拥有当地户籍,但未买过房屋的住房困难家庭;在本市工作一定期限以上的新就业大学生;在本市工作一定年限,具有一定收入的外来务工人员;并向该市引进的人才(有一定职称、一定科研成就且住房困难的人员)提供共有产权住房供应资格。

(2) 收入要求

共有产权住房的供应对象是购买商品房支付能力不足,但又希望获得产权房的群体。在界定共有产权住房供应对象时,对其支付能力的考量是其中一项重要的内容,因此划定收入线是确定共有产权住房供应对象标准的重要内容。根据前文 5.1.3 中的方法及图 5.3 中的描述,通过划定配租线和配售线来划分不同的住房供应形式,共有产权住房的供应范围是家庭年收入介于配租线与配售线之间的这部分群体,即"夹心层"群体。但不同的城市住房市场的现状、房价收入比等因素存在很大差异,因此,不同的城市应根据本地市场的特殊性和具体情况分别制定相应的共有产权住房供应收入范围,针对各个城市的不同情况,分城施策。

第一类城市:由于市场失灵造成了严重的产权住房需求缺口,需要产权住房的人群太多,因此,无法具体设定出共有产权住房供应范围。根据社会福利理论,任何没有享受过住房保障政策的住房困难家庭都有权享受配售型住房福利,但考虑到第一类城市市场失灵严重,超过80%的群体住房支付能力不足,如果将所有住房支付能力不足的家庭都纳入共有产权住房供应范围,地方政府财政是无法承受的。考虑到政府的财政能力有限,不可能保障如此庞大的人群,第一类城市的配售型收入线是无法设定的。因此,第一类城市的共有产权住房供应对象范围为高收入人群以下的首次置业者,以此来改变市场的预期,降低商品房价格,并逐步降低市场失灵程度,待市场失灵程度降低至第二类城市的水平以后,可参照第二类城市予以划分共有产权住房的供应范围。

第二类城市:依据收入线划分的方法,将共有产权住房供应对象的收入范围规定在城市的保障房价格到近一年普通商品住宅平均价格之间,应采用"分阶段""层次化"的购买方式,由中等偏低收入人群逐步扩大至夹心阶层上限人群,即中等收入群体,夹心阶层的收入线可以依据商品房价格下限和保障房价格的差距进行综合测定。

第三类城市:划定配租型收入线,家庭年收入低于配租型收入线的低收入家庭按公租房保障,高于配租型收入线的家庭购买商品房。

(3) 现有住房要求

依据各城市准入标准对现有住房的要求做出规定,在共有产权住房分类原则的要求下,将无房户及住房严重困难的对象作为重点进行供应。第一类城市首先供应大量的首次置业者;第二类与第三类城市则主要针对人均住房面积小于地方人均住房面积平均水平的住房困难家庭。

5.2.3 共有产权住房保障标准机制

1. 提高保障标准,或者按套内面积计算面积

对于住房市场严重失灵、并且共有产权住房的供应对象范围较大的城市,统一的保障面积对这类城市不再适用,应该按照与收入相匹配的原则提高保障面积,保障标准的提高也是共有产权住房福利性的体现。早期的共有产权住房属于产权式保障房,建筑以多层为主,后期却以高层为主,如果均按建筑面积计算,供应对象的得房率并不相同;所以建议今后的共有产权住房应由套内面积取代建筑面积,可以更加直观地确定供应标准,也是公平的一种表现。

我国的人均住房建筑面积为 30 m^2,南京市的人均住房建筑面积也达到此标准,而江苏省的住房保障标准从住房保障体系建设之初到今天仍然为 24 m^2。因此,建议在政府筹集或助购的共有产权住房户型方面,应提高城镇中等偏下收入住房困难家庭的供应面积,由于该人群的收入界定为上年度城镇人均可支配收入的 80%,人均住房建筑面积应界定为 24 m^2 左右,三口之家不低于 72 m^2,四口之家不低于 96 m^2。这部分人群不同于新就业人员和进城务工人员,家庭收入大多增长缓慢,其界定的标准为人均住房建筑面积 16 m^2 以下,若只增加到人均 20 m^2,实则只增加了 4 m^2,该类型家庭在采用共有产权住房供应后,其人均面积依旧低于其所在阶层的人均住房建筑面积,实则依旧处于住房困难状态。因此适当提高该类型供应对象的人均住房建筑面积既是非常必要的,也是共享改革成果的内在要求。

2. 选择较好区位与提升项目品质

从地方财政的角度考虑,政府不愿意把市区地理位置相对较好的地段作为共有产权住房,一般都会把地理位置相对较差、交通不便的土地划拨用来建设共有产权住房,这会增加申购者的生活成本,也不利于他们的生活和子女的教育。因此,在共有产权住房区位选择上要选择商品房开发较密集、交通便利的地段。由于原先共有产权住房的利润较低,建设方对项目管理积极性不高,导致共有产权住房的质量参差不齐,物业管理水平不高,因此要选择信誉较好的建设单位,提高房屋质量,完善物业管理水平,使得项目品质得到提升。

3. 合理设计户型

户型设计要在适度原则下,满足居住需求,也要参考商品房的户型设计,共有产权住房的项目品质要接近同地段的商品房,项目品质应同中档商品房相近。

5.2.4 共有产权住房供给方式及其创新

1. 建立和完善实物配售和货币补贴两种供应方式

李静等学者曾研究美国战后住房保障模式的演变,发现建设模式的选择与住房市场性质间关系十分密切:当市场性质偏弹性时,适合使用"补贴需求"的保障模式;当市场性质偏刚性时,补贴需求政策失效,适合采用"增加供给"的建设模式。因此,应根据城市房地产市场发展的不同情况,适时采用实物配售和货币补贴两种供应模式。同时,应对货币补贴分配模式中拟购房屋的面积、价格、区位等因素进行明确界定和限制。为了实现保障适度和公平,防范和减少申报过程中的投机行为,货币补贴分配中的房屋面积标准和价格水平应和实物配售的房屋保持一致。对于第一类城市,应采用多种方式筹集共有产权住房以增加供给,实行以实物配售为主、货币补贴为辅的供应方式。这样既可以及时大量地填补市场中有效供给的空缺,也可以平抑高房价,避免因大量的货币补贴而引起住房价格进一步上涨。与第一类城市不同,第二类城市商品房价格水平相对较低也比较稳定,购买共有产权住房通过货币补贴的方式,既减轻了政府的建设和资金压力,提高了保障效率,又使购房者可以更快更有效地拥有自己的住房。因此,对于第二类城市,应以货币补贴为主。

2. 在确定建设规模中,建立"先申请再建设"的供应制度

首先为申请对象提供有效建设信息,明确建设地点、建设范围等,再根据申请人数确定建设规模,降低申请对象弃购率,有效减少资源浪费,最大程度地利用建设资金。

3. 在市场配建的建设模式下,以开发商配建一定数量的共有产权住房作为条件来出让土地

各城市可以依据当地实际情况选择采用"定配建、竞地价""定地价、竞配建""竞地价、竞配建"等方式,以此来有效减少政府的资金压力和投资风险,提高政府共有产权住房建设的动力。同时,可以提高共有产权住房建设的效率和灵活性,能更好地满足不同人群的需求,还可以避免因为集中建设和居住形成"贫民窟"和因此带来的社会隔离问题,有利于缓解阶层分化。对于地段偏远或小区容积率较低等不适宜配建共有产权住房的商品房开发项目,可以在商品房建设的土地供应阶段采用"竞地价,竞配保障资金"的形式来提高政府建设共有产权住房的动力。

4. 配租型向配售型转换

提供公共租赁住房先租后售,实现配租型向配售型转换。鼓励享受公共租赁住房的保障群体原则上住满一定年限后,以家庭为单位,根据自身条件按照出资不低于一定比例的条件申请购买承租的公共租赁住房,形成共有产权住房。将配租型保障房与配售型共有产权住房实施对接,有效解决租赁式保障房退出难的问题。

5.2.5 共有产权住房供给主体及其创新

共有产权住房的供应主体说到底是共有产权住房建设资金投入的主体。资金没有国界也没有定性,只要是合法的、可以控制的资金都可以被吸收到保障性住房资金池来。财政预算、银行贷款、企业资金、民间资金等等都是重要的资金来源,源源不断的资金流是共有产权住房建设的重要基础。

保障性住房的供应主体是国家,国家建设,国家定价;而共有产权住房是由市场形成价格,政府在市场价格的基础上进行调整。供应主体也可以逐渐转变,不仅仅局限在国家,也可以是慈善机构或者社会组织。在具体落实责任的过程中,政府可以而且应该积极采用各种激励性质的政策手段,应积极调动社会资源,鼓励企事业单位、社会组织和团体、个人的力量,甚至可将可控的外国资本和力量纳入进来,形成多元化的共有产权住房供应力量,以此来提高营利性和非营利性社会机构的参与度。同时,根据地区实际情况因地制宜地选择共有产权住房供给模式,多渠道筹集建设资金。此外,商业银行在资产负债比例管理要求以内,可以优先发放共有产权住房开发建设贷款,适当放宽贷款条件,切实保证共有产权住房建设资金的及时到位。因此,在共有产权住房供应主体方面可以做如下探索:

1. 制定相关的优惠政策,引导商业银行主动增加融资支持

人民银行、银监会和地方政府应从各自职责出发,对共有产权住房建设融资给予政策优惠。一是人民银行在指导商业银行按照宏观审慎要求编制信贷规划时,明确要求共有产权住房贷款应占房地产贷款一定比例。二是人民银行在执行差别准备金动态调整政策时,对支持共有产权住房建设融资的商业银行给予一定的容忍度。三是银监会将商业银行支持共有产权住房贷款的情况纳入监管评级,与商业银行创新业务审批和机构增设挂钩。四是地方政府对共有产权住房建设中融资支持较好的商业银行,按照新增融资规模的一定比例进行奖励。

2. 进行政企合作,发挥民间资本的积极作用

地方政府可采取开放的姿态,以特定的共有产权住房项目为标的,进行商业招标,对建成的共有产权住房,通过 BT 模式或 PPP 模式,由民间资本单独投资建设或由地方政府和民间资本共同出资建设共有产权住房,建成之后按照约定的价格(以建设成本+适度利润确定)转移给地方政府,地方政府销售共有产权住房后归还民间资本的先期投资。需要注意的是,社会助购方式中的"企业"应界定清晰,同时应该明确企业助购对象并非本企业员工。若"企业"为房地产开发企业,则需要在一定程度上对未来可能出现的房价下跌、资产抵押、企业破产清算等风险问题制定相关应对措施,若无政府对企业的承诺或兜底政策作为保障,可能会出现企业参与热情不高的局面,即使成为共有产权住房的出资人,将来也会存在各种风险,从而增加政府不必要的管理成本,所以政府应制定相关风险防范对策。

3. 拓展融资渠道,借助金融创新工具

随着金融市场的深化,创新性金融工具不断涌现,其中不乏可用于共有

产权住房建设中的融资支持。主要有：一是通过发行房地产投资信托基金（Real Estate Investment Trust, REITs）筹集资金。二是通过发行企业债券筹集资金。三是通过发行中期票据筹集资金。四是通过保险资金投资计划获得资金支持。

各地方政府可以根据本地具体情况并结合共有产权住房的供应方式来选择不同的方法，适时扩大共有产权住房的供应主体。对于共有产权住房建设资金不足的城市，应制定相关鼓励政策，积极调动社会资源，鼓励开发商、企事业单位、社会组织和团体、个人的力量参与到共有产权住房的建设中来。

5.3 共有产权住房的定价确权机制及其创新

5.3.1 现有共有产权住房定价确权机制评价

2014年国家开始扩大试点范围，共有产权将成为一种重要的住房保障形式。从2007年淮安开始试点至今，我国保障性共有产权房的制度探索已经取得了丰硕的成果，值得肯定，产权比例的确定也由单一固定的形式向多样化发展。但不可否认，我国共有产权住房在价格定制和产权比例的确定上仍然缺乏科学合理的依据，存在诸多问题：

1. 现行保障房定价问题

(1) 土地成本与土地结算价格倒挂

随着征收成本的大幅度上升，产生两难问题：一方面政府为考虑中低收入家庭的承受能力，强化经济适用房的保障功能，需要将土地价格控制在较低水平；另一方面，土地成本高于结算价格，投资主体资金平衡困难。由于经济适用房销售价格控制在低收入家庭可以接受的水平，政府根据销售价格来控制土地结算价格，而根据项目单位的测算，实际土地成本已经高于销售定价，土地成本与土地结算价格之间出现严重的倒挂，保障房土地供应的难度增加。

(2) 现行共有产权住房定价缺乏灵活性

我国多个试点城市的现行定价标准为参考当地商品房售价降低10%～15%。该标准对于淮安等房价中等的城市较为合理,推广到其他城市尤其是房价高的城市就难以操作了。以南京市为例,目前南京的住房平均价格为17891.75元/m²,按人均30 m²计算,通过二次指数平滑法计算南京2014年高收入层次的人均可支配收入为63543元/年,即使房价比普通商品房降低15%,高收入层次的房价收入比为7.18,夹心层仍无力购买。所以共有产权经济适用房的定价,应从保障对象的住房可支付能力和房屋的价格构成两方面入手进行分析,并重点研究如何根据保障对象的可支付能力进行定价、如何对赎买产权进行定价、在定价中如何充分体现价值规律和供求规律等。

2. 现行保障房产权问题

(1) 产权模糊,影响资源配置的有效性

产权的功能是有效地配置资源,而产权的模糊,没有能够反映出住房的真正价值,所以随着经济的发展,这样的产权状态影响了住房资源的配置效率,使得居民的生活条件改善缓慢。福利住房的某些产权受到限制,导致住房分配不均的同时,权利的模糊还导致了义务界定的不明,使得国家成为住房建设的最大的投资者和维护者,权利和义务的不均衡,给国家造成了沉重的包袱。另外,住房的实物福利分配助长了平均主义和权力寻租。计划经济体制的特征是按着高度集中统一的行政指令计划来配置社会资源,生产、流通、分配、消费各个领域都是由计划调节的。人们把住房当作人人共享的福利品,形成了住房供给制和福利观念。而且,福利分房不利于对资源的有效管理。住户基于对住房的使用,是最为了解住房资源的状况的,但是由于对住房的修缮和维护的义务主要由国家承担,需要由国家来支付大部分的费用,这样就会造成住户怠于对住房资源管理,使得住房资源不能够得到有效的利用和维护,既加重了国家的负担又加快了住房资源价值的折损。

（2）产权比例僵化，影响保障作用的有效性

产权是价值的体现，共有产权的权利组合和配置也是在一定出资基础上进行衡量的。虽然都是共有产权住房，但由于保障住房的住房支付能力还存在着差异，要考虑到购房者首期可以购买的产权比例。如连云港政府与购房者的产权比例只有2∶8，淮安购房者首次申购比例不低于全部房屋产权的60%。而英国开始推行共有产权住房时，购房者享有的产权可以在25%、50%或75%三个比例中选择，后来变得更加灵活，购房者可以在25%～75%之间自主确定比例。面对不同类型的城市和房地产市场，单一僵化的划分标准会使一部分城市的夹心层仍然无力购买共有产权住房，而另一部分城市的保障范围过大，无法达到理想的保障效果。推广这一模式时应考虑不同城市的房价差异，制定科学的产权比例确定方法。

5.3.2　共有产权住房定价机制

共有产权住房价格应该是一定权益的价格。实际上，任何房地产的价格都是一定权益的价格，由于房地产是不动产，在交易中其可以转移的不是房地产的实物部分，而是房地产的所有权、使用权或其他权益。房地产的交易从某种意义上来说是房地产产权的交易，一定的房地产产权状况决定了房地产价格的高低，也就是说相同地段、相同实物状况的房地产，权益高的房地产其价格就高。共有产权住房的价格是共有产权住房的核心和优势，如何使共有产权住房供应对象既能买得起又能住得好，共有产权住房的定价是值得研究的问题。

1. 共有产权住房价格组成

共有产权比例的大小归根结底还是各方出资额的大小，是将共有产权住房价格按比例分配，因此共有产权双方出资的多少还应考虑共有产权住房的价格构成。

根据目前我国试点城市情况以及学者研究的范围来看，共有产权住房制度大部分都是以传统经济适用房为基础制定的，以弥补经济适用房的不足。

就共有产权住房的价格而言,大部分学者认为应该采用传统经济适用房价格加上土地出让金。我国经济适用房是采用土地划拨的方式,因此不包括土地价格。传统经济适用房价格主要包括房屋建设成本、开发商管理费和利润(一般取 2%~3%)以及部分税费(政府减免了部分税费)。

综上所述,本课题认为共有产权住房的价格包括土地成本、开发成本、开发商管理费、利润、税费、部分市场利润(因共有产权住房与市场接轨),即共有产权住房价格包括土地成本和房屋建设成本及部分市场利润。

本课题认为,共有产权住房的定价要保证大于等于其土地成本价和房屋建设成本之和,具体定价还应综合考虑政府的保障能力和中低收入家庭的首付能力。

2. 房价的确定

周边商品房市场类似房地产项目价格确定 P_2,根据该共有产权住房项目因政府统一购买可减少的销售费用、团购折价、其他减免税费以及开发商利润的让渡等,确定系数 β,则共有产权住房项目的定价公式为:$P=P_2(1-\beta)$。其中:

P——共有产权住房价格;

β——相比于周边商品该共有产权住房项目单价下降幅度;

P_2——同区位类似项目的商品房的单价。

共有产权住房的定价按周边商品房市场价格确定,共有产权住房定价应该与类似商品房项目价格相近,且反映区位价值,引导购买对象公正合理地选择居住地。好地段的共有产权住房的价格应当和差地段的共有产权住房价格有一定差距,实现政府在共有产权住房定价中的统筹作用,引导购买对象公平合理地选择居住区域,同时为共有产权住房之后进入市场奠定基础。

3. 租金的确定

从法律意义上讲,共有人共同拥有房屋的使用权,不存在租赁关系,但是纵观世界各国的共有产权住房制度,对于占用政府或者协会所持有的产权部分,几乎都会向购房者收取"租金"。这种做法不仅有利于政府回收资金,而且有利于激励购房者尽快购买剩余产权。

"租金"的定价问题是激励机制的核心,定价太低起不到激励作用,定价太高购房者可能支付不起,易产生违约风险。根据租金内容构成不同,租金标准可分为市场租金、成本租金、标准租金和公共租赁住房租金四种,目前我国试点城市的共有产权住房"租金"也是依据以上四种标准制定的。本课题认为共有产权住房"租金"应该介于公共租赁住房租金和市场租金之间,定价可根据不同的住房负担家庭设置分层定价标准,即购房者家庭经济状况不同,对应的租金标准不同。

我们根据家庭收入水平的变化情况,以四种典型的租金标准为基数进行调整计算共有产权住房"租金",即"租金"计算式为:

租金＝综合调整因子×公租租金(或标准租金、成本租金、市场租金);

此处的综合调整因子是一个综合调整系数,主要包括两个方面的调整:一是房屋本身,如房屋的结构、楼层、朝向、新旧等;二是购房者住房负担能力,如家庭人均可支配收入、已有资产数量等。

为了减轻购房者负担,加大购房者尽快购回剩余产权的激励力度,租金定价同样也可以设定一定的优惠年限,实行租金优惠。此处以 5 年作为一个免租期,5 年之后、8 年之内可以收优惠租金(小于 8 年可优惠),8 年之后正常收取租金。假设购房年限为 n,实际缴纳租金购房者持有产权比例为 Z,原计算共有产权住房"租金"为 R,则实际缴纳租金 R_0:

$$R_0 = \begin{cases} 0; (n \leqslant 5) \\ R \times (1-Z) \times 80\%; (5 < n < 8) \\ R \times (1-Z); (n \geqslant 8) \end{cases}$$

5.3.3 共有产权住房初始产权比例确定机制

产权是人们通过财产客体而形成的经济权利关系,即人们在财产上结成的一种责权利关系。任何一项产权,都是权力或权能与权益的有机统一。产权的最基本职能是界定人们在经济交易过程中受益与受损的权利边界。

产权比例是共有产权住房制度中的关键问题，国内各试点城市在推行共有产权住房制度时在产权比例上做出了诸多探索。产权比例的计算就是要给出按份共有人各自拥有的产权份额的数量值，以明确按份共有人权利分享和义务分担的界限，例如用于确定物业管理费、维修基金以及重新上市后的收益分摊等。

1. 初始产权比例的确定方法

关于确定产权比例的方法，主要有以下几种：

（1）按出资比例。作为不动产，共有产权住房可以按照一定的方法计算出价格，政府和个人按购买时出资额比例确定初始产权比例，这也是最简单常用的一种方法。

（2）按产权面积。按照政府和个人出资额，折算成产权面积。当房屋面积大于政策优惠的标准面积时，政府的产权面积比例大于出资比例，这是由于超出优惠标准的房屋面积没有享受政策优惠造成的，这种方式相对复杂一些，但更加体现了公平合理。

本课题认为不同的共有产权住房形式确定共有产权住房比例的方法也应该有所不同：

申购新建的共有产权住房。个人拥有的产权面积按其出资份额占房屋销售总价的比例分摊确定，其余面积作为政府产权，由当地政府持有。

棚户区危旧房改造安置住房。应将棚户区危旧房改造还建面积以及按有关规定补偿住房的面积计入棚户区危旧房改造安置住房的个人产权面积，棚户区危旧房改造安置住房超面积部分可计入政府产权面积。

利用政府提供货币补贴购买普通商品住房。应按照所发放货币补贴份额和个人实际出资购买房屋份额的比例，由当地住房保障部门牵头，各相关部门配合，在房屋预（销）售前，确定双方持有产权面积份额。

2. 初始产权比例确定的模型

根据全国首个共有产权住房试点城市淮安的做法，购房者与政府的产权比例可以为7∶3、6∶4和5∶5这三种,也就是购房者最低出资额大于等于50%,7∶3相当于购房者出资额为原经济适用房价格的100%,5∶5相当于购房者出资额为原经济适用房价格的70%。固定的比例虽然方便管理,但是缺乏灵活性,缺乏一定的法理基础。

一般城市合理的房价收入比等于6,这是为了保证共有产权住房的价格在保障对象的可支付范围内,并且将共有产权住房与商品房市场实现"无缝衔接"。既要实现保障功能又要体现其经济性,最后还要保证共有产权住房价格能够大于其建筑成本单价。因此,得到如下共有产权住房的产权比例确定的模型。

(1) 初始产权比例确定模型

$$\begin{cases} P' = \dfrac{6Y'}{S} \\ P = P_2(1-\beta) \\ \alpha = P'/P \\ P > C \end{cases}$$

P'——购房者支付的保障房单价上限;

β——相比于周边商品该共有产权住房项目单价下降幅度;

Y'——该城市中等偏高收入人群对应的人均年可支配收入;

S——该城市的人均住房保障面积(依据4.2.4方法测算);

P——共有产权住房的单价;

P_2——同区位类似项目的商品房的单价;

C——共有产权住房项目建筑成本单价;

α——购房者产权比例。

(2) 操作流程

第一阶段:根据该城市的历史统计数据,得到该城市中等收入人群的人均年收入水平 Y';

第二阶段:根据年收入水平 Y' 测算中等偏高收入人群可承受的合理房价

水平:$P'=6Y'/S$;

第三阶段:确定共有产权住房价格 P(根据 4.2.6 计算);

第四阶段:共有产权住房产权比例的确定:$\alpha=P'/P$。

小贴士:实例分析

根据该城市中等偏高收入人群的可支付能力测算其收入保障线时,面积标准按人均建筑面积 29.67 m² 计算,根据历史统计数据测算 2015 年南京市中等收入人群人均年可支配收入为 40693 元。根据年收入 Y,测算中等偏高收入人群可承受的合理房价水平:

$$P'=6Y'/S=6\times40693/29.67=8229.12 \text{ 元}/\text{m}^2$$

假设南京一共有产权住房项目,该项目根据周边房地产市场类似项目确定其价格为 22000 元/m²,共有产权住房项目因政府统一购买可减少的销售费用、团购折价以及部分税费的减免等因素所引起的价格系数的降低值为 0.20,假设南京的共有产权住房保障面积标准为 30 m²。

$$P_1=P_2(1-\beta)=22000\times(1-0.20)=17600 \text{ 元}/\text{m}^2$$

$$\alpha=P'/P_1=8229.12/17600=46.76\%$$

因此,在该实例中,个人和政府的产权比例分别为 46.76% 和 53.24%。

6 共有产权住房运行机制及其创新

6.1 共有产权住房资金保障机制

1. 构建以政府为主导的多元化筹资方式

共有产权保障房的运行资金主要有四个方面的来源：国家的直接补贴资助、土地出让金、共有产权保障房个人产权部分的资金收入和政府产权部分的租金收取。国家的直接补贴资助主要是由中央的财政补助与地方政府的财政支出联合成立共有产权保障房的专项资金，但国家的财政补助与建设共有产权保障房的资金需求量相比就显得杯水车薪了。如果采取公开的土地出让方式，将土地出让金转化为政府无形资产产权，待受助群体有能力回购政府持有产权之时，就会使共有产权保障房的建设资金累积倍增。共有产权保障房在建设前期即可向社会公布建设计划，包括户型等房屋的基本信息、社区环境、配套设施以及房价的设定情况，让符合要求的申请者预先支付共有产权保障房个人产权部分的房款，实行"以人等房"的轮候制度，保障群体在缴纳共有产权保障房个人产权部分的住房资金时可使用住房公积金向商业银行贷款，为共有产权保障房的建设提供了稳定的资金来源。至于个人占有房屋剩余的政府产权所需缴纳的租金费率比例则需要根据共有产权保障房所在区位等级以及周围的社会配套设施来具体问题具体分析了,其标准的设定应在公共租赁住房的租金标准和市场的租金标准之间。租金的收取不仅能够为政府管理共有产权保障房的工作提供资金支持,而且能够分散共有产权保障房购买群体,避免出现中心区域疯狂抢购、偏远地区无人问津的极端现象。

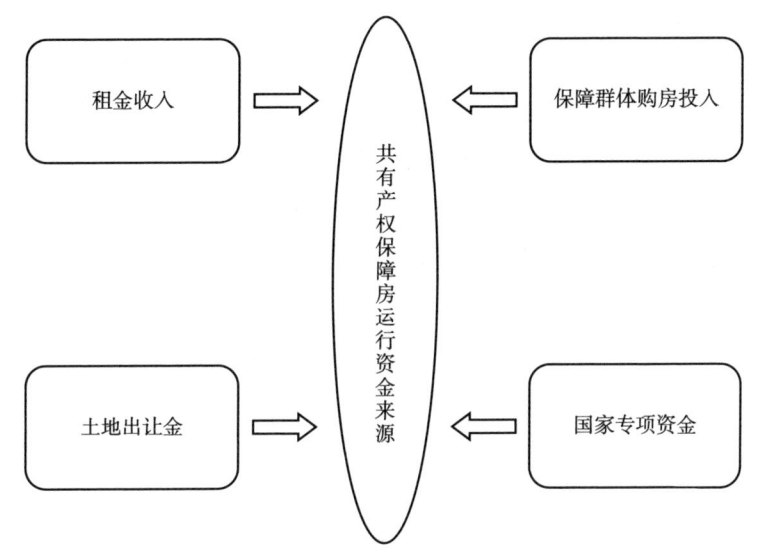

图 6.1 共有产权保障房运行资金来源

2. PPP模式在共有产权保障房中的应用

(1) 共有产权住房PPP模式的内涵解析

共有产权住房PPP模式涉及公共部门、私营部门、住户三方利益主体。公共部门的目的在于以尽可能少的财政支出提供必要数量的共有产权住房,保证中低收入居民基本居住权益;私营部门的目的在于获取稳定的长期收益,并通过履行社会责任获得社会声誉,与地方政府建立良好合作关系;住户的目的在于以相对较低的价格解决基本住房问题。共有产权住房PPP模式的具体内涵如下:

① 公共部门(Public Sector),通常为政府住房保障部门,在模式中的作用

是进行组织协调,确定共有产权住房的建设规模及保障对象。

② 私营部门(Private Sector),通常为具备较强管理和融资能力的房地产公司,提供融资、技术、管理服务,承担共有产权住房的建设运营任务。

③ 住户,属于"夹心层"群体,是共有产权住房的保障对象,需向政府申购一定比例住房产权,并在特许经营期内向私营部门支付物业费及政府持有部分产权的租金。

④ 伙伴关系(Partnership)。公私双方合作的基础是特许经营协议,特许经营协议确定了公私双方利益分配、风险分担的原则,形成一种互利共赢的关系。在这一伙伴关系下,公共部门可用较少的财政投入向社会提供高效的公共服务产品,私营部门则可获得长期稳定的收益。

共有产权住房 PPP 模式的具体内涵如图所示:

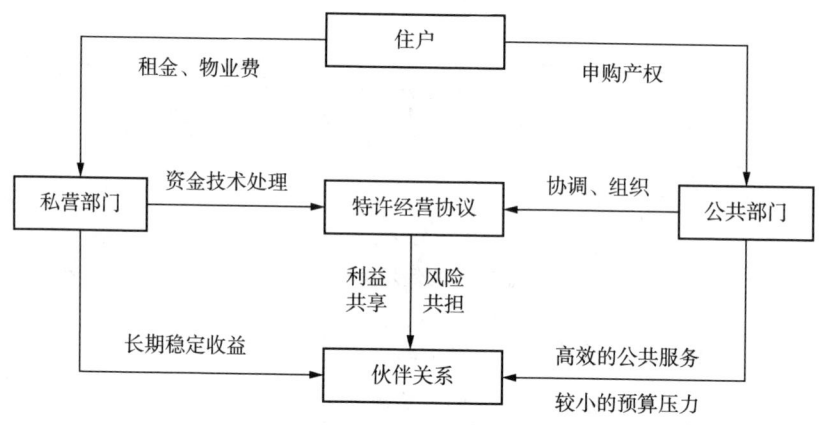

图 6.2 共有产权住房 PPP 模式内涵

(2) 共有产权住房 PPP 模式的框架设计

国外共有产权住房 PPP 模式实施比较成熟的是英国,一般采取私人主动融资(PFI)的具体形式,由私营部门和公共部门联合组建特殊目的公司 SPV(Special Purpose Vehicle),并签订一份期限为 25~30 年的长期合作合同。私营部门负责项目建设运营,建成房屋应达到住房协会要求的质量标准。购房人根据自身支付能力向住房协会购买一定份额的住房产权,一般在 25%~

6 共有产权住房运行机制及其创新

75%之间,住户与住房协会共同持有一套住房产权,住户需对住房协会持有产权部分支付租金,年租金约为剩余产权价值的2.75%～3%。住户可逐步购买剩余部分产权,直至持有全部产权。该模式不足之处在于未能采取激励措施鼓励购房者积极认购剩余产权,不利于激励住户提高住房自有率。

在国内共有产权住房试点城市淮安,政府主导推动共有产权住房建设。住户首次申购比例不低于全部房屋产权的60%,申购价格相比周边同类型房产价格低5%～10%。住户可根据自身支付能力继续购买政府持有的部分产权,再次购买的价格按时间递增:首次购房后五年内可按原价回购政府产权;五至八年内在原价基础上加第六年起同期银行利息;八年后购买则按同期市场价格。淮安的试点工作中存在的问题是:过度依赖政府投入,未能引导民间资本参与共有产权住房建设;首次购买比例过高使得首次申购费用高昂,低收入家庭仍然无力承担;首次申购的价格优惠比例浮动易产生权力寻租空间。

为解决上述共有产权住房融资中存在的问题,本文在对国内外共有产权住房融资模式充分研究的基础上,结合PPP模式优势,构建了如图所示的共有产权住房建设的PPP模式。图中N为特许经营期限,X为特许经营期内发生产权变更时的年份。

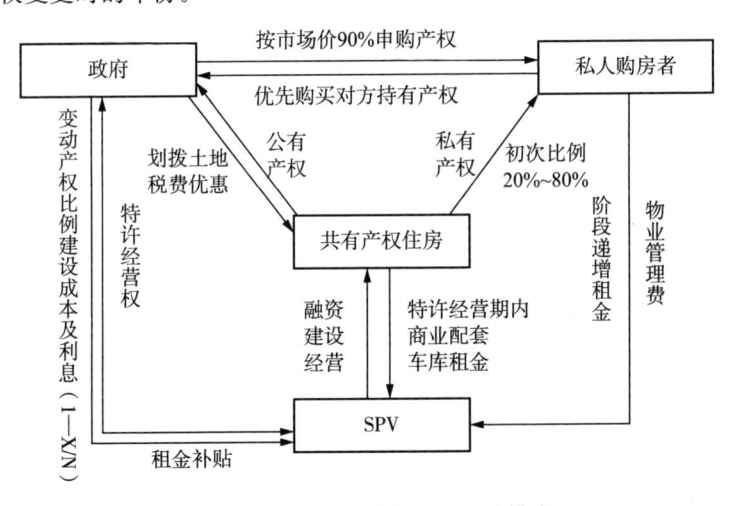

图6.3 共有产权住房PPP设计模式

共有产权住房PPP模式的设计核心是：政府划拨土地并提供税费减免；私营部门承担共有产权住房融资建设及运营管理业务；住户向政府购买部分产权，并向私营部门缴纳公有产权部分租金及物业管理费。模式的具体方式是：

① 政府部门与私营部门签订特许经营协议。特许经营期可根据具体情况设定为15至30年，随后组建特殊目的公司SPV，SPV按协议要求在规定工期内、合同规定成本条件下完成符合要求质量标准的共有产权住房项目，建成后私营部门本身不持有任何产权，全部住宅、商业配套、车库等设施产权归政府所有。

② 明确初次申购比例范围。参照英国申购比例，将私人初次申购比例定为20%～80%，灵活的申购比例可以惠及更多低收入者。

③ 确定合理房价。为避免初次申购价格优惠比例浮动可能产生的权力寻租，并给予保障对象适当优惠，参照上海市做法，将共有产权住房每平方米的房价确定为周边同品质商品房市场均价的90%，则私人持有产权比例为：私人出资/(申购住房总面积×周边同品质商品房均价×90%)，政府需向SPV支付的建设成本为：私人持有产权比例×建设总成本。

④ 特许经营期规定。SPV拥有政府持有产权部分的运营管理权，私人住户须按照政府持有产权的比例向SPV缴纳租金。此外，特许经营期内，共有产权社区包含的商业配套、车库等设施面向社会出租，所得租金收入亦归SPV所有。

⑤ 产权购置。政府与私人住户有对方持有产权的优先收购权。为鼓励私人住户回购产权，提高私营部门收益，并考虑到新建住房运营维护成本逐渐增加，对住户回购价格以及公有产权部分租金实施阶段性价格政策，具体租金收取标准为：0～5年为市场租金的60%，5～8年为市场租金的80%，8年以后比照市场价收取。

⑥ 政府返还SPV建设成本。设特许经营期为N年，则特许经营期内第

X年发生产权变更时,政府需向SPV支付的款项包括两部分,一是建设成本,其数额为:私人新增持有产权比例×建设总成本;二是该部分建设成本的利息,其数额按照同期活期存款利息的$(1-X/N)$计算。私人住户倘若因经济原因无力承担已有部分产权,亦可按市场价向政府转售。

6.2 共有产权住房的退出机制

1. 建立阶梯回购价格和阶梯租金制度,完善个人购买产权的激励政策

政府可以通过制订阶梯回购价格和阶梯租金制度来激励个人尽快购买产权。阶梯回购价格是指建立不同时间区段个人购买产权的价格标准,以形成激励。阶梯租金制度是指建立不同时间区段个人应向政府缴纳的租金标准,以形成激励。遵循"越早回购、越大优惠"的指导原则,为及时、快速回购剩余产权的住户提供优惠价格补贴。现提出以下具体建议:

(1) 阶梯回购价格制度规定,购买共有产权住房的家庭,可以分期购买政府产权,形成完全产权。自房屋交付之日起5年内购买政府产权的,按照"从低"原则购买,即所购买的共有产权住房若5年内价格不变或上涨,则按原价格结算;若5年内价格下降,则按下降后的价格回购剩余产权。自房屋交付之日起5年后购买政府产权的,按照"从高"原则购买,即所购买的共有产权住房若5年之后价格不变或上涨,则按市场上涨价格购买;若5年之后价格下降,则按原购买价格回购剩余产权。

(2) 阶梯租金制度规定,政府产权对应的住房使用权5年内无偿让渡给共有产权住房购买家庭,不向其收取租金。5年后继续使用的,5—8年按公共租赁住房价格收取政府产权部分房屋租金;8年后仍继续使用的,按市场价格收取政府产权部分房屋租金,并按年度签订租赁合同。

2. 完善强制退出方式,建立强制退出标准

对符合强制退出标准者,保障房主管部门应取消其保障资格,书面通知

其在规定期限内退回住房,并按照原购买价进行回购,同时,应当要求其补交占有和使用住房期间的租金(参考市场标准),情节严重的还要追究其相应责任。

为了防止保障对象的违规行为,减少超出保障标准仍享受保障房福利的情形,应建立特殊情况下的强制退出政策,并明确具体的强制退出标准。根据实践经验,可制订以下强制退出标准。保障对象出现下列情况之一时,取消其住房保障资格,书面通知当事人并说明理由,收回共有产权住房:(1)出租、出借保障房或擅自改变居住用途而拒不整改的;(2)无正当理由连续6个月以上未在共有产权住房居住的;(3)居住家庭的收入、财产、人口或住房等情况发生变化,不再符合共有产权住房申请条件的;(4)无合理原因连续6个月以上未缴纳房屋租金的;(5)享有共有产权住房后,又取得其他住房的;(6)全体家庭成员户籍迁出本级行政区划的;(7)因继承、离婚析产或司法判决、裁定、调解等原因转移保障房产权,而受让方不符合保障标准的;(8)违反保障房合同约定的。

上述八种退出标准大致概括了现阶段滥用共有产权住房资源的各种现象,强制退出标准的建立有利于规范和打击这些不恰当使用保障房的行为。

3. 强化政府回购,建立回购循环制度

回购循环制度是指建立政府回购共有产权住房为主的制度,减少甚至禁止共有产权住房上市交易。建立共有产权住房回购循环制度的意义在于:首先,能保持共有产权住房的社会保障作用,提高共有产权住房的保障功能。共有产权住房的主要目的在于保障低收入家庭的住宅权的实现,共有产权住房的回购制度能够大幅度提高共有产权住房的效率,避免一套房只能解决一家的住房保障问题,实现保障的持续性。让共有产权住房上市交易,必然会导致共有产权住房原有的社会保障功能丧失,而由政府回购共有产权住房,能使得共有产权住房这块"蛋糕"不会越做越小,只会越做越大,让更多的人享受到共有产权住房,实现社会公平。其次,能够杜绝将共有产权住房作为投资产品的现象,遏制骗购。之所以现在许多经济适用房存在着腐败、不公平的现象,很大原因是经济适用房所能够带来的无风险的巨大利益。而由政府回购共有产权住房,能够从源头上解决这些问题:政府强制回购共有产权住房,使得共有产权住房的经济利益不复存在,而回归到其本身的社会保障效用。

6.3 共有产权住房的运营维护机制

目前,共有产权住房运营维护管理中主要存在管理资金来源不足、物业管理难、产权管理制度不完善等问题。对于管理资金来源不足的问题,建议通过实施阶梯式租金政策、配备一定比例的经营性资产和政府适度补贴的方式进行解决;对于物业管理难的问题,可以建立保障房物业管理的进入和退出机制,加强对物业管理公司的评估和监管;对于其他问题,分别采取完善产权管理政策、建立动态的产权管理制度、建立维护监管机构、完善立法等方法进行解决。

1. 实施阶梯式租金政策

按照"谁出资、谁受益"的原则,对非自有产权部分的占有和使用,保障家庭应通过缴纳租金的形式对产权共有人给予补偿。共有产权住房的共用部位和共用设施设备专项维修资金、物业服务费用、安全使用责任,可由购房家庭全部承担,也可采取业主自行承担为主、政府适度补贴的物业管理模式,各市、县自行规定。发生具体维修事项纳入小区的物业管理。

但是出于强化共有产权住房的保障特性,部分城市取消了租金的要求,这种彻底取消租金的制度一方面减少了政府应有的投资补偿,另一方面也降低了保障人的退出动力。为了平衡两方面的需要,建议可以实施阶梯式租金政策。所得租金收入全部用于共有产权住房的建设及维护管理。

8. 明确维护监管的主体及其职责范围

借鉴香港等地的经验,设置既能反映广大业主需求,又利于开展政府管理、监督物业企业服务和约束业委会行为、规范其运作的机构——保障性住房小区物业管理监督委员会。该委员会的构成应包括市、区保障性住房管理部门代表,街道、居委等属地管理机构的代表,业主和承租人代表。对一些新建的、以租赁为主的保障房小区或者在一些尚未成立业委会的旧有保障性住房小区,监督委员会发挥议事、协调、沟通进而决策等重要职能。对已经成立了业委会的保障性住房小区,监督委员会则独立于业委会对其换届选举进行指导,对其运作实施监督。

6.4 共有产权住房的行政监管机制

目前我国的保障房的开发建设和监督管理工作由多个平行的政府部门协作开展,开发建设工作由住建厅及其下属的住房保障处主导,监督工作涉及市县级政府部门、发改委、财政局、规委等多个行政执法部门。实践中存在的突出问题是:建设管理主体的地位、职责和权限不够明确突出,各个平行的政府部门开展工作的衔接成本高、衔接难度大、管理易出现漏洞、政府监管成本高。

对此,可以借鉴香港的公屋建设制度和新加坡的组屋建设制度。香港的公屋制度始于1954年,发展至今已有将近60年历史,为满足低收入市民住房的需要,香港政府成功地探寻到一种具有地区特色的住房保障制度。香港房屋建设委员会是专门负责公屋住房政策制定和实施的唯一合法主体。2003年房委会改革成房屋署,下设策略处、发展及建筑处、屋村管理处、机构事务处四个处,该机构有独立的财政支配权,每个季度都要召开会议,职权覆盖了公屋建设的所有环节。署里共有12000名员工,每个员工都接受过经营、政治、法律等相关问题的培训,以小组方式解决公屋建设发展过程中遇到的问题,并逐步形成高效专业的反馈系统。新加坡的组屋建设则是通过在各级政府成立专门的保障房管理机构,来统筹协调该地区的保障房的开发建设工作,所成立的保障房管理机构直接受当地政府领导,其行政级别应等同于市发改委、规委、建委、房管局等行政部门。

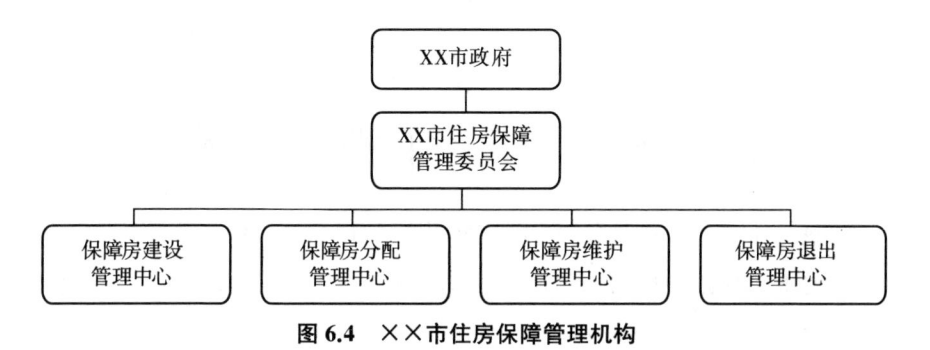

```
            XX市政府
              │
        XX市住房保障
         管理委员会
    ┌────────┼────────┬────────┐
 保障房建设  保障房分配  保障房维护  保障房退出
  管理中心   管理中心   管理中心   管理中心
```

图 6.4　××市住房保障管理机构

保障房的建设、分配和维护管理等工作是一项系统工程,涉及的部门、环节众多,工作的持续性强。综合国内的实践问题和国外的实践经验,有必要建立专门的城市住房保障管理机构,全面负责保障房建设和综合管理工作,使住房保障工作的责任主体更加明确,职责、权限更加突出和强化,这是提高我国保障房制度实施水平的重要基础。如图6.4,在每个城市设立一个城市住房保障管理委员会,全面负责城市的包括共有产权住房在内的保房的融资、立项、审批、建设、分配、维护和退出等综合管理工作。

建立共有产权住房综合信息平台,与一定地域范围内(如全省或全市)的房屋信息系统联网,实现信息共享和互查。由工商、民政、税务、交通、公安、社保、辖区居委会等多部门参与,对申请者信息进行联合审查。条件允许的试点城市可考虑与银行、证券等金融机构联网,规定首次申请最低出资标准,规避利益寻租现象。将申请购买共有产权住房家庭全部纳入统一平台进行分配,需购房的家庭按照申请的先后顺序,采取计算机摇号的方式确定拟分配的房源。为体现人性化特点,可依据不同申请家庭的基本情况,如人口、住房面积、老人数量、成员身体状况、收入水平等进行分类,提供适合家庭的房源。将分配结果公示,接受公众监督。需要说明的是,申请家庭不一定非要限定于本地区户口,外来务工人员、刚毕业的大学生等应同样有机会申请。针对家庭收入情况和住房情况并不完全匹配的问题,审核前置条件改变以往的"以家庭收入低为标准",而是"以住房困难为标准"。

6.5　共有产权住房的风险防范机制

共有产权住房制度具有独特的特点和优势,但同时也蕴含着一定的潜在风险,比如市场风险、购房人的风险、流动性风险以及成本风险等等,对此应加强共有产权住房的风险管理。

1. 增加共有产权住房上市交易期限限制,逐步建立回购循环制度

设立阶梯租金制度可以增加住房持有成本,建立上市交易期限限制和回购循环制度提高了转让限制,这样将在很大程度上降低购房人道德风险。完全限制上市流转或至少将禁售期延长到十年,这样可大幅度地抑制共有产权住房的投资价值,最大限度杜绝政策的牟利空间,既能节约监管的社会成本,又能规避道德风险行为。住房保障机构回购共有产权住房后进行二次分配时,二手共有产权住房购买者仍然必须满十年才能再上市转让出售,否则期间仍然由住房保障机构回购。

2. 严格限制共有产权住房面积等标准

通过严格限制房屋面积和建筑标准,可以强化共有产权住房的保障基本居住需求的作用,降低非中低收入者骗购等投机的积极性,规避道德风险行为,从而将超过保障性标准要求的人群进行有效过滤。为此,建议共有产权住房以单身成人或夫妻三口构成的核心家庭为主要供应对象,严格按照经济适用住房和共有产权住房有关的人均住房面积标准进行建设。在住房项目

选址上也设定一定限制,以此引导市中心人口向市郊疏散。

3. 供应方式由行政机制向市场机制转化,减少政府干预

遵循十八届三中全会决议所提出的"尽可能让市场机制起决定性作用"的精神,政府应逐步完善共有产权住房的建设、分配、维护管理和退出制度,从共有产权住房的建设和运营管理的主导角色中逐步退到辅助位置,由参与和执行者的角色转变为政策制定、服务和监管者的角色。这样既能充分发挥市场的资源配置作用,又能减少政府的行政干预和各种风险。

7 完善共有产权住房制度的相关政策建议

7.1 完善共有产权住房法律制度

7.1.1 完善住房体系的法律建设

建议出台《中华人民共和国住宅法》(以下简称《住宅法》)。在《住宅法》中对城镇居民通过商品房买卖、租赁、继承、赠与、产权共有等方式取得房屋后所享有的权利和所应承担的义务进行明确的规定,可为我国"公共租赁住房—共有产权住房—商品房"的三级住房供应体系提供有力的法律支撑。对于共有产权住房而言,《住宅法》的出台可以进一步明确共有产权住房在我国住房供应体系中的地位,可以为明确共有产权住房的定位与目标,为制定更加科学、完善的共有产权住房制度提供法律支撑。

7.1.2 明晰政府与购房者之间的内部法律关系

1. 共有产权住房的分割

关于共有物的分割,在我国法律上进行了规定[①]。但法律上的规定不能

---

① 《中华人民共和国民法典》第三百零三条规定:共有人约定不得分割共有的不动产或者动产,以维持共有关系的,应当按照约定,但是共有人有重大理由需要分割的,可以请求分割;没有约定或者约定不明确的,按份共有人可以随时请求分割,共同共有人在共有的基础丧失或者有重大理由需要分割时可以请求分割。因分割造成其他共有人损害的,应当给予赔偿。

直接适用于共有产权住房制度中,它仅仅针对一般共有物的分割。因为如果允许共有人自由分割共有房屋,房屋的正常使用功能会落空。因此,本课题认为,在共有产权住房模式中应当禁止购房者对共有物进行分割,如果其违反法律规定对房屋进行了分割,要设定违约后果,取消其购买资格,退还已经获得的共有产权住房。

2. 共有产权住房的使用

共有产权住房的使用包括购房者和政府各自享有的占有权与使用权。《中华人民共和国民法典》第二百九十八条规定:按份共有人对共有的不动产或者动产按照其份额享有所有权。但是,共有产权住房的保障性使其在权能行使上存在一定的特殊性,即在占有、使用权能方面,由共有产权住房购房人独自享有,政府作为共有权人却不享有房屋的占有、使用权;并且由于房屋特殊的保障性功能,共有产权住房一般不能对外出租经营,以此获利。这样的规定在实践中产生了一些问题。例如,《淮安共有产权经济适用住房管理办法》只是规定,购房者在五年内购买政府产权的,可按照原保障房屋的购买价格,而在五年后购买的,则按照当时二手房市场的交易价格购买,对于购房者购买政府享有的部分产权并未做严格的时间限制。而当购房者步入中高收入群体且经济状况有所提高时,政府不会强制其退出保障机制,即不需要购房者退还房屋,只需按照市场价支付部分租金即可继续居住。那么,这将产生两个问题:其一,由于没有赎回产权的时间限制,所以即使购房者对政府部分产权一直不主张购买,其同样能够不向政府支付任何费用且完整地享有对经济适用住房的使用与占有权益,降低了购房者主动购买政府部分产权的积极性,政府对共有产权住房的资金投入会加大,这样就增加了政府的经济负担,也变相造成了保障住房的流失;其二,政府只有在购房者转变为中高收入群体、经济能力提高时才向其收取租金,那么,购房者很有可能通过对自己的经济状况进行隐瞒或是谎报来逃避缴纳租金的义务。

因此,本课题建议,可以将英国的做法纳入我国《住房保障法》的体系当中,提高购房者购买政府拥有产权部分的积极性,对于政府部分产权向购房者收取一定比例的租金,这样也有利于政府回收资金,用于经济适用住房的建设。

3. 共有产权住房的处分

我国法律对于共有物的处分进行了规定[①]。但是,对于共有产权住房制度下房屋的处分问题有着不同规定,需要对其进行制度上的限制。具体分析如下:

第一,政府向第三人转让产权份额应受到限制,而购房者可以有权随时向政府要求购买其产权份额。 如淮安市地方性法规中规定,购房者在购买共有产权住房五年之内可以随时向政府提出按照购买时的房价来回购房屋产权,如果在5年之后购买的,则要按照当时的市场价。而在一般共有物中,共有人不能随时提出购买其他共有人享有的产权,只有在其他共有人转让其份额时才能购买。政府作为房屋的共有人,不能自由地向第三人转让其享有的份额,如果政府具有和购房者一样的自由转让权利,会造成两个家庭对房屋共同拥有产权份额,这样势必会影响购房者对房屋的居住权、使用权,使受保障者的住房愿景落空。因此,政府对共有产权住房享有的产权份额只能转让给相对应的购房者,或者与其一同将房屋的所有产权转让给第三人。

第二,购房者转让出售共有产权住房的限制。 为了保证共有产权住房的保障性功能,我国相关法律对购房者转售房屋的时间进行了限制,规定受保障对象在购买房屋5年内不能将房屋在二手市场进行上市交易。而在实践中,不仅对转让时间进行了限制,还对产权进行了规定,购房者只有获得了房屋的完全产权才能转让交易房屋。若是购房者基于特殊原因需要提前转让的,要在经过政府部门的审查同意并且保证其享有优先回购权的前提下,可

---

① 依据《中华人民共和国民法典》,对于共有物的处分,须经占份额三分之二以上的按份共有人或全体共同共有人的同意;同时,按份共有人转让其份额的,其他共有人在同等条件下享有优先购买的权利。

以不受上述限制。这既体现了按份共有人的优先回购权,也设定了5年限制来保证经济适用房的保障性。但是,与一般按份共有人的优先回购权不同的是,在这里不存在政府向第三人转让产权的情况,只有政府一方享有优先回购权。

第三,购房者对共有产权住房的出租经营问题。在共有产权住房制度下,购房者在与政府的共有关系存续期间,不能够擅自对房屋进行出租获利。这样的规定是为了保证共有产权住房的保障性,防止部分投机者通过此种方式牟取暴利。在共有产权制度下的特殊按份共有模式中,共有人对于各自份额的处分灵活性较高,比如前述可以随时对房屋份额进行回赎,而一般的按份共有中不存在这些规定。

第四,共有产权存续期间的抵押问题。《中华人民共和国民法典》等相关法律并未对共有产权住房可否进行抵押进行明确规定,而有的行政法规对此进行了规定。根据《城市房地产抵押管理办法》中的规定[①],对共有产权住房进行抵押似乎是允许的。但是,在实践中要区分抵押的不同情形,做不同对待。对共有产权住房进行抵押会出现如下两种情形,一种是为了支付共有产权住房的房款而对其进行的抵押,另一种是由于其他原因设立抵押。对于第一种抵押情形,我国不论在法律上还是实践中都允许设立。对于第二种抵押,我国上海现行经济适用房地方性法律中进行了具体规定[②]。

本课题认为可以借鉴上海市的做法,不得对共有产权住房设立其他情形的抵押。我国法律对按份共有情形下的抵押行为进行了规定[③]。但是,我们

---

① 《城市房地产抵押管理办法》第十二条规定:以享受国家优惠政策购买的房地产抵押的,其抵押额以房地产权利人可以处分和收益的份额比例为限。
② 《上海市共有产权保障住房管理办法》第三十二条规定:共有产权住房的购房人和同住人不得擅自转让、赠与、出租、出借共有产权保障住房,不得设定除共有产权保障住房购房贷款担保以外的抵押权。
③ 根据《最高人民法院关于适用〈中华人民共和国担保法〉若干问题的解释》规定,按份共有人无需经过其他共有人的同意就可以对其享有的份额设立抵押权。

要注意，共有产权住房的目的是解决城市中低收入家庭的住房问题，它是一种特殊的按份共有房屋，若允许购房者为了进行其他经济行为对其所享有份额进行抵押，这就违背了共有产权住房制度设计的初衷，也极容易导致共有产权住房购买对象的错位，出现为了抵押目的而购买房屋的本末倒置现象。另一方面，虽然政府享有优先购买权，一定程度上能够防止社会保障资源的流失，但在对购房者所抵押份额进行强制执行的情况下，购房者转让行为会不受共有产权住房关于房屋转售的限制，导致购房者住宅被任意转让。政府享有的优先购买权是针对同等条件下的其他购买者，如果出现强制购买情形，政府无法行使其优先权利，共有产权住房的产权份额无法保持完整，造成房屋保障性的初衷不能实现，并且国家住房保障资源也出现了流失。

第五，经济适用房共有产权制度下的继承问题。对于共有产权住房所引发的相关继承问题，应当首先讨论其是否具有可继承性。对于共有房屋的继承问题，我国法律进行了规定①。

由此，本课题认为，共有产权住房与一般的共有房屋一样可以发生继承关系，只是在其发生继承的过程中，由于共有产权住房的特殊性，其继承也不同于一般房屋的继承。为了保证共有产权住房能够继续行使其保障性功能，防止在各种继承形式下出现不符合购买条件的公民依据继承来获得共有产权住房的现象，需要对此种情形下的继承进行一定限制。本课题根据申购人的不同类型对这一问题进行区别分析。

如果购房者为个人，其房屋的申请具有人身专属性，是依赖于其个人经济状况及对住房的需求而获得的，那么在个人获得了共有产权住房而没有享有房屋的完全产权时死亡的，其继承人不能当然地对共有产权住房进行继承。因为继承人可能不具备申购共有产权住房的资格条件，这样就会使国家的保障性住房资源流失。在这种情况下，应当由政府回购该个人申购的房

---

① 根据《中华人民共和国民法典》第一千一百二十二条规定，公民死亡时遗留的个人合法财产作为遗产可以被继承，当然也包括公民的房屋。

屋,根据房屋的市场评估价格将房屋折合成现金,形成政府的回购款,此款项由继承人继承,但是不能变更登记房屋所有人来对房屋进行继承。这样,既使得该个人的合法财产真正由其继承人继承,又保证了社会保障资源不流失。

如果购房者以家庭为单位进行房屋申购,在家庭某个成员死亡后,房屋继承人是同住家庭成员的,此时应当发生共有产权住房的继承,对房屋的权属登记进行变更。此时,不会使得共有产权住房保障功能丧失,也不会导致社会保障资源流失;但如果以家庭为单位申购房屋,部分家庭成员死亡后,继承者并非同住的家庭成员,那么本课题认为此时会发生保障性资源流失的可能性较大,建议采取前述个人申购时的做法,由政府回收房屋形成回购款,继承人只对款项进行继承;此外,在家庭申购单位下,继承者部分为同住人部分不具备此条件的,为了使得房屋性质不变、功能不丧失,本课题认为可以将上述两种情形进行结合使用,即具备房屋继承资格的同住人向其他继承人支付其享有的产权份额价款,而房屋的实际权益由同住人享有,办理相关房屋产权权属变更登记。

4. 对共有产权住房的管理及费用分担

共有物的管理主要是指为保障共有物的使用功能,发挥其社会的、经济的作用而对之进行的管理活动。《中华人民共和国民法典》的第三百零一条、三百零二条对共有物的管理进行了规定。目前,我国现行的经济适用房政策并未涉及共有产权住房的相关管理制度。本课题认为,我国共有产权住房制度应遵循"谁使用,谁管理"的原则,由购房者行使相应的房屋管理权,对共有产权住房进行管理。因为政府虽然为共有产权住房的共有人,具有管理房屋的义务,但是购房者作为房屋的实际居住人,具备房屋完整的占有权、使用权。并且由于政府负担过重、分身乏术,如果将房屋的管理职责交给政府,会导致共有产权住房得不到及时有效的照看而出现问题或加重问题。所以,不论是基于公平原则还是从实际可操作性来看,都应由房屋的实际居住者也就是购房者对房屋进行管理。从另一个角度来看,我国法律规定共有人之间可以对共有物的管理进行约定,这是法律允许的①。根据《中华人民共和国民法典》第三百条的规定,管理义务完全可以由政府与购房者之间进行约定,由购房者承担。但是这种规定仅具有内部效力,仅限于政府和购房者之间,如果想要其具有对外效力,还需要政府通过登记等方式进行公示。

对于因共有物而产生的费用,包括保存、改良、利用或者税费等其他费用的负担,我国法律也有着明文规定②。我国各地方性法律及政策也对此类费用进行了规定③。本课题认为,连云港市这样的规定是合理的,既考虑到按份共有的本质,又结合了共有产权经济适用住房的特殊性。在《住房保障法》的立法中,可以对共有产权住房的费用负担做出类似规定。

7.1.3 明晰共有人与第三人之间的外部法律关系

1. 因共有产权住房的使用而产生的债务承担

因共有产权住房的使用而产生的债务承担主要是指购房者使用水、电、暖气等设施而产生的费用。对于这类债务,从理论上应当由共有人共同承担,在共有产权模式下,即由政府和购房者承担。但是政府不具备房屋的实际占有使用权,应当将政府的义务排除在外。本课题认为,想要达成以上目的,可以采用以下解决方法:在购房者的退出机制当中或者与政府签订的合同中对此进行规定,如果其无力承担或恶意逃避这类债务时,就会退出共有产权住房的保障机制,退还相应的份额;或者由政府从其缴纳的住房款中扣除以上费用后,将剩余房屋价款退还给购房者并强制其退出保障机制。这种

---

① 《中华人民共和国民法典》第三百条规定:共有人按照约定管理共有的不动产或者动产;没有约定或者约定不明确的,各共有人都有管理的权利和义务。

② 《中华人民共和国民法典》第三百零二条规定:共有人对共有物的管理费用以及其他负担,有约定的,按照其约定;没有约定或者约定不明确的,按份共有人按照其份额负担,共同共有人共同负担。

③ 《连云港市市区共有产权经济适用住房实施细则(试行)》第十二条明确规定,共有产权住房的公有部分以及维护基础设施的公共基金由共有权人按照各自的产权份额进行分摊,而物业服务费则由共有产权住房的使用人承担。

途径强制相关购房家庭退出共有产权住房制度,是因为该种住房的供应对象主要面对的是中低收入家庭,这类家庭具备一定的经济实力,能够支付因使用房屋而产生的费用。如果其无法承担此类费用,说明中低收入家庭已经变为了低收入家庭,不再是我国共有产权住房制度保障的对象,而变为公共租赁住房供应对象。因此,为了保障住房资源的合理配置,需要制度上的规定,强制其退出。

2. 因房屋改良维护产生的债务承担

首先,对于因房屋维修而产生的费用负担问题。本课题认为应遵循"谁使用,谁付费"的模式,由承购人负责因共有房屋使用所产生的相关费用。这主要基于以下考虑:承购人享有完全的使用权和占有权。在共有产权住房制度下,政府虽有共有住房的部分产权,但就实际而言,政府没有直接占用、使用房屋,承购人直接占有、使用共有住房,因此,从公平合理角度考虑,在房屋存继期间政府不承担管理、维护等相关义务。这在前述英国的共有产权住房制度中也做了明确的规定,不论购房人拥有房屋多大比例的产权,房屋的一切维修费用均由购房人承担。

其次,关于房屋装修产生的费用承担问题。房屋的装修费用对于中低收入家庭来说是一笔不小的数目,这类费用的负担及分配问题在共有产权住房制度下有着重要的法律意义。根据实践经验,共有产权住房的装修费用如果由承购人单方面承担会有着以下障碍:其一,与我国现行政策规定及国家倡导方向相违背。国家于2008年发布文件,要求各地在售卖商品房屋时直接向承购人提供全装修房,而不建议直接出售毛坯房[①]。那么,如果共有产权住房已经是全装修的状态,此时仍由承购人承担装修费用,会导致资源浪费,出现

---

① 住房和城乡建设部2008年再次发布《关于进一步加强住宅装饰装修管理的通知》,要求各地继续贯彻落实国务院办公厅《关于推进住宅产业现代化提高住宅质量的若干意见》和建设部《商品住宅装修一次到位实施导则》,根据本地实际,科学规划,分步实施,逐步取消毛坯房,直接向消费者提供全装修成品房。

重复装修的现象,这不符合情理;另一方面,如果出台政策强制政府与承购人分摊装修费用,会导致地方政府不积极推广中央关于"全装修房屋"的建议,提供的房源都会是毛坯房。因为,在售卖给承购人之后,由承购人来自付装修费用就合情合理,政府也不用在房屋建设上投入过多。但是在5年期满转售时,由于房屋进行了装修,对物进行了添附,那么交易款项中也会产生因装修而出现的收益,对于此部分收益,政府如果与购房人按比例共享是十分不公平的。其二,中低收入家庭经济能力有限,大部分不能够负担买房后的巨额装修款,这个困难是实际存在的。综上两点看来,本课题认为,还是应当响应国家政策,在共有产权住房建设范围内推广"全装修房",如果提供的共有产权住房是毛坯房,那么应当限制装修额度,将此额度范围内的装修款加入总房款中,由政府与个人共同分担。

3. 因侵权产生的责任分配

有两种情况下会产生共有产权住房的侵权责任。一是购房家庭因"高空抛物"而需承担侵权责任。《民法典》对因"高空抛物"而产生的侵权责任承担有详细规定[①]。在高空抛物情形中,如果建筑物的所有权人能提供充足的证据证明自己没有实施侵权行为即不产生相应的过错,就可以排除相关侵权责任,因此建筑物所有权人并不必然承担责任。当房屋的所有权人与实际居住人不发生重合时,此时侵权责任的承担者应为实际居住人。政府由于不享有房屋的实际占有使用权,因此不必承担此类侵权责任。二是由于建筑物倒塌而产生的侵权责任。由于房屋所有人对房屋质量不负责,所以建筑物倒塌情形下的侵权责任并不由房屋所有人承担。政府与购房者作为共有产权住房的所有人都没有承担建筑物倒塌而产生的侵权责任的风险。

---

① 《中华人民共和国民法典》第一千二百五十四条规定:从建筑物中抛掷物品或者从建筑物上坠落的物品造成他人损害的,由侵权人依法承担侵权责任;经调查难以确定具体侵权人的,除能够证明自己不是侵权人的外,由可能加害的建筑物使用人给予补偿。

7 完善共有产权住房制度的相关政策建议

7.2 推进共有产权住房运作市场化

7.2.1 充分利用市场机制,逐步扩大共有产权住房制度的市场化运作

共有产权住房既有一定的保障属性,又有一定的市场属性,因此,共有产权住房应采取"市场运作"为主和"政府支持"为辅的指导原则[1]。所谓"市场运作",是将共有产权住房作为住房体系的一个新产品,或是一种新的商品住房营销方式,通过市场运作,弥补当前商品住房住宅产品供应单一的现状。另一方面,我国尚处于共有产权住房试点阶段,市场发育暂且不成熟,由于共有产权住房兼具福利性质,为保障其一定的福利性,保障共有产权的政策和思想能完全得到落实,由于管理机构、参与主体、定价和交易管理等尚不成熟,目前不能完全交由市场来解决,现阶段由政府作为共有产权的管理主体是必要的。所谓"政府支持",是指将共有产权住房纳入住房建设规划和年度建设计划,将共有产权住房用地纳入建设用地年度土地供应计划中。另外,购房的贷款贴息和租金补贴也是政府支持的一部分,对于共有产权住房的补贴,政府需要表现在"明处"而非"暗处",通过试点总结经验,然后制定统一的规范,确保共有产权住房的健康发展。

现阶段共有产权发展初期,政府需要做好共有产权的定位以及顶层设计,以后,随着共有产权住房模式的逐渐推广,政府应尽量减少介入。作为共有产权人,为防止政府追逐利益,同时防止政府共有服务角色的异化,应借鉴发达国家的成果经验,如英国在共有产权运作方面,最初也是政府拨付一定的启动款项,由住房协会按照基金的形式专业运作,随着制度的不断完善,最后银行、信托甚至开发商都参与共有产权住房。因此,我国的共有产权住房经过一段时间的培育,政府应该鼓励社会机构与业主共同持有股份的共有产

---

[1] 雨山.共有产权住房制度问题研究[J].上海房地,2013(7):27-30.

权住房，甚至更进一步探索承购人之间集体投资、集体拿地、集体共有整个小区的共有产权住房(类似北欧、德国、澳大利亚的住房合作社)，开发商、集体合作社等群体自行根据对共有产权住房的潜在需求价格来竞争土地、自行定价，承担风险与管理。同时，避免寻租和牟利，坚持实行市场运作，体现政府支持的共有产权住房模式的发展。

7.2.2 逐步推行共有产权住房货币化政策

已有的共有产权住房模式中，大多是由政府通过集中建设、分散配建、市场收购等方式筹集房源，向符合共有产权住房供应条件的对象定向销售部分产权，形成共有产权住房，即住房保障实物化，也就是通常所说的"补砖头"。有观点认为，只有在住房紧缺的情况下，新建共有产权住房才是更合理的供应模式[①]，而在市场房源不断增加的阶段，住房供应货币化才是更为合理的选择，即"补人头"。具体到共有产权住房的货币化补贴，即由政府向符合共有产权供应条件的对象提供货币补贴，由供应对象直接到市场购买商品房，根据政府与供应对象出资比例的多少形成对所购买房屋的共有产权。根据前文所述，淮安市在其《淮安市全国共有产权住房试点工作实施方案》中明确提出共有产权住房货币补贴的保障方式。一是政府货币补贴助购普通商品住房，由政府向符合共有产权住房供应条件的对象提供货币补贴，供应对象直接到市场购买定向目录内的普通商品住房(实际操作中根据淮安市的实际情况并不设置货币助购房源定向目录)，形成共有产权。二是政府企业出资助购普通商品住房，形成三方共有产权住房模式。

运用货币补偿或租赁补贴方式解决住房供应问题，不仅可消化商品房的库存，解决保障群体的住房问题，也可避免继续建设共有产权住房造成的资源浪费。首先，共有产权住房建设周期长，从拿地、拆迁到开发一般需要2—3年的时间，并需通过长期的轮候、等待才可入住。共有产权住房供应货币化

---

① 观点房产网. 为什么住房保障货币化是趋势？[EB/OL]. http://www.guandian.cn/blogComment/20150125/156605.html, 2015 - 01 - 26.

可使中低收入人群自主购买适合自己的住房,避免因为穷人聚居而造成的社会阶层割裂及分化。其次,共有产权住房供应可采取货币补偿或补贴形式进行购买或租赁住房。一是按户进行补偿或补贴,可根据中低收入人群所在生活、工作的城市制定标准。二是按人进行补偿或补贴,由于目前我国人口的流动性较大,按人给予货币补偿或补贴,易于满足中低收入人群对住房的或购或租需求,更显公平。推动货币化可使市场供应与需求相匹配,大大提高配置效率。同时,发放货币补偿或补贴时应做好申请登记,防止出现承购人通过虚假二手房交易套取巨额补贴款的行为,防范货币化分配过程中的寻租行为;做好资金监管,防止资金筹集、管理和使用过程中的漏出现象,以保证住房保障资金用到实处。另外,在房价上行或下行期,货币补贴应随行就市,可每年调整一次补贴标准。最后,共有产权住房供应货币化,将使政府在面对大量空置房和"烂尾楼"时,所做的不再是集合资金、完成建设指标,而是将城市中大量空置房和"烂尾楼"有效利用起来。政府可对其或购或租,用作共有产权住房,这样既可缓解共有产权住房建设的资金短缺问题,又可解决中低收入者住房困难问题,同时发挥市场调节功能,降低房地产市场风险。

7.2.3 短期内严格共有产权住房上市交易期限,抑制共有产权住房的投资价值

在前文我国试点城市共有产权住房退出机制中提到,目前,我国很多城市共有产权住房的退出政策规定"共有产权住房购买不到5年,承购人申请且符合回购条件的,政府可以回购,回购价格为原价加银行利息;购房满5年的,政府有权优先回购,若政府不回购时才进入市场进行交易"。按上述说法,当未来楼市价格下跌时,财政资金原价回购共有产权住房并支付定期存息,相当于政府对承购人有只涨不跌的担保风险,而这个风险很大。如果政府拒绝回购房产,只分利益不分风险的做法会导致舆论压力大。当房价处于上升阶段时,禁止上市期满后,市场估价将高于原价加银行利息,政府若仍采用这种低价回购的方式,必将引发保障对象的极力抗议和不满,引发社会矛

盾,共有产权住房制度也失去了兼具可支付性、资产建设性的基本功能,违背了设置此制度的初衷。

以上问题表明,原有的共有产权住房退出机制虽然有效地避免了投机者的牟利心态,但是产生了政府和承购人风险不对称的问题。为了平衡两者之间的风险,可以适当增加共有产权住房上市交易的期限。因此,建议借鉴上海模式。上海在临港新城推出一批限价房,10年内禁止上市。在禁止上市期限内,承购人申请且符合回购条件的,政府可回购,回购价格为原价加银行定存利息;满一定期限后可上市时,政府有权优先回购(回购价格由房地产权利人和原住房保障机构共同选定的房地产估价机构按照相同地段、相同类型、相同质量的存量二手住房市场价格确定),回购时对业主的装修成本按折旧后的评估价补偿。住房保障机构回购共有产权住房后,在共有产权住房二级市场上挂牌出售,二手共有产权住房购买者仍然必须满十年才能再上市转让出售,否则期间仍然由住房保障机构回购。政府不回购时,承购人可上市交易,交易后政府按约定比例分享收益。

7.3 促进共有产权住房主体多元化及方式多样化

7.3.1 强化政府在共有产权住房制度构建中的主导地位

共有产权住房的本质决定了政府应在资金投入方面占主导地位。加大对共有产权住房建设的财政预算资金投入,比如通过地方人大立法规定必须每年从地方政府的财政收入、土地出让金中提取一定比例的资金用于共有产权住房建设。或者加大直接对共有产权住房运营管理机构的补贴,为低收入家庭提供住房补贴。成立政策性住房金融机构,充分发挥财政资金杠杆作用,如成立共有产权住房银行机构或住房互助储蓄银行,长期为共有产权住房提供低息贷款。也可以考虑将住房公积金管理中心按照"精简、效能、便利"的原则向专业化、集约化的住房商业银行方向转变,提高住房公积金的使用效能和增值作用[①]。

7.3.2 建立社会主体广泛参与的多元化机制

我国目前共有产权住房的资金来源单一,主要单靠政府财政资金、土地出让金和共有产权住房循环过程中的资金周转。尽管共有产权模式一定程度上缓解了政府的财政压力,但从长远的发展来看,随着人口逐渐增多,共有产权住房逐渐商品化,人们对于保障房的需求会越来越多,政府新建、购入保障房所需资金也会不断增长。

通过制定引导政策、规范投融资环境、鼓励社会组织和民间资本参与共有产权住房建设,建立多元化融资模式,能够有效解决财政资金压力较大的问题。地方政府可以尝试以 PPP 模式、BOT 模式或发行地方债券等方式为共有产权住房提供资金支持,由私营企业进行共有产权住房的筹资、修建与运营,最后将所有权移交为共有,实现真正的"公私合营",这样可以减轻基础设施建设资金不足的困难。同时,住房金融机构可以以信托基金的方式吸收整合公众资金,交由管理经验更丰富的机构运行,实现资本的增值,并充分利用银行等金融机构的力量,使其在风险合理把控的原则下向共有产权住房项目的融资机构发放贷款[②]。除此之外,通过财政激励工具,例如减免共有产权住房开发商的税收等,吸引社会资本参与,鼓励银行等金融机构实行差异化的住房信贷政策,支持共有产权住房建设。

7.3.3 建立多样化的共有产权住房供应方式

建立实物配售和货币补贴两种供应方式。各市、县人民政府应根据市场性质科学确定实物配售和货币补贴的比重。住房矛盾突出、房价收入比较高的城市应采用多种方式筹集住房增加供给,实行以实物补贴为主、货币补贴为辅的供应方式。对于住房矛盾不明显的城市,应以货币补贴为主。

---

① 郭鑫. 完善我国保障性住房共有产权模式对策研究[D]. 济南:山东师范大学,2015.
② 焦阳阳. "共有产权"住房保障模式的研究[D]. 大连:东北财经大学,2015.

"先租后售"实现配租型向配售型转换。提供公共租赁住房先租后售,实现配租型向配售型转换。鼓励享受公共租赁住房的保障群体原则上住满一定年限后,以家庭为单位,根据自身条件按照出资不低于一定比例的条件申请购买承租的公共租赁住房,形成共有产权住房。将配租型住房与配售型住房实施对接,同时可有效解决租赁式保障房退出难的问题。

7.4 健全共有产权住房制度的监督管理机制

7.4.1 建立专业化的共有产权住房管理机构

政府同时作为共有产权住房的供应的"参与者"和"执行者",难免会发生权责不清的问题,同时地方政府在制定执行具体政策的时候会缺乏一定程度的公平性。因此区分政府和市场尤为关键,对政府权力的制约和监督可以更好地保障政策实施的效果。

针对我国目前共有产权住房模式中存在的政府权责不明晰的情况,本课题建议成立一个非营利性的、专业的住房保障型管理机构。住房保障管理机构负责整个保障制度的运行和实施以及整个"共有产权"模式后期的管理工作,例如房源的筹集、租金的收取和分配以及开发商和物业公司的招标工作等。在我国共有产权住房金融体系建立后,该机构甚至可作为融资媒介,负责吸引社会资本,成为购房者与银行间的信贷桥梁。对于住房保障机构来说,最重要的一点就是所有的管理都必须公开透明,置于大众的监督之下,这样可更好地保障购房者的权利。

具体的操作措施可参照英国的住房协会的做法。英国住房协会(Housing Association)是一个以社区住户尤其是低收入家庭为主要服务对象的民间组织,属于非营利机构,依靠政府补贴。英国法律授权地方住宅局通过银行贷款、市政府建议和购买土地等方式来协助社区住房协会提供住房。

住房协会整体购买现在管理的公房,成为社会性房产主,并依靠租金收入,对所拥有公房进行维修和管理。

7.4.2 完善准入、退出机制

准入、退出环节虽然处于共有产权住房分配的前后两个不同位置,但互为补充,共同对共有产权住房的分配、管理起到制约作用,比如有效的退出机制应以准确的准入机制为基础,以起到准确保障的目的。因此,健全的准入、退出机制对共有产权住房的健康发展意义重大。对于达不到首次出资标准的,应再引导申请家庭转入公共租赁住房体系。相应于准入机制,对承购人的行为进行监管并实施有效的退出机制尤为重要,共有产权为解决这一缺陷提供了一个较为有效的方案。构建较为完善的退出机制,可着重从以下方面考虑:政府应该主动作为,同样由管理机构负责,定期(每两年或三年)对购房家庭收入情况进行核算。例如日本的政策性住房专门监管机构每年会对租房家庭的收入进行严格的测算,连续三年年收入超过一定标准时,会提升租房者的租金。若连续五年超过时,会要求租房者直接买下该处房屋。规定购房家庭拟回购政府持有的产权,或将自己持有的产权出售给政府,或进行其他上市交易等,都必须在这个公开的平台上进行。将信息平台与商品房系统联网,定期比对,发现申请家庭有拟新购商品房申请的及时清理。建立多个不同时间阶段回购的阶梯价格机制,以鼓励购房家庭尽快回购政府持有的部分产权,以尽早主动退出共有产权住房。比如,自购房后回购的年限越早,需补缴的资金、税金等越少。回购的年限越晚,需补缴的各项费用、银行利息、房屋折旧费用可能越多。遵循"越早回购、越大优惠"的原则。

7.4.3 建立共有产权住房综合信息平台,科学、合理分配房源

城镇房屋状况是国家制定有关政策和社会发展计划的重要依据。我国上一次开展的全面的城镇房屋普查是在1985年,至今已有30年的时间。各类房屋现有多少,各占多大比重,完好程度和所有制情况如何,以及和城镇经济发展、人口增长情况是否相适应等方面的数据都亟待更新。因此,本课题

建议应该开展新一轮的全国城镇房屋普查,建立房屋普查数据库。以此为基础,建立共有产权住房综合信息平台,与一定地域范围内(如全省或全市)的房屋信息系统联网,实现信息共享和互查。由工商、民政、税务、交通、公安、社保、辖区居委会等多部门参与,对申请者信息进行联合审查。条件允许的试点城市可考虑与银行、证券等金融机构联网。规定首次申请最低出资标准,规避利益寻租现象。将申请购买共有产权住房的家庭全部纳入统一平台进行分配,需购房的家庭按照申请的先后顺序,采取计算机摇号的方式确定拟分配的房源。为体现人性化特点,可依据不同申请家庭的基本情况,如人口、住房面积、老人数量、成员身体状况、收入水平等进行分类,提供适合家庭的房源。将分配结果公示,接受公众监督。需要说明的是,家庭的申请条件不一定非要限定于本地区户口,外来务工人员、刚毕业的大学生等应同样有机会申请。针对家庭收入情况和住房情况并不完全匹配的问题,审核前置条件改变以往的"以家庭收入低为标准",而是"以住房困难为标准"。

参考文献

[1] Clarke, A, Fenton, A, Markkanen, S. Tenure Aspirations and Shared Ownership[R]. Cambridge Center for Housing and Planning Research, 2008.

[2] Clarke, A, Heywood, A. Understanding the Second-hand Market for Shared Ownership Properties[R]. Cambridge Center for Housing and Planning Research, 2012.

[3] Clarke, A, Monk, S, Luanaigh, A. N. Low Cost Home Ownership Affordability Study[R]. University of Cambridge, 2007.

[4] Council of Mortgage Lenders, National Housing Federation. Shared Ownership: Joint Guidance for England[R]. Homes and Communities Agency, 2011.

[5] Bramley G. Shared Ownership: Short-term Expedient or Long-term Major Tenure[J]. Housing Studies, 1996, 11(1): 12-35.

[6] Thomas J M, Gerald W S, Sirmans C F. The Role of Limited-Equity Cooperatives in Providing Affordable Housing[J]. Housing Policy Debate, 2007, 5(4): 469-490.

[7] 曾亚萍, 吴翔华, 聂琦波. 共有产权经济适用房的退出机制研究[J]. 改革与战略, 2010(10): 24-27.

[8] 陈淑云.共有产权住房:我国住房保障制度的创新[J].华中师范大学学报,2012,51(1):48-58.

[9] 陈思维,王会金,王晓震.经济效益审计[M].北京:中国时代经济出版社,2002.

[10] 邓小鹏,莫智,李启明.保障性住房共有产权及份额研究[J].建筑经济,2010(3):31-34.

[11] 邓雨婷.共有产权保障房的比较研究与我国制度设计[D].杭州:浙江工业大学,2014.

[12] 窦丽.我国经济适用房共有产权制度研究[D].太原:山西财经大学,2008.

[13] 邰浩,吴翔华,聂琦波.共有产权经济适用房运作体系研究[J].工程管理学报,2011(2):201-205.

[14] 耿丹.共有产权住房制度设计——基于公平和财富视角的研究[D].上海:华中师范大学,2012.

[15] 顾正欣,吴翔华,聂琦波.我国经济适用房定价模式研究——基于共有产权制度的分析[J].价格理论和时间,2010(2):29-30.

[16] 郭伟明,褚明鹤.完善共有产权住房的设想和实践探讨[J].中国房地产,2014(6):27-30.

[17] 郭新辉.经济适用房共有产权制度研究[D].合肥:安徽大学,2011.

[18] 郭鑫.完善我国保障性住房共有产权模式对策研究[D].济南:山东师范大学,2015.

[19] 韩文龙,刘灿.共有产权的起源、分布与效率问题——一个基于经济学文献的分析[J].云南财经大学学报,2013(1):15-23.

[20] 黄薇薇.共有产权保障房模式研究[D].哈尔滨:哈尔滨工业大学,2015.

[21] 黄忠华,杜雪君,虞晓芬.英国共有产权住房的实践、经验及启示[J].中国房地产,2014(13):76-79.

[22] 蒋拯.共有产权经济适用住房法律问题研究[J].西南民族大学学报(人文

社会科学版),2011,32(11):89-93.

[23] 焦阳阳."共有产权"住房保障模式的研究[D].大连:东北财经大学,2015.

[24] 金细簪,虞晓芬.共有产权存在的合理性释义及未来发展思路[J].中国房地产,2014(11):22-26.

[25] 李睿飞.经济适用住房共有产权问题研究[D].上海:上海社会科学院,2015.

[26] 梁爽.英国共有产权住房制度及对我国的启示[J].中国房地产,2014(11):31-38.

[27] 刘辉.市场失灵理论及其发展[J].当代经济研究,1999(8):39-43.

[28] 刘维新,陆玉龙.共有产权:经济适用房制度创新研究[J].中国房地产业,2006(8):49-51.

[29] 刘友平,张丽娟.住房过滤理论对建立中低收入住房保障制度的借鉴[J].经济体制改革,2008(4):154-158.

[30] 吕萍,修大鹏,李爽.保障性住房共有产权模式的理论和实践探索[J].城市发展研究,2013,20(2):20-23.

[31] 吕萍,藏波,陈泓冰.共有产权保障房模式存在的问题——以黄石市为例[J].城市问题,2015(6):79-83.

[32] 莫智,邓小鹏,李启明.国外住房共有产权制度及对我国的启示[J].城市发展研究,2010,17(3):114-120.

[33] 彭超群.共有产权保障性住房产权份额确定及保障效应研究[D].南京:南京工业大学,2015.

[34] 秦虹.英国住房的共有产权制[J].城乡建设,2007(9):72-73.

[35] 申卫星.经济适用房共有产权论——基本住房保障制度的物权法之维[J].政治与法律,2013(1):2-11.

[36] 吴立群,宗跃光.共有产权住房保障制度及其实践模式研究[J].城市发

展研究,2009,16(6):7-9.

[37] 吴易风.产权理论:马克思和科斯的比较[J].中国社会科学,2007(2):4-18.

[38] 谢在全.民法物权论(上册)[M].北京:中国政法大学出版社,2003.

[39] 徐康宁,张宗庆.宏观经济学[M].北京:石油工业出版社,2003.

[40] 杨春月.试论我国经济适用住房法律制度的完善——以建立共有产权制度为核心[D].上海:华东政法大学,2012.

[41] 杨华龙,刘金霞,郑斌.灰色预测 GM(1,1)模型的改进及应用[J].数学的实践与认识,2011,41(23):39-46.

[42] 虞晓芬.共有产权住房的理论和实践[M].北京:经济科学出版社,2015.

[43] 虞晓芬.居民住宅租购选择及其弹性研究——以杭州为对象[D].杭州:浙江大学,2007.

[44] 雨山.共有产权住房制度问题研究[J].上海房地,2014(7):27-30.

[45] 朱宪辰,周彩霞.经济适用房"共有产权制度"的制度缺陷分析[J].中国房地信息,2005(3):42-45.

[46] 王雅桢.我国共有产权住房制度权能行使及法律问题[J].法制博览,2019(26):197-198.

[47] 张宇嘉,瞿富强,颜伟.共有产权房发展路径探析[J].建筑经济,2020,41(12):275-277.

[48] 赵万民,王智,王华.我国保障性住房政策的演进趋势、动因及协调机制[J].规划师,2020,36(11):86-94.

[49] 胡吉亚.英、美、新共有产权房运作模式及对我国的有益启示[J].理论探索,2018(5):95-102.

[50] 郭伟明,褚明鹤.完善共有产权房的设想和实践探讨[J].中国房地产,2014(11):27-30.

附录一 共有产权住房制度创新研究专题研究报告

住房和城乡建设部科技项目(2015-R4-007)

专题研究报告一

共有产权租售并举住房制度研究

泰州市房产管理局

南京大学金陵学院

南京大学房地产事务研究所

1 导论

1.1 研究背景与意义

1.1.1 研究背景

伴随着 20 世纪末实物福利分房制度的终结,我国逐渐形成了商品住房和保障房并存的住房供应体系。自此以后,城镇居民解决住房问题形成了两大通道:一是通过市场租赁、购买商品住房,二是申请政府提供的保障性住房。市场提供的商品住房与政府提供的保障性住房构成了当前住房供应的两大体系,两者之间边界非常清晰。其中,政府提供的保障性住房又经历了以售为主(经济适用住房)全面向以租为主(公共租赁住房)的转变。随着各地逐渐停止经济适用房的供应,其基本的现实情况是:住房困难的低收入、中低收入家庭申请政府的公共租赁房(含廉租房),不符合申请条件的向市场租房或购房,向市场买房几乎成为居民拥有住房所有权的唯一选择。但是,近十多年来各地房价急速上涨,不仅把中低收入家庭排挤出了商品住房市场,部分城市甚至出现中产阶级也难以通过自身的力量购买商品住房的现象,形成了新的夹心阶层,而这些群体对拥有住房产权的呼声尤为强烈。

为保障中低收入群体的居住权和资产增值收益权,为解决传统的经济适用住房产权不清、寻租严重的问题,以及公共租赁住房政府投入资金大量沉淀、退出不易等问题,实现保障性住房制度的可持续运行,各地积极探索:2007 年 3 月,淮安最先在旧城改造中实施共有产权住房制度,面对一部分拆迁户无经济能力补交安置房与旧房(被拆迁房屋)差价款的情况,通过明确政府和被拆迁人按一定产权比例,共同拥有同一套按照合理标准建设、限定套型面积和销售价格、具有保障性质的住房,有效地解决中低收入家庭住房困难[1]。2009年,黄石结合国家法律法规及棚户区改造政策,创造性地在棚改拆迁还原还建项目中推出了共有产权性质的公共租赁房。2010年,上海推出共有产权住房(经济适用房),政府对经济适用住房的各种投入转化为政府产权,与购房人形成共有产权[2]。在淮安、黄石、上海等主要是解决居民想买房但又一次性买不了房的问题而主动推出共有产权房的同时,一些经济欠发达地区如甘肃、吉林、贵州等地方政府则迫于廉租房建设资金的巨大压力,以廉租房租售并举为切入点,将中央补助金、地方补助金、税费优惠等转为政府出资,个人按开发成本价或略低于成本价出资,政府与个人形成共有产权。各地的实践引起中央的关注,2014年,中央首次将"增加共有产权住房供应"写进了政府的工作报告,共有产权模式正式进入顶层设计视野,开启了探索共有产权住房全国性规划的道路,住房城乡建设部在《关于做好2014年住房保障工作的通知》中确定北京、上海、深圳、成都、淮安、黄石为共有产权住房试点城市[3]。

江苏省作为全国率先提出"共有产权房"改革试点的省份,一开始在淮安市试点推广,之后连云港、姜堰、如皋、苏州等城市陆续进行了共有产权经济适用房的试点。各城市试点多年,各有特色,体现出"共有产权"的多样化,取得了一定的成效。姜堰市在全省率先试点经济适用住房租售并举,即对同一套住房实行"租""售"两种产权形式,建解困定销房解决"夹心层"住房难问题[4]。这项制度在实践中逐渐成熟,演变成泰州市现在的"共有产权、租售并

---

[1] 鲍磊."共有产权"的淮安模式[M].南京:江苏人民出版社,2011.
[2] 上海市房地产科学研究院.上海市住房保障体系研究与探索[M].北京:人民出版社,2012.
[3] 中华人民共和国住房和城乡建设部.住房城乡建设部关于做好2014年住房保障工作的通知[EB/OL]. http://www.mohurd.gov.cn/zcfg/jsbwj_0/jsbwjzfbzs/201404/t20140425_217777.html,2014-06-03.
[4] 吴立群,宗跃光.共有产权住房保障制度及其实践模式研究[J].城市发展研究,2009,16(6):7-9.

举制度",但对这项制度的系统全面的研究还有所欠缺。这项制度下共有产权房是什么性质？有什么优势？这项制度的具体运行、准入、退出规范是什么？能不能在省级层面或国家层面推开？需要什么样的进一步的法律环境支持？如何优化制度系统设计？这些问题还缺乏系统的研究。基于此，对"共有产权、租售并举"制度进行系统的研究，对完善地方实践的理论指导与支持、完善"共有产权"住房保障体系建设、丰富我国住房保障理论具有重要意义，同时为决策者提供决策依据、为其他城市推行保障性住房政策提供借鉴意义。

1.1.2　研究目的与意义

本研究对共有产权租售并举住房制度进行研究，旨在达到的目的是：

（1）深入分析泰州市保障性住房"租售并举、共有产权"模式的运行机制、制度特点、取得成效及存在问题；

（2）梳理共有产权租售并举的国内外典型案例，总结经验特征，挖掘其对我国的启示作用；

（3）总结泰州市共有产权租售并举住房制度的经验和特点，借鉴国外典型案例的经验启示，针对存在问题提出完善该模式的对策。

研究意义有：

（1）对泰州市共有产权租售并举住房实践的剖析与研究，对该制度的经验总结与提升，对于完善我国住房保障体系具有十分重要的意义。

（2）以泰州市为具体案例，论述泰州市保障性住房"租售并举、共有产权"模式，对这一模式的实施经验和特点进行总结，针对问题提出完善该模式的对策，为其他城市保障性住房制度的建立提供经验借鉴。

1.2　共有产权租售并举的内涵

共有产权、租售并举住房制度是指政府向城市中低收入住房困难家庭提供的一种住房保障扶持政策，是住房保障体系的重要一环，也是住房保障制度的重要组成部分。

具体来说,共有产权租售并举制度是由符合一定条件的住房困难家庭,采取部分购买、部分租赁的方式在一定时间内和政府按一定比例份额共同拥有一套政策性住房产权的制度。

1.3 研究思路与方法

本研究以泰州市共有产权租售并举住房制度为研究对象,研究过程中拟采用以下思路:首先明确本研究的背景和研究意义,界定共有产权租售并举的概念;其次是分析评价国外两个国家和共有产权租售并举住房制度相关的保障性住房体系,总结对我国的借鉴经验和启示;再次是详细梳理分析泰州市"共有产权、租售并举"住房制度的发展历程、运行机制、准入退出机制、运行成效及存在的问题;最后总结泰州共有产权租售并举住房制度的特点与经验,参考国外典型国家的经验,提出完善该模式的对策。

拟采用的研究方法有:

(1) 文献研究法:广泛阅读相应的文献资料,了解国际、国内共有产权租售并举住房制度的理论与实践情况;

(2) 实证研究法:通过一定深度的调研了解泰州市共有产权房制度发展的历程,共有产权租售并举制度的运行、准入、退出机制,存在问题等,对泰州共有产权租售并举制度进行相应的梳理;

(3) 比较分析法:通过对国外典型国家保障性住房体系及共有产权模式的比较研究,借鉴经验,为完善泰州共有产权租售并举制度、完善我国共有产权房发展提出政策建议。

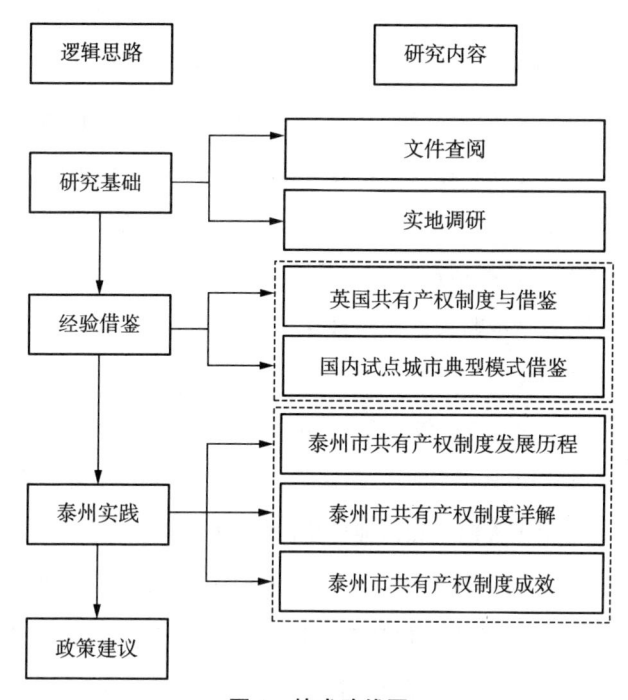

附录一　共有产权住房制度创新研究专题研究报告

图1　技术路线图

2　国内外典型模式经验借鉴

2.1　英国:共享产权计划

英国共享产权计划是典型的租售并举的共有产权制度,是英国政府在20世纪80年代推进公共住房私有化时的一种创新方式,后扩大了社会住房、新建房计划。主要有公房购买资助方案中的共有产权房、住房协会提供的共有产权住房。

公房购买资助方案中以共有产权方式出售。1980年撒切尔政府开始通过公房出售的方式,改革原有的公房使用制度,实施"优先购买权"政策,即凡租住公房的住户有权优先、优惠购买其所住的公房。"购买权"条款规定,租住公房的住户,住满两年后即有权以优惠折扣价格购买所住的公房,每超过一年再减房价的 1%;住满 30 年公房的房客,则可以 60% 的优惠折扣购房,但优惠折扣最大不超过房价的 60%。对于暂时无完全购买能力的公房承租人,先购买其租住房屋最少 25% 的产权份额;剩下的产权份额由公房产权人保留,并对承租人征收被保留产权资本价值 2.75%~3% 的费用。公房承租人可根据其经济实力逐步购买该房屋被保留产权部分,直至拥有完全产权,也可以不回购政府产权。

住房协会提供的共有产权住房[1]。由住房协会利用公共补贴和个人贷款新建或翻修住房并租售给住户。购房者首次购买的产权份额需在 25%~75% 之间[2],通常由个人储蓄和抵押贷款构成,并对住房协会所持有的剩余产权支付优惠租金(通常为被保留产权资本价值的 3%,最低可低至 2.75%),租赁年限为 99 年。租金费用不包括对房屋的维修费,房主仍需承担住房内在和外在的维修成本。该模式有以下特点:一是在供给对象方面,优先考虑现有地方政府和住房协会租户以及在候补名单上的中低收入人群,购房者可以为首次购房者,也可以是拥有住房但没有能力置换的家庭。购房者的家庭年收入不得超过 6 万英镑,但最低收入下线不得低于 1.5 万英镑(以英格兰为例),确保购房者有足够的收入来偿还抵押贷款和支付租金。政府对供给对象进行严格的条件审查,当有资格享受优惠购房的家庭以其自身经济能力仍不足以支付 25% 的房屋价款时,政府还可以为其提供低息抵押贷款。二是共有产权住房业主可以通过阶梯化的形式来实现完全产权,每次以剩余房款的 10%~25% 为单位购买,产权价格取决于购买时的住房市场价格。住房协会将会对产权进行评估,购房者需支付相应的评估费用。三是住房协会保留优

---

[1] 资料来源:https://www.gov.uk/affordable-home-ownership-schemes/shared-ownership-schemes.
[2] 秦虹.英国住房的共有产权制[J].城乡建设,2007(9):72-73.

先购买权。个人获得完全产权后,有上市转让权,住房协会享受21年(从个人获得完全产权的时间起)内的优先购买权。甚至在部分住房供应紧张地区,住房协会可对住户购买的产权份额设置上限以控制房源,干预住房资源流转。四是若购房者家庭遇到突发状况,如失业、疾病等造成收入下降,导致自有产权部分贷款负担过重时,还可以申请降低产权份额,即向住房协会出售一定比例的产权[1]。

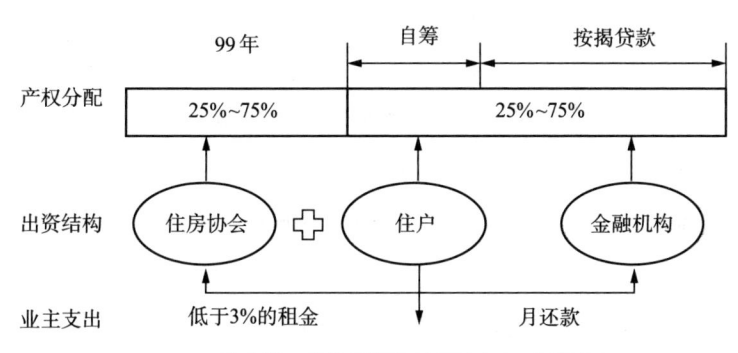

图 2 英国共有产权模式

2.2 国内试点城市典型模式

2.2.1 黄石市

黄石一直以来"政府财政紧、百姓手头紧"的难题阻碍黄石棚户区改造工程的推广。2009年10月被确定为全国公共租赁住房制度建设试点城市后,黄石市将经济适用房、廉租房、公租房、拆迁还建房等保障性住房统一归并为公共租赁住房管理,实行准市场租金、分类补贴、租补分离、可租可售、租售结合的办法。2014年黄石被确认为共有产权住房试点城市后,在原有棚改型共有产权住房的基础上,再拓展保障性共有产权住房、商品型共有产权住房两

---

[1] 王兆宇.英国住房保障政策的历史、体系与借鉴[J].城市发展研究,2012,19(12):134-139.

种共有产权试点方向①。

棚改型共有产权住房,是政府在主导的棚户区改造项目中,探索房屋征收产权置换新机制。对于家庭唯一住房被列入征收范围的被征收人,选择产权置换的,其安置还建房可由政府拥有部分产权,实行先租后购,直至拥有完全产权。

保障性共有产权住房,主要针对国有企业自用闲置土地较多、职工住房困难且支付能力不足的问题,调整经济适用住房政策,探索政府、企业和职工共建共有产权住房新机制。将土地供应、税费减免等政府投入显性化,统一计算为政府产权份额,与购房职工产权共有、先租后售。

商品型共有产权住房,针对部分购房人阶段性支付能力不足的问题,在国有企业投资建设的普通商品住宅中,探索房屋销售新机制。对于有稳定收入来源的城市家庭、新就业人员和在黄石投资、就业人员,可以采用分次付款的方式,购买普通商品住宅,未购买产权由政府持有,实行先租后售。

2.2.2　成都市

四川省保障性住房由公共租赁住房和共有产权住房构成,其中共有产权住房包涵经济适用房。为了满足不同供应对象的住房需求,成都为实现优化保障性住房的供应模式,提出构建"租售互补"的保障体系。将限价房以及经济适用房等合并归一为共有产权住房,并且对其不断在应用的过程中修改运行方案。公共租赁住房和共有产权住房可以相互转化,实行"边租边售"的灵活政策②。

2.3　国内外共有产权模式对比

1. 共同点分析

我国共有产权房试点制度主要参考英国,因此与英国有一些共同点。一

---

① 吕萍,藏波,陈泓冰.共有产权保障房模式存在的问题——以黄石市为例[J].城市问题,2015(6):79-83.
② 黄薇薇.共有产权保障房模式研究[D].哈尔滨:哈尔滨工业大学,2015.

是在产权比例上十分相似，也是规定了购房者至少购买25%的产权比例，然后逐步购回剩余产权，而且对占用其他共有人的产权部分需要支付一定的"租金"，并规定了租金的标准范围。共有产权房的退出也是在购房者住房支付能力提升之后，按市场价格购回共有产权房而退出。我国和英国一样，设立购房者购回剩余产权的优惠期，并以5年为限，5年内购回给予一定的购房优惠，以便于建设者较快回收建设资金。

2. 差异分析

我国共有产权住房主要是指政府和购房者共有产权，而英国的共有产权房形式多样，除了政府和购房者，往往还有协会或者信贷机构等参与，使共有产权形式多样化，产权比例设置也因不同的共有形式出现多样化、灵活性等特征，既有固定比例收益，也有可变比例收益[①]。

2.4 经验启示

1. 管理机构的专业化和市场化

住房协会是英国专门负责组织和实施共有产权和共享收益住房的非营利性机构。根据英国政府对保障性住房在供给对象标准及具体运行机制等方面的框架性安排，住房协会负责根据当地具体情况制定灵活的共有产权制度，包括住房建设、准入机制、房屋保护、住房销售等方面的执行和审查。住房协会代替政府与购房者共同享有所购住房的产权，并负责收取租金或提供产权贷款。住房协会在获取政府投资时，仍需与私营机构一样通过向住房公司投标的方式申请住房建设贷款。住房销售等经营活动是住房协会商业计划的重要成分，其所产生的利润需要全部用于保障性住房的建设。我国虽然也有许多地方成立了专门的保障性住房管理机构，然而政府作为产权人之一，住房管理机构的行政性质将会给未来产权纠纷的处置带来困难。沿袭英国经验，在行政与法律监管下，引入与政府住房保障部门进行合作并能自主经营管理的住房机构是提高政策执行效率和监管水平的有效途径。

---

① 陈凤丽.共有产权房产权比例初始分配与调整研究[D].武汉:武汉科技大学,2014.

2. 产权比例灵活

英国共有产权模式可供购房者选择 25%～75%之间的任何比例,相比我国所实施的共有产权模式,其产权比例的选择范围更大。如我国共有产权的淮安模式中,政府与个人的权属比例包括 3∶7 和 5∶5 两种类型,相对较为丰富的上海模式也只包括了 3∶7、4∶6 或 3.5∶6.5 三种类型。购房者首次购买时所需支付的产权比例的选择性越大,受惠群体也将越广泛。我国共有产权模式应随着准入机制和监督管理机制的不断完善逐渐扩大可选择范围,进而满足更多不同收入群体的需求。

3. 广泛的住房来源

英国共有产权与共享收益住房除了政府利用公共补贴新建或翻修而成的外,政府也支持购房者在公开市场上以半租半买或申请产权贷款的形式直接购买商品房。英国政府将共有产权当作一种供应模式,只要购房者和住房均符合一定的标准,即可向住房协会提出申请,通过住房协会的资格审查机制即可实现共有产权房的获取。我国的保障性住房虽然已经从集中建设为主逐步转向分散建设为主、集中建设为辅的供应方式,但其供应主体仍以政府为主导,购房者对住房的区位选择有限。借鉴英国共有产权模式的运行方式,既能扩展共有产权的住房来源、有效利用社会资源,也能实现保障房市场与商品房市场的统一。

3 泰州市共有产权租售并举住房制度发展历程

3.1 政策出台背景

2007 年,随着城市化进程的加快,泰州市房价上涨与民生住房保障的矛盾日益凸显。政府需要通过旧城拆迁改造,改善居民的居住环境,而按照通常的拆迁政策,一部分中低收入家庭难有实力购买拆迁安置房。如果对这些中低收入家庭用经济适用房进行安置,则经济适用住房存在的有限产权界限模糊、寻租空间大、退出机制难以操作等顽疾,既可能导致新的不公平,也存在着经济关系难以理顺的问题,因此迫切需要创新保障性住房供应机制。总的来看,泰州市共有产权租售并举住房制度设计背景主要有以下两方面。

3.1.1 **解决"夹心层"群体住房问题是探索共有产权租售并举模式的出发点**

2007年前后,我国各地房价经历了一轮快速上升过程,根据国家发展改革委、国家统计局同期发布的调查数据,2007年6月,全国70个大中城市房屋销售价格同比上涨8.1%,其中,新建商品住房销售价格同比上涨8.4%,二手住房销售价格同比上涨7.8%。2007年泰州市城镇居民人均可支配收入14940元[①],主城区商品住宅成交均价为2580元/m²,城镇居民人均住房建筑面积为32 m²(根据2007年泰州市国民经济和社会发展统计公报,城镇居民人均住房建筑面积为31.97 m²),房价收入比平均值为6.0,达到房价收入比3～6倍合理值的上限。2007年正式实施廉租房保障政策以后,泰州市市区人均月收入在700元以下的家庭可享受廉租房住房保障,人均月收入在800元～1000元的家庭可以通过经济适用住房进行保障。因此,出现了一个人均月收入在700元～800元之间的"夹心层"群体,这一群体既达不到申请廉租房的资格,又买不起经济适用住房。针对这一情况,泰州市于2007年出台了《泰州市市区租售并举经济适用房实施细则》,以解决这一"夹心层"群体的住房困难问题。

3.1.2 **旧城改造中低收入家庭买不起安置房是探索共有产权租售并举制度的现实原因**

为改善城区居民生活环境、加快城市化建设、提高城市综合服务能力、充分发挥城市在区域发展中的辐射带动作用,泰州市于2006年启动了大规模的旧城改造工程。改造的旧城区聚集了一大部分住房困难、生活困难的"双

---

① 泰州市统计局. 泰州市2007年国民经济和社会发展统计公报[EB/OL]. http://zwgk.taizhou.gov.cn/art/2020/4/26/art_61131_2688566.html,2008-02-29.

困"家庭。根据拆迁政策,原来住房面积小的家庭,按被拆迁住房的价值难以获得成套的拆迁安置房,但这一群体又无能力补交安置房与旧房(被拆迁住房)的差价款。政府面临四种选择:一是停止旧城改造,这势必与广大群众要求改善居住环境的诉求相悖;二是让这些困难群体不补交差价款获得拆迁安置房,则会引起不公平,可能导致经济条件好的家庭也不愿意补交差价,影响项目的推进;三是无力交差价款的居民用经济适用住房安置,由于经济适用住房是有限产权,与被拆迁住房之间的价值换算关系复杂,老百姓难以接受;四是政府与被拆迁人形成共有产权,拆迁户的拆迁房屋补偿金额低于7万元,且在市区无其他住房,包括享受民政低保的特困职工以及家中因有重病人员或有特殊残疾人员引起的特别困难户。具体的实施办法是:拆迁实施单位根据困难户的最低补偿金额,加上房屋装潢、奖金后的合计补偿金额,在抵算就近靠户型安置房建筑面积后,超过面积部分作公房安置,由被拆迁人向房产管理部门提出申请并签订公房租赁契约,按同地段公房租金标准的60%缴纳房租,今后有条件的安置户可按原价购买公房面积。这是泰州市推进共有产权租售并举住房制度的现实基础。

3.2 发展历程

3.2.1 起步探索阶段(1993—1998年)

地级泰州市组建之前,县级泰州市于1993年出台了《泰州市解决居住困难户住房暂行办法》(以下简称《办法》)。《办法》的核心是为了解决企业中人均住房建筑面积在6 m² 以下的居住困难户和无房户。《办法》按照"政府扶持、单位补贴、个人出资、有偿解困"的原则进行,实行"一次认定,分期安置,系统负责,单位包干,售、租、建并举,多渠道解困"的办法。具体而言,是指:由政府统一划拨土地,建设经济适用房出售给单位,由单位安排负责向符合条件的住房特困户进行解困。个人经审批后进行购买,个人出资比例不低于房屋总价的60%,剩余40%房款就由单位出资,作为公房出租给职工。这一阶段实际上是泰州市共有产权、租售并举制度创建的雏形。

3.2.2 试点深化阶段(2003—2006年)

在这一阶段,泰州市政府加快推进旧城改造的步伐,对生活困难和住房困难家庭较多的城北地区进行了重点改造。对解决"双困"家庭的拆迁和安置问题,泰州市委、市政府高度重视,多次召集建设、房管、财政和民政部门协商,从重视民生、改善民生的角度出发,创造性地提出对泰州市城北地区拆迁户中的"双困"家庭在安置时采用"租售并举、产权共享"的办法。办法中明确了实施对象,即拆迁房屋补偿金额低于7万元且在市区无其他住房、并享受民政低保的特困职工以及家中因有重病人员或有特殊残疾人员引起的特别困难户。具体的实施办法是:拆迁实施单位根据困难户的最低补偿金额,加上房屋装潢、奖金后的合计补偿金额在抵算就近靠户型安置房建筑面积后(安置房标准内按1580元/m^2计算,低于同地段商品房市场价1000多元/m^2),超过面积部分作公房安置,由被拆迁人向房产管理部门提出申请并签订公房租赁契约,按同地段公房租金标准的60%缴纳房租,今后有条件的安置户可按原价购买公房面积。安置房采取就近靠户型,并结合家庭实际居住人口情况,确定实际安置户型面积,即居住人口1~2人户,安排50 m^2左右的户型;3~4人户,安排65 m^2左右的户型;5~6人户,安排75 m^2左右的户型。

3.2.3 规范推广阶段(2007年至今)

2007—2012年,泰州市房地产市场进入快速发展阶段。一方面,旧城改造和新城建设力度持续加大,"双困"家庭要求改造的意愿迫切,房地产市场供应机制出现偏差,住房供不应求,商品房价格大幅攀升。另一方面,2007年正式实施廉租房保障以后,泰州市区出现了一批既不符合廉租房保障条件又购买不起经济适用房的"夹心层"住房困难家庭。针对这一情况,泰州市在旧城改造过程中实施的"租售并举"的试点基础上,于2007年出台了《泰州市市区经济适用房租售并举实施细则》,以市政府文件在市区全面推广共有产权、租售并举制度,弥补了经济适用住房政策和廉租房制度留下的真空,实实在在地解决城市中低收入"夹心层"人员的住房问题。截止到目前,泰州市累计投入资金 2.87 亿元,实施 3400 多户,其中拆迁双困家庭 2300 多户,面向社会销售夹心层 1100 多户。

表1 泰州市共有产权租售并举住房政策一览表

时间	政策名称	主要内容
1993 年	《泰州市解决居住困难户住房暂行办法》	共有产权租售并举住房制度的雏形。对保障对象、产权比例、上市交易等方面做了规定
2007 年 10 月	《泰州市市区经济适用住房管理实施办法》	对经济适用房的开发建设、优惠政策、规划与计划、销售和承租对象、物业管理、产权登记与上市交易等方面做了明确规定
2007 年 10 月	《泰州市市区经济适用房租售并举实施细则》	对申请购买租售并举经济适用房的当事人的资格条件、房屋面积、公有部分的规定、售后管理、上市交易等做了明确规定
2008 年 7 月	《江苏省泰州市人民政府关于解决市区城市低收入家庭住房困难的实施意见》	对租售并举经济适用房的保障对象、房源、保障资金、销售价格、租金标准做了明确规定
2014 年 12 月	《市政府关于印发泰州市市区房屋征收共有产权安置房实施细则的通知》	明确共有产权安置房保障对象、保障面积;明确政府与保障对象各自的权利义务

4 泰州市共有产权租售并举住房政策详解

4.1 供给管理

4.1.1 用地与建设管理

1. 行政划拨供地

泰州市共有产权、租售并举制度主要是面向旧城改造中的"双困"家庭和不符合经济适用房条件的"夹心层"住房困难家庭。房源主要分两类,一是拆迁安置房,二是经济适用房,土地性质均为划拨。面向社会销售的房源一般根据经济适用房的开发建设总量,实施租售并举的经济适用房按当年经济适用房竣工总量的 10% 左右配置。该政策全面推广以后,在当地老百姓中的反响较大,政策受到老百姓的欢迎。实际上,每年按向市政府申请报批的财政资金额度安排实施租售并举的经济适用房规模,在开发建设的经济适用房房源中统筹安排。

2. 税费优惠

在泰州市行政区范围内建设的共有产权住房项目可以享受经济适用住房项目的各种优惠,免收城市基础设施配套费、行政事业性收费、政府基金,建设单位直接向住房保障管理部门申请办理配套费等免缴手续,享受国家规定的经济适用住房开发的各项优惠政策。

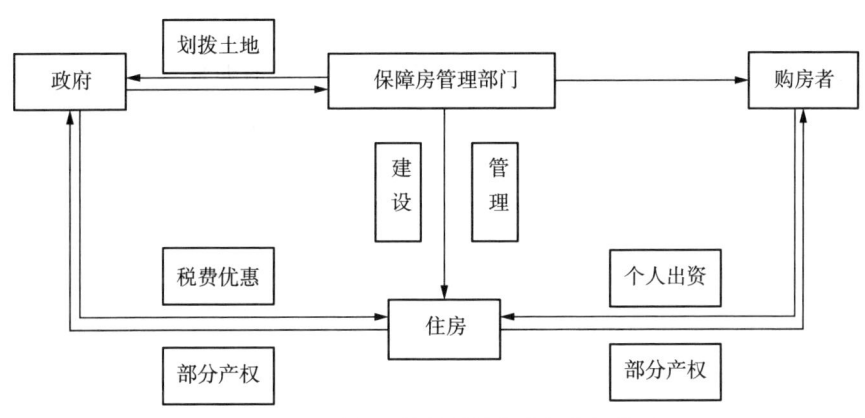

图 3　共有产权租售并举的出资与产权关系

4.1.2　资金来源

泰州市共有产权租售并举住房建设资金主要来源于政府财政。每年由泰州市房产管理局按当年的共有产权租售并举住房建设计划,经成本估算向泰州市政府申请建设费用,由市政府财政予以拨款建设。

4.1.3　供应标准

泰州市共有产权住房设计了三种户型,按照家庭实际居住人口情况,确定实际安置户型面积,即:居住人口 1~2 人户,安排 65 m² 左右的户型;3~4 人户,安排 75 m² 左右的户型;5~6 人户,安排 85 m² 左右的户型。各种户型尽可能优化户型设计方案,在较小的套型内实现基本的使用功能。

适用房。

表2　泰州市共有产权住房准入条件①

准入标准	2011年	2012年	2013年	2015年
常住户口	市区常住城镇户口5年以上	市区常住城镇户口5年以上	市区常住城镇户口5年以上	市区常住城镇户口5年以上
人均住房建筑面积	20 m² 以下	20 m² 以下	20 m² 以下	20 m² 以下
人均月可支配收入	1200元	1200元	1200元	1800元

4.3.2　申请审核流程

市区中等偏低收入住房困难家庭申请共有产权住房,采取"三审两公示"程序。第一,申请人提出申请。符合保障条件的家庭在规定时间内提出申请,填写申请表,提供相关资料,交户籍地社区。第二,受理及基层初审(社区)。社区居委会通过入户调查、邻里访问等方式对申请人家庭住房和家庭收入状况进行调查,对符合保障条件的家庭提出初审意见并上报所属街道办事处。不符合保障条件的,说明理由退回。第三,基层初审并公示(街道)。街道办事处就申请人的家庭收入、家庭住房状况等是否符合规定条件进行审核,提出初审意见并在辖区内张榜公示,对符合保障条件的家庭报房产管理处。不符合保障条件的,说明理由退回。第四,区级复审(房产管理处)。房产管理处就申请人家庭租住直管公房情况进行说明,并将申请人的申请材料转区房改办。第五,区级复审(区房改办)。区房改办根据申请人家庭房改情况、租住直管公房情况等,对该家庭住房状况进行复审,对符合规定条件的,报市房产管理局。不符合保障条件的,说明理由退回。第六,市级审批(市房产管理局)。市房产管理局就区房改办上报申请材料,再次对申请家庭基本情况进行审核。经审核,符合规定条件的,在房管局网站上予以公示。不符合保障条件的,说明理由退回。第七,选房(市房产管理局)。根据共有产权

---

① 常住户口要求来源于:《市政府关于印发泰州市市区房屋征收共有产权安置房实施细则的通知》(泰政规〔2014〕13号);人均住房建筑面积及人均月可支配收入标准来源于:《泰州市市区城市中低收入家庭住房保障范围及标准》(2011年、2012年、2013年、2015年)。

住房房源情况,确定选房方式、选房时间并进行选房,建立纸质和电子档案。

4.4 售后管理

4.4.1 退出机制

泰州市共有产权租售并举制度的退出机制有三种形式:第一,增购。个人可以购买政府产权形成完全产权;第二,上市交易。直接通过市场转让,按比例与政府分成收益;第三,特殊情况下的退出。

第一种情况,在共有产权期间,购买共有产权租售并举经济适用房的当事人可在5年内一次性或分期按初始售房单价购买公有产权份额,形成完全产权。5年后购买的,按照市政府确定的新价格执行。

第二种情况,《泰州市市区经济适用房租售并举实施细则》中明确规定租售并举经济适用房在取得完全产权5年后可上市交易,2014年经泰州市政府同意,中低收入住房困难家庭的经济适用房上市免交增值收益。

第三种情况,共有产权期间,如有购房家庭由于自身家庭发生重大变故导致贷款资金没有能力及时偿还的,由泰州市房管局作为主体,配合阳光担保公司向法院提起诉讼,通过拍卖的方式将这些家庭的房屋拍卖,竞拍过程中政府拍得房屋,相当于政府将房屋回购。同时对这些家庭,采用公租房进行安置。房屋拍卖后,原保障家庭自身所持房屋产权转化为现金,这部分现金一部分用于还贷(还给阳光担保,因为阳光担保已经提前替保障家庭向银行还清贷款);一部分用于支付房屋拍卖过程中产生的费用,如诉讼费等;还有一部分用于支付公租房租金,由法院从自有产权拍卖后剩余的资金中提前提取8~10年的资金作为公租房租金,每年进行代扣。在这期间,如果住户不愿再住公租房,则剩余的租金可予以全部退还。通过这样的流程,一是保障了当事人的利益,二是将住房保障部门作为第三方,避免出现很多矛盾。

4.4.2 收益分配

根据《泰州市市区经济适用房租售并举实施细则》的规定,共有产权租售并举经济适用房在取得完全产权5年后方可上市,上市时,购房者按同地段普通商品房与经济适用房差价的50%向政府交纳增值收益。连同申请人经济条件改善后,购买共有产权租售并举经济适用房中公有产权份额的购房款,一并纳入廉租住房保障资金。

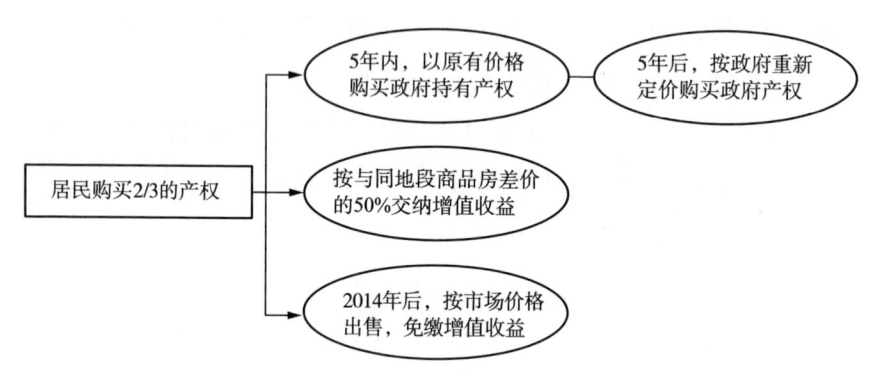

```
居民购买2/3的产权 ──┬── 5年内,以原有价格购买政府持有产权 ── 5年后,按政府重新定价购买政府产权
                  ├── 按与同地段商品房差价的50%交纳增值收益
                  └── 2014年后,按市场价格出售,免缴增值收益
```

图4　泰州市共有产权租售并举住房居民享有的权益

4.4.3　费用分摊

对共有产权租售并举经济适用房购买过程中产生的税费,政府给予相应的优惠政策。

共有产权租售并举经济适用房产权人按照产权份额交纳房屋共用部位、共用设施设备维修基金以及物业服务费用。高空抛物伤人或坠物伤人、改变房屋结构造成危害等安全使用责任,由购房家庭全部承担,发生具体维修事项纳入小区的物业管理。

4.4.4　惩罚机制

对弄虚作假骗取购买共有产权租售并举经济适用房的申请人,市房产管理局收回住房;对购房人将租售并举经济适用房私下转让或用于出租经营的,市房产管理局责令限期改正,否则,市房产管理局收回住房,并取消其再次购买租售并举经济适用房和其他政策性住房的资格。

具体操作内容见表3:

表 3　泰州市共有产权租售并举模式的具体操作内容

环节	指标	内容
供给	用地性质	划拨土地
	土地供应	纳入年度土地供应计划，用地指标单独列出
	建设总量	在开发建设的经济适用房房源中统筹安排
	供应标准	居住人口 1～2 人户，安排 65 m² 左右的户型；3～4 人户，安排 75 m² 左右的户型；5～6 人户，安排 85 m² 左右的户型
定价	房屋价格	政府指导价，共有产权租售并举住房的单价比周边商品房便宜 30%～40%
	价格构成	出售价格＋租金
	产权比例	泰州市以房屋建筑面积的 1/3 作为共有产权部分，最高不超过 30 m²
分配	申请对象	市区房屋被征收"双困"家庭；具有市区常住城镇户口 5 年以上，人均住房建筑面积在 20 m² 以下，人均月收入低于上年市区人均可支配收入的 60%，无房家庭优先购买
	申请流程	申请—初审—公示—复审—审批—公示—选房
退出	退出方式	个人购买政府产权形成完全产权而退出；个人无力购买政府产权，通过拍卖等方式退出
	收益分配	取得完全产权上市交易时，中低收入住房困难家庭的经济适用房上市免交增值收益

5　泰州市共有产权租售并举住房发展现状

5.1　发展现状

泰州市实施共有产权租售并举住房保障制度以来，受到了市民的普遍欢迎，至 2015 年 6 月已有 1394 户签约共有产权租售并举经济适用房（表 4）。实施现状及取得的成效表现为如下几个方面：

（1）从保障方式来看，泰州市采用在经济适用房小区安排部分房屋作为共有产权租售并举住房保障的方式，自 2004 年中天新村一期交付以来，泰州市共在 8 个经济适用房小区采用了共有产权租售并举的保障模式，保障面积共计 45830 m²，其中实施最早的是姜堰市。

表4 泰州市共有产权租售并举实施成效

共有产权保障房项目名称	区域	保障户数	面积(m²)	销售基准价(元/m²)	周边商品房房价(元/m²)	保障类型	配套设施	交付时间
中天新村一期	姜堰市	90	1800	1425	1950	经济适用房租售并举	配套设施齐全	2004
中天新村二期	姜堰市	134	2680	1425	1950	经济适用房租售并举	配套设施齐全	2005
泰和园一期	市直	495	14850	1978	3760	经济适用房租售并举	临近泰州火车站,小区营业用房,周边学校,医院,菜场齐全	2010
泰和园二期	市直	197	5910	2650	3940	经济适用房租售并举	除没有小区营业用房外,其余配套设施齐全	2015
东泰花园一期	市直	46	1380	1898	3135	经济适用房租售并举	配套设施齐全	2008
东泰花园二期	市直	165	4950	2980	4600	经济适用房租售并举	配套设施齐全	2012
朝晖景苑	海陵区	147	8364	3300	5000	拆迁安置房租售并举	配套设施齐全	2015
韵梅苑	海陵区	118	5896	3660	5800	拆迁安置房租售并举	配套设施齐全	2015

(2) 从销售基准价格来看，共有产权租售并举经济适用房的基准售价均低于同期周边商品房价格，中天新村一期与二期的销售基准价是周边商品房价格的 73% 左右，其他 6 个保障房项目的销售基准价均低于周边商品房价格的 60%，泰和园一期的销售基准价仅是周边商品房价格的 53% 左右。这样的定价是政府让利于民的具体体现。

(3) 从配套设施来看，8 个经济适用房项目周边学校、医院、菜场等基本的配套设施齐全，交通相对便利，保障了购房者便利的生活。

5.2 实施成效

1. 完善了市区住房保障体系

"共有产权、租售并举"的实施，较好地解决了"夹心层"住房困难家庭的住房问题，对完善泰州市住房保障体系起到了很好的促进作用，得到了低收入住房困难户的欢迎，解决了政府的矛盾，受到了社会各界称赞。2007 年 5 月 6 日，中央电视台《新闻联播》详细报道了泰州市在城市拆迁过程中，通过创新经济适用住房"一房两制，合股买房、租售并举"的办法，一方面有力地推动拆迁进程、化解拆迁矛盾，另一方面有效地解决了城市拆迁中那些既不符合廉租房保障条件又买不起经济适用房的"夹心层"人员的住房问题。

2. 强化了经济适用保障房功能

在住房保障工作中实施经济适用房租售并举的做法，让困扰多年的"夹心层"家庭住房困难的问题得到了解决，使原来那种经济适用房"只售不租"的单一保障功能变成了"产权共享""租售并举"的复合型功能，不仅从根本上保证了国家经济适用房政策的落实到位，而且使这一政策的积极效应得到了更充分的发挥，从而使经济适用房的救助性进一步得到了体现。这对于泰州市全面扩大住房保障范围，真正解决那些买不起经济适用房又不符合廉租房保障条件的"夹心层"人员的住房问题具有非常重要的意义。

3. 加快推进旧城改造的步伐

拆迁是个老大难问题，旧城改造更是难上加难。如果没有一定的优惠政策和组织措施,要想让经济条件差、本身房屋面积小且又在泰州本地居住几十年的老百姓搬迁到另外的地方,还要自己借钱重新购房,难度非常大。泰州市通过租售并举的这一做法,有力地化解了拆迁矛盾,推动了征收工作的顺利进行,并加快了旧城改造的步伐,同时也为加快城市建设、提高城市管理水平提供了新思路。

4. 解决了住房困难群体的现实困难

弱势群体更需要人性化的服务,在目前货币化拆迁过程中实施经济适用房"共有产权、租售并举",从经济的角度看,减轻了拆迁户想改善住房条件而经济紧张的压力。从政治的层面上看,尊重了群众的自主权,拆迁户除货币化拆迁金额以外可以根据自己的经济承受能力,既可以买也可以租,可以今天买,也可以等以后经济条件好了再买,其价格仍按原价,消除拆迁户的后顾之忧,让拆迁户有更大的自主选择权,从而体现了"以人为本、执政为民"的理念。

5. 弥补了房改政策的不足

2000年左右,随着国有企业的改制、破产、重组,大量企业人员进入社会。这部分群体中有相当一部分人既没有享受到实物分房,也没有享受到货币补贴,同时年龄偏大。这部分人现有住房面积较小,家庭人口多,家庭收入偏低,改善住房意愿迫切,但无力完全依靠自己的能力购买。从公平角度来说,政府欠这部分群体一次住房保障。因此,从深化房改的角度来说,通过共有产权、租售并举解决了部分房改遗留的社会问题。

5.3 存在的问题

1. 审核难度较大

由于审核机制的问题,目前租售并举经济适用房配租条件审核难度大,审核过程涉及银行、证券等多个环节。目前这些环节的信息系统难以共享与比对,已无法直接查询,增加了家庭收入审核难度。

2. 政策执行出现偏差

一是在旧城改造过程中为推动拆迁,部分市区的租售并举安置房存在私房面积很小、公房面积过大的现象。二是部分"共有产权、租售并举"的经济适用住房,出现了只"租"不"购"的现象。三是少部分家庭只"住"不"付"款,欠缴租金。

3. 管理维修难

因房屋产权为按比例共有,在房屋使用过程中,特别是在房屋出现质量问题需要维修后,对维修责任存在扯皮现象。同时随着时间的推移,部分租售并举房源购房时缴纳的维修资金余额越来越少,房屋出现质量问题时承租人不愿意承担房屋维修费用。

4. 覆盖面窄

目前,泰州市共有产权、租售并举模式只适用于经济适用房房源,较为单一。泰州市市区部分在保的廉租房家庭和公共租赁住房家庭经济条件得到改善后,不再符合住房保障条件,但退出存在较大困难,财政资金失去原有的功效。而这部分家庭虽然愿意将承租的房屋通过共有产权、租售并举方式进行购买,但因政策渠道仍未畅通,存在较大难度。

5. 营改增后的税费减免矛盾

根据江苏省省级相关文件,对公租房、经济适用房(包含租售并举经济适用房)免收营业税。2016年5月1日,国家实施营改增后,地方税变为国税,到目前为止,国家税务总局没有明确的文件出台,说明税收制度改革后对于公租房和经济适用房这部分税费该如何征收。因此,已经建成出售的租售并举经济适用房与还未出售的经济适用房之间在税费方面存在一个冲突。这个冲突该如何解决,需要再仔细研究。

6 相关的建议和对策

随着泰州市共有产权租售并举制度的不断推进,在实践过程中出现的问题将有望得到解决。为进一步完善泰州市共有产权租售并举制度,特建议如下。

6.1 建立保障性住房诚信档案管理机制

一是坚持层层把关,严格审批纪律。购买租售并举经济适用房实行诚信申报制度,采取个人申报—街道、社区初审—各区住建、民政部门复审—市民政、房管局审批相结合的办法。二是依托市民政部门的社会救助家庭信息比对系统,对在保家庭进行年度审核。三是实行公示举报制度,主动接受各方监督。对初审符合当年保障条件的申请人,在实际居住地和新闻媒体分别进行公示;对被拆迁人,在家庭所在地居委会和拆迁现场将拆迁补偿金额、家庭居住条件、经济收入等情况,进行张榜公示。经公示无异议的,做出准予购房的书面决定;有异议的,组织相关人员复查后,做出准予或不准购房的书面决定。安置过程中,通过公开摇号的办法确定选房顺序,并将安置情况张榜公示,确保安置工作"公开、公平、公正"。

此外,泰州市房产管理局目前正在着手做的工作是建立《保障性住房诚信档案管理办法》,已与泰州市信用办进行初步沟通。初步考虑对保障性安居工程中失信住房保障家庭建立诚信档案管理办法,对失信家庭建立通报制度,纳入人民银行的征信系统,进入黑名单。在申请申报过程中,对部分企业或个人恶意存在的造假行为,一经发现,将企业或个人纳入失信名单中,进入市一级信用体系中,进行公示或披露,建立企业或个人的失信名单。

6.2 建立共有费用的合理合法承担机制

这里的共有费用主要指共有产权住房的维修费用、物业费用、水电暖气费用等。本研究认为,目前的共有产权制度应遵循"谁使用谁付费"的模式,由受保障者负责因共有房屋使用所产生的相关费用。基于的主要考虑是:受保障者享有完全的使用权和占有权,在共有产权制度下,政府虽然有共有产权住房的部分产权,但就实际而言,政府出资但没有直接占有、使用房屋,承购人直接占有、使用共有住房,因此,从公平合理角度考虑,在房屋存继期间政府不承担管理、维护等相关义务。因而房屋使用期间产生的一切费用,包括维修费、物业管理费、水电煤气费用等由承购人承担。在英国的共有产权制度设计中,也是明确规定,不论购房人拥有房屋多大比例产权,房屋的一切维修费用均由购房人承担。

在实践探索中,泰州市共有产权租售并举住房保障制度中关于共有产权部分房屋的后续管理费用,将做如下尝试:落实租售并举房源维修资金的续筹和维修的范围、起付标准。由于房屋产权性质是公私并举,因此,对租售并举房屋的维修,建议一是要参考国家维修资金管理办法的要求,维修资金使用不足三分之一时由承租人续筹;二是参照医保制度明确维修的起付标准。对维修的范围进行明确,将维修确定为小修、中修和大修。每种范围内的维修都明确一定起付标准,起付标准范围以下的由承租人承担,起付标准范围以上的参考维修资金管理办法进行支付。

6.3 建立"租售并举"的保障资金专户

资金来源方面,采取地方财政预算安排和土地出让净收益安排相结合的办法。建立租售并举经济适用房保障资金专户,购房人购买公有产权份额的购房款和公有产权房屋租金收入,统一纳入专用账户,专门用于政府集中投资建设的保障房的内部管理和维护,实行收支两条线管理。

6.4 强化共有产权住房售后管理机制

一是制定共有产权、租售并举经济适用房国有资产管理办法,进一步明确公房租金和回购资金的收支管理、房屋的维修责任和公房产权回购的程序。政府出资的部分完全是国有资产管理,随着时间的推移、房屋的增多、申请保障住房家庭的不断变化,对国有资产管理提出比较高的要求,为尽可能地避免今后在国有资产审计中出现的问题,泰州市从2015年开始建立了住房保障信息系统,将共有产权与租住家庭进行——对应,将房源与住户相关联,对退出的住户给予标识,进入另一个管理系统。

二是加强宣传,引导广大共有产权、租售并举家庭按照合同约定,及时缴纳公房租金。

三是定期公布满 5 年期公房的回购价格,督促有条件的家庭及时回购。

四是制定奖励政策,鼓励有条件的家庭提前回购公房产权。

6.5 扩大共有产权保障制度收益面

目前泰州市公租房和廉租房已并轨运行,建议将共有产权房与公租房政策相衔接,明确公租房住满 5 年后可以按照同地段市场价格一定比例出售,出售的公租房可以转化为共有产权房。共有产权房住满 5 年后可以上市,上市按照一定比例收取增值收益,以解决公租房退出难的问题。

6.6 完善共有产权住房的继承权与赠与权制度

共有产权住房作为一种财产,具有一定的可继承性。因此,当住户的子女符合共有住房的购买条件时,共有产权住房可以直接作为房产继承,即继承被继承人的相应权利。但是,由于共有产权住房存在着政府政策性优惠,当住户的继承人不具备这样的条件时,被继承人应退出共有产权住房,可以继承共有产权住房中属于继承人共有份额的价值。共有产权住房可以继承,但是不可以赠与,因为一旦出现赠与,会直接造成国家优惠的流失,会造成不符合保障条件的需求住户挤占保障性住房的需求市场,带来不必要的麻烦。

6.7 尽快完善共有产权住房法律制度

在国家层面,建议在《城镇住房保障条例(征求意见稿)》中对共有产权住房进行原则性规定,内容包括但不限于:共有产权住房的法律性质属按份共有;共有产权住房的共有人按照份额对共有产权住房享有所有权;授权住房和城乡建设部就共有产权住房的投资、建设、准入、形成(购买)、使用、管理、转让、处分等制定指导意见。住房和城乡建设部应考虑拟定《共有产权住房指导意见》,以便作为全国推广共有产权住房的规章依据。《共有产权住房指导意见》应当涉及共有产权住房的投资、建设、准入、形成(购买)、使用、管理、转让、处分等各个方面,成为具体指导共有产权住房法律适用的核心法律文件。

参考文献：

[1] Bramley G. Shared Ownership: Short-term Expedient or Long-term Major Tenure[J]. Housing Studies,1996:12-35.

[2] 鲍磊."共有产权"的淮安模式[M].南京:江苏人民出版社,2011.

[3] 陈凤丽.共有产权房产权比例初始分配与调整研究[D].武汉:武汉科技大学,2014.

[4] 窦丽.我国经济适用房共有产权制度研究[D].太原:山西财经大学,2008.

[5] 黄薇薇.共有产权保障房模式研究[D].哈尔滨:哈尔滨工业大学,2015.

[6] 吕萍,藏波,陈泓冰.共有产权保障房模式存在的问题——以黄石市为例[J].城市问题,2015(6):79-83.

[7] 莫智,邓小鹏.国外住房共有产权制度及对我国的启示[J].住房与房地产,2010,17(3):114-120.

[8] 秦虹.英国住房的共有产权制[J].城乡建设,2007(9):72-73.

[9] 上海市房地产科学研究院.上海市住房保障体系研究与探索[M].北京:人民出版社,2012.

[10] 王兆宇.英国住房保障政策的历史、体系与借鉴[J].城市发展研究,2012,19(12):134-139.

[11] 吴立群,宗跃光.共有产权住房保障制度及其实践模式研究[J].城市发展研究,2009,16(6):7-9.

[12] 黄燕芬,王淳熙,张超,等.建立我国住房租赁市场发展的长效机制——以"租购同权"促"租售并举"[J].价格理论与实践,2017(10):17-21.

[13] 谢鸿飞.租售同权的法律意涵及其实现途径[J].人民论坛,2017(27):100-102.

住房和城乡建设部科技项目(2015-R4-007)
专题研究报告二

基于市场化的共有产权
住房运行模式研究

淮安市住房和城乡建设局
南京大学金陵学院
南京大学房地产事务研究所

附录一 共有产权住房制度创新研究专题研究报告

共有产权房自 2007 年起在江苏省淮安市进行试点,形成"淮安模式"。目前该模式经多年探索,已形成了具有地方城市特色的共有产权住房建设供应、产权划分、运行管理、上市收益分配等政策制度和实践经验,同时在江苏省其他地区获得了推广。至此,共有产权住房不仅拓展了保障性住房的商品属性,实现了一部分中低收入家庭拥有自住房的愿望,同时,作为政策性的商品住房,共有产权住房对协调住房供应结构、降低高房价也起到了一定积极作用。

随着全国共有产权住房试点工作的不断深入,各个地方共有产权住房制度不断创新,货币补贴助购模式将成为共有产权住房运行模式的新趋势,同时共有产权住房也将兼具社会保障属性与普通商品住房属性。本报告将对淮安市共有产权住房制度的历史及发展、主要做法、存在的问题及未来发展思路进行介绍,为共有产权住房制度的完善做出有益分析。

1 淮安市共有产权住房制度历史及发展

1.1 淮安概况

淮安是一代伟人周总理的故乡,是"全国历史文化名城",拥有 2200 多年的灿烂历史,曾是全国漕运枢纽、盐运要冲、运河名都,享有"壮丽东南第一州"的美誉,也是闻名全国的四大菜系之一的"淮扬菜"的主要发源地。淮安人文荟萃,历史上诞生过大军事家韩信、汉赋大家枚乘、巾帼英雄梁红玉、《西游记》作者吴承恩、民族英雄关天培、《老残游记》作者刘鹗等。淮安下辖涟水、盱眙、金湖三县和清江浦、淮阴、淮安、洪泽四区,以及一个国家级经济技术开发区,总面积 1.01 万平方公里,总人口 560 万,建成区面积 155 平方公里,城区人口 140 万。淮安地处中国东部南北中心位置,位于长三角和环渤海两大经济区域结合部,地处淮河下游,境内水系发达,河流湖泊众多,有全国五大淡水湖之一的洪泽湖,南水北调东线工程的两条清水走廊里运河和大运河穿城而过。京沪、宁连、宁淮、徐宿盐、宁宿徐等5条高速公路和新长铁路、宿淮铁路交汇于此。境内美丽的洪泽湖、白马湖、高邮湖、宝应湖"四湖镶嵌";城区中古老的大运河、里运河、古淮河(黄河故道)、盐河"四水穿城"。

2015年,淮安市经济平稳较快增长,全市实现地区生产总值2745.09亿元,按可比价计算,比上年增长10.3%。一般公共预算收入350.31亿元,同比增长13.5%。人口规模小幅度增长,年末常住总人口487.20万人,比上年增加1.99万人,增长0.4%。居民收入稳步提高,全市常住居民人均可支配收入20840元,比上年增长9.1%,其中,城镇居民人均可支配收入28105元,比上年增长8.9%。全市常住居民人均住房面积46.69 m², 其中,城镇常住居民人均住房面积43.8 m², 农村常住居民人均住房面积50.7 m²[①]。

在房地产市场上,2015年度淮安市商品房总成交量为751.68万 m², 同比去年上涨20.65%;商品房成交均价为4548.91元/m², 同比去年下跌5%。其中,商品住宅市场供应量为603.08万 m², 同比下跌6.47%;成交量为615.14万 m², 同比上涨21.25%,供求比为0.98∶1。商品住宅成交均价为4110.95元/m², 同比下跌4.14%。得益于2015年多项政策利好,商品住宅新增供应量步伐渐缓,同时市场去化速度加快,淮安市商品住宅存量压力得到有效缓解。

在住房保障体系建设工作上,2015年,淮安全市住房保障体系健全率达到93.15%,比2014年上升幅度达到11.54%。新增保障性住房完成率、城镇保障性住房覆盖率、各类棚户区和危旧房片区改造覆盖率、住房保障制度完善率、住房保障管理服务网健全率、住房保障信息化达标率和住房公积金覆盖率等七项二级指标都有不同程度的提升。全市住房保障体系健全率已达到90%的小康指标,距离99%的基本现代化指标仍需努力。

---

① 淮安市统计局. 淮安市2015年国民经济和社会发展统计公报[EB/OL]. http://www.tjcn.org/tjgb/10js/32852.html,2016-03-30.

1.2 历史由来

在经济适用房实施过程中,淮安与全国大部分城市一样面临许多困扰。在培育房地产市场起步阶段,继续大量建设经济适用房会严重冲击商品住房市场,同时,随着商品住房价格大幅攀升,出现了部分中等偏下收入住房困难家庭买不起住房、已购经济适用房的人又想转手倒卖的现象。由于经济适用房为划拨的土地性质,若上市必须补交土地出让金,但部分购房人在补交土地出让金过程中集体上访,引发了一系列社会不稳定事件,经济适用房在"退出"中出现了严重问题。与此同时,随着城市化进程的加快,拆迁后中低收入家庭的住房困难问题也亟待解决。在深入分析上述问题后,产权不明晰被认为是经济适用房内在的关键矛盾,要避免经济适用房存在的诸多弊端,必须从明晰产权上求突破。

从2007年开始,淮安市探索用出让建设供应的"共有产权住房"替代划拨土地建设供应的经济适用房,以便实现两大目标:一是用共有产权房替代经济适用房,以便明晰产权,减少购房人牟利空间,保护购房人的合理合法权利;二是帮助棚户区改造中的住房困难户买得起房。

由于淮安做出先导性探索和推动,并产生了广泛影响,2014年3月份淮安被国家住建部列为全国共有产权房试点城市之一。

1.3 政策发展

2007年3月,淮安市出台《安居工程实施意见》和《淮安市市区保障性住房建设供应管理办法》。文件规定:"经济适用房均采用出让土地方式供地,实行政府指导价,并与市场接轨""共有产权保障性住房按不同的产权比例,由购房人和政府共同拥有房屋产权,供应相应的购房群体"。这标志着全国首创出让土地共有产权房制度。2007年8月,淮安市磷肥厂宿舍地块155户搬迁户在产权调换中采用共有产权房形式,其中44户符合条件家庭购买了共有产权房。2007年中秋节,时任淮安市委书记丁解民为首批共有产权房住户发放了产权证。2008年12月,淮安市举行首批非拆迁户申购共有产权经济适用房公开摇号选购以及首批实物配租廉租房分房摇号,对 94 户共有产权经济适用房和 50 户实物配租廉租房分别进行安置和摇号分房,标志着淮安市共有产权房供应进入了常态化。

共有产权住房工作的探索与实践,是在结合实际情况的前提下,在切实可行的政策框架指导下得到推行与完善的。近年来,淮安市先后出台了《淮安市市区共有产权拆迁安置住房管理办法》(淮政发〔2009〕114 号)、《淮安市共有产权经济适用住房管理办法(试行)》(淮政发〔2010〕208 号)、《淮安市共有产权经济适用住房制度创新试点实施方案》(淮政发〔2013〕3 号)、《淮安市全国共有产权住房试点工作实施方案》(淮政发〔2014〕132 号)、《市政府关于进一步推进住房保障货币化补贴工作的实施意见》(淮政发〔2015〕180 号),使共有产权住房制度不断成熟,保障范围不断扩大,保障模式不断多样化,产权比例不断灵活化,保障主体不断市场化,相关配套不断全面化。

表 1 淮安市共有产权住房制度政策一览表

时间	政策名称	主要内容
2009 年 7 月	《淮安市市区共有产权拆迁安置住房管理办法》	定向用于拆迁安置。对保障对象、土地性质、套型标准、产权份额、维修资金、退出机制等方面做出规定
2010 年 11 月	《淮安市共有产权经济适用住房管理办法(试行)》	对共有产权房的建设、供应、交易和管理做了明确规定
2013 年 6 月	《淮安市共有产权经济适用住房制度创新试点实施方案》	为制度创新试点制定指导思想、工作目标、工作任务和保障措施
2014 年 9 月	《淮安市全国共有产权住房试点工作实施方案》	为全国试点制定指导思想、工作目标、工作任务、进度安排、保障措施和申购管理细则
2015 年 10 月	《市政府关于进一步推进住房保障货币化补贴工作的实施意见》	为货币化补贴明确基本原则、租赁补贴细则、购房补贴细则和监督管理办法

1.4 取得成效

淮安住房保障工作根据淮安实际,坚持"创新引领,可持续,可推广"原则,进行保障制度、保障机制、保障模式的开拓创新,从 2007 年首推共有产权住房保障方式以来,逐步形成目前在全国产生广泛影响、被国务院发展研究中心称为"淮安模式"的共有产权住房保障新模式。

截至 2016 年 8 月 31 日,淮安市区共向 1291 户(试点以来 141 户)家庭供应了共有产权房,其中中等偏下收入家庭、新就业人员和进城务工人员 773 户,棚户区改造家庭 518 户。向 1052 户家庭提供了共有产权房供应证。有 462 户家庭回购了政府产权。通过购房人增购政府产权,回笼资金 2532 万元,进一步实现政府投入的良性循环。

表 2 淮安市共有产权住房保障情况

年度	保障情况						
	合计	实物配售	棚户改造	货币助购			
				小计	中等偏下收入家庭	新就业人员	进城务工人员
2007 年	31	0	31	0	0	0	0
2008 年	67	36	31	0	0	0	0
2009 年	164	122	42	0	0	0	0
2010 年	157	141	16	0	0	0	0
2011 年	213	192	21	0	0	0	0
2012 年	256	184	72	0	0	0	0
2013 年	259	33	226	0	0	0	0
2014 年	40	10	30	0	0	0	0
2015 年	82	15	45	22	12	4	6
2016 年 1—8 月	22	12	4	6	3	1	2
合计	1291	745	518	28	15	5	8

淮安在全国率先将经济适用房用地性质由划拨改为出让,由政府资助保障家庭购买普通商品住房形成共有产权房,将无法量化的"有限产权"变成产权明晰的"共有产权",淮安共有产权房模式运行以来,产生了很强的现实意义和社会意义。

一是促进购房人通过自力更生、努力工作获得财富。二是较好地排斥弄虚作假现象,以"出口"反制"入口",使有限的公共资源惠及中等偏下收入家庭,实现保障范围的真正有效逐步扩大。三是有效地实现保障性与商品性的有机统一,可以充分利用市场资源。四是有效实现保障房更好地适用于现行法律制度,有利于充分体现保障房市场行为(抵押、转让)。五是可以有效地减少权力寻租。

2 淮安市共有产权住房制度主要做法

淮安在共有产权住房制度上始终坚持五大原则,为住房模式创新做出了先导性探索和推动,为构建新型住房保障供应体系提供了有益实践。多年的创新发展,使淮安共有产权房保障模式在解决城市广大中低收入人群住房困难问题中发挥了积极作用,通过不同产权份额的组合变化帮助解决不同收入群体的住房困难问题,无缝有效连接普通商品住房、公共租赁住房,实现政府保障与商品住房的深度融合,有利于社会资源的充分利用,有利于构建"公共租赁住房、政策性商品住房、商品住房相结合的住房保障和供应体系",有利于优化群体居住结构,有利于社会管理和社会和谐,促进政府住房保障的健康平稳发展,不断体现出"可持续性、可复制性、可推广性"。

2.1 坚持创新原则

淮安的共有产权房由政府以出让土地方式集中建设,房屋出售价格与普通商品住房的市场价格挂钩,一般低于同区段、同期楼盘商品住房市场销售价格的5%~10%左右,向符合共有产权住房保障条件的对象定向销售部分产权,形成共有产权住房。2007年至2012年期间,购房人和政府出资份额主要执行7∶3共有产权住房份额比例,该比例主要是根据传统经济适用房价格与同期、同类地段普通商品房价格之比确定。一套共有产权房的个人出资额等同于购买同面积经济适用房的出资额。在棚户区改造中,共有产权拆迁安置住房的产权份额,主要按7∶3执行,即被拆迁人出资份额一般占购房总价的70%,不低于50%。

2.2 坚持持续改进原则

一是由摇号分房改为凭证选房。2012年以前,对通过"三审两公示"(即由申请人到街道服务窗口申请,街道服务窗口一审一公示、市民政部门组织相关部门对申请保障家庭的收入和财产联动审核,市住房保障部门终审、媒体集中公示)的保障对象采用摇号分配方式供应共有产权房。由于房源充足,2012年采取供应证方式,由符合条件的申购家庭在两年内持证到市住房保障中心服务部选房、购房。

二是采取信贷担保措施。为了提高购房家庭一次性支付能力,联合市住房公积金中心和商业银行创新按揭贷款业务,由市住房公积金中心和商业银行提供贷款、住房担保公司担保、住房保障部门托底的方式支持购房人购买共有产权房,解决购房能力弱的问题。目前,协调了江苏银行为共有产权购房家庭提供贷款。

三是优化共有产权份额调节机制。从2013年起,根据购房家庭承受能力,进一步调低个人出资最低份额比例,同时不设置个人最高出资份额,即个人出资可在不低于60%的范围内自行选择出资的具体份额。

四是提高优惠幅度,调整共有产权住房购买对象购买政府产权的优惠期限。优惠年限由5年改为8年,即自房屋交付之日起8年内购买的,按原配售价格结算,8年后购买的,按届时市场评估价格购买。同时调整政府产权对应的住房使用权无偿让渡给共有产权住房购买对象的期限,由5年不向购买对象收取租金改为8年。

五是动态调整收入线准入标准。每年对共有产权房保障家庭的收入线标准进行动态调整,2014年以前按照不低于上年度城镇人均可支配收入的80%确定,从2014年开始按照不低于上年度城镇人均可支配收入的100%确定,不断扩大保障范围。

六是改实物配售为实物配售与货币补贴并举。淮安在坚持通过政府集中建设、分散配建、市场收购的方式筹集共有产权房房源出售给保障对象的同时，从2014年起，积极探索货币补贴助购方式向保障对象提供共有产权房。即由政府向保障对象提供货币补贴，保障对象直接到市场自主购买普通商品住房，形成共有产权房，出资份额可在保障对象出资不低于60%、政府出资不高于40%的条件下，由保障对象自行选择。为了引入社会资本，淮安市还采取政府和企业共同出资方式，向保障对象提供支持，共同购买普通商品住房，形成共有产权房。个人、企业、政府三方共同出资的，个人出资不低于70%，企业、政府出资分别不高于20%、10%的份额；个人与企业两方出资的，个人出资不低于70%。

七是改单一租住为先租后售。为进一步盘活政府积淀资产，改进退出机制，变硬性退出为柔性退出，政府出租给保障对象的成套公租房，在保障对象住满两年后，可由保障对象根据自身条件按照出资不低于60%的份额申请购买，形成共有产权房。申请购买的价格为市场评估价。

八是不断扩大保障对象范围。将保障对象由市区城市居民扩大到新就业人员和进城务工人员。在坚持向市区城市中等偏下收入家庭和棚户区改造中的住房困难家庭提供共有产权房的基础上，将新就业人员和进城务工人员纳入共有产权住房保障范围。大中专院校毕业不超过8年、具有市区城市居民户口的无房新就业人员可以申请货币补贴，助购一套普通商品住房，形成共有产权住房，也可以申请实物配售一套共有产权住房。新就业人员与城市居民的最大不同就是对收入没有限制，主要是着力解决"夹心层"住房问题。同时进一步解决进城务工人员的住房问题，对淮安市户籍人口到市区务工并在市区连续缴纳城镇职工基本社会保险2年以上、家庭人均年收入不高于上年度城镇人均可支配收入的在市区无房人员，以家庭为单位申请货币补贴，助购一套普通商品住房，形成共有产权住房，也可申请实物配售一套共有产权房。让进城务工人员进得了城、住得上房、站得住脚，进一步促进城镇化和城乡一体化。同时放开市区城市无房居民购买政府建设的共有产权住房的收入限制，也就是说，只要是具有市区户籍的无房居民，不论收入高低，均可购买政府建设的共有产权房。

表3 共有产权住房申购条件

城市中等偏下收入 住房困难家庭	新就业人员	进城务工人员
➢ 具有市区城市居民户口两年以上； ➢ 家庭人均月收入不高于2342元； ➢ 家庭人均住房建筑面积不高于 16 m²，且无其他房屋； ➢ 申请人与共同申请人之间有法定的赡养、抚养或者扶养关系； ➢ 家庭财产不得高于规定额度。	➢ 具有市区城市居民户口； ➢ 具有中专以上学历； ➢ 自毕业的次月起计算，毕业不超过八年； ➢ 已与市区用人单位签订劳动合同或者聘用合同，并参加市区城镇职工基本社会保险； ➢ 申请人与共同申请人之间有法定的赡养、抚养或者扶养关系，且在市区无私有房产。	➢ 已与市区用人单位签订劳动合同或者聘用合同； ➢ 在市区连续缴纳城镇职工基本社会保险两年以上； ➢ 申请人与共同申请人之间有法定的赡养、抚养或者扶养关系，且在市区无私有房产； ➢ 家庭人均月收入不高于2342元。

九是向共有产权房个人提供救济。在共有产权期间，共有产权个人因治疗重大疾病和伤残等急需退出共有产权房的，或无力偿还个人产权部分贷款的，由个人提出申请退出，同时按照规定定向向其提供公租房；或者调减个人产权份额，调减的产权份额由政府按原配售价格回购。

2.3 坚持市场化原则

这里包括五个方面：

一是建设用地市场化。政府集中建设、分散配建的共有产权房的用地均通过土地市场正常交易，以出让方式取得，同时项目以经济适用房名义办理立项、规划等基本建设手续，享受经济适用房等政策优惠，因其土地性质和使用法律，决定了共有产权房的性质是政策性普通商品住房。

二是补贴助购房源市场化。政府向保障对象提供货币补贴，由保障对象根据自己家庭的生活和工作情况在市区(不含淮阴区、淮安区、洪泽区)范围内自主购买普通商品住房，不设置货币助购房源定向目录，形成共有产权房，充分利用市场资源。

三是共有产权房价格市场化。一方面，政府集中建设、分散配建的共有产权房配售价格与普通商品房市场销售价格挂钩(比同时期同地段普通商品房住房市场价格低 5%～10% 左右,体现政府让利);另一方面,政府补贴助购房源价格完全市场化。

四是上市交易市场化。共有产权保障对象购买房屋后,可以与普通商品住房一样上市交易,共有产权房的所有产权人按照各自的产权份额分成出售所得。

五是物业服务市场化。政府集中建设的共有产权房项目与商品住房项目一样,通过招标方式选择物业服务企业提供服务。共有产权房公用部位和共用设施设备专项维修资金、物业服务费用、房屋使用责任,由购房家庭承担,发生具体维修事项纳入小区的物业管理。

2.4 坚持保障对象得实惠原则

从四个方面体现保障对象得实惠:

一是保值增值。淮安共有产权住房的土地性质为出让,让购房人拥有财产性收入的可能性。

二是政府让利。购房人在八年内按原配售价格增购政府产权,政府向购房人让渡了八年内增值收益、租金和利息。

三是保障面积标准不断提高。共有产权保障面积标准由以前的人均建筑面积 16 m^2 逐步提高到目前的 24 m^2,保障家庭明显得到实惠。

四是信贷担保助购。向购房人提供住房公积金和商业银行的按揭贷款助购措施,政府的住房保障实施机构以提供担保的方式支持购房人购买共有产权住房。

2.5 坚持可持续发展原则

从四个方面保证共有产权房可持续发展:

一是加强组织经费保障。市委市政府将共有产权房工作列入年度县区科学跨越发展目标,作为住房保障体系健全率考核指标的内容,强化对共有产权房工作目标的责任管理。建立共有产权房发展资金,即与市区共有产权住房供应规划和年度计划及经济发展情况等因素相对应的发展资金,作为政府产权出资来源。主要从市级财政预算安排、住房公积金增值收益在提取贷款风险准备金和管理费用后的部分、土地出让收益的一定比例、地方政府债券资金等渠道筹集。每年市财政统筹安排不低于1亿元。

二是强化政策支持,落实税费减免政策。对共有产权房等保障性安居工程建设,一律免收城市基础设施配套费等行政事业性收费和政府性基金。配售共有产权房的实施机构、企业以及购房个人,享受经济适用房税收政策。个人一次性购买或分期购买政府和企业相应份额产权的,免收房屋权属登记、土地使用权登记费。

三是加大住房公积金支持力度。共有产权住房购买人,可以提取本人及其直系亲属的住房公积金;可以用本人及其直系亲属缴存的住房公积金,偿还个人住房贷款。

四是坚持绿色发展。绿色建筑是绿色经济的重要组成部分,在共有产权房建设过程中,要坚持绿色发展理念。政府建设的康居花园等保障性安居工程按照绿色一星标准规划、设计和建设,高层建筑应用太阳能技术,选用阳台壁挂自然循环式太阳能热水器,集热器与水箱分离并采用智能化控制系统,使太阳能与建筑一体化,住户可享受智能、方便的绿色热水,解决了高层住宅不能使用太阳能热水器的难题。同时小区道路照明等公共用电也全部采用太阳能发电。

3 淮安市公租房与共有产权房的转换机制

淮安市在共有产权房试点工作基础上,进一步创新出了公共租赁住房的先租后售,实现了公共租赁住房向共有产权房的转换,不仅可以盘活政府沉淀资产,而且使保障对象可以根据自身经济情况自由选择,无缝衔接。

3.1 公租房房源

自2008年以来,淮安市由市政府投入的公租房(廉租房)一般在保障房项目中配建,从 2014 年开始,通过收购普通商品房作为公租房。2014 年市住建局会同市财政局、物价局出台了《淮安市市区公共租赁住房社会化收储管理暂行办法》,规定政府从市场上收购限定户型面积和房价或租赁限定户型面积和租金的成套住房,作为公租房,以优惠价格配租给住房保障对象。公租房社会化收储的具体工作由市住房保障中心实施。在具体实施过程中,住建、物价、财政、审计等部门成立工作小组,制定公租房收购方案,经市政府同意以政府采购形式进行。通过政府采购,购买符合公租房条件的存量商品房作为公共租赁住房。两年来,共消化市区存量商品房 740 套,共计 4.7 万 m^2。

3.2 公租房转换为共有产权房

淮安公租房实行先租后售形式,租赁满 2 年后,保障对象可以根据自身条件按照出资不低于 60% 的标准申请购买承租的公租房,形成共有产权房。申请购买的全价为市场评估价。

具体价格通过评估形成,即通过公开报名方式选择三级以上资质的房地产评估机构建立评估机构库,由购房人通过抽签方式选择评估机构,原则上一个小区抽取一个评估机构来评估公租房出售基价,同时再考虑楼层系数。

目前,申购共有产权住房保障面积标准为人均建筑面积 24 m^2,在保障面积内的,按照 6∶4 结算个人房款;超面积部分,由购房人按完全产权购买。

3.3 公租房出售运营管理

(1) 申请购买。凡承租成套公共租赁住房的保障对象,可携带身份证、户口簿、户籍证明、婚姻证明到市住房保障中心提出申请。核准后,可以家庭为单位,申请购买承租的公共租赁住房。

(2) 权属交易。申购人与市住房保障中心签订《二手房买卖合同》,并在合同上约定个人和市保障性住房建设管理中心产权份额、上市交易、收益分成、专项维修资金、物业服务费用、安全使用责任与共有产权各方的权利和义务。申请住房权属登记的,经登记机关登记确认,记载于不动产登记簿,在房屋所有权证上应明确记载住房的产权份额。

(3)产权增购。购房家庭可以分期购买政府产权,形成完全产权;也可以不购买,一直用于自住。在共有产权期间,政府产权对应的住房使用权无偿让渡给共有产权购买家庭,不向购买家庭收取租金。

(4)收益分配。公租房按共有产权房形式出售后,收益按共有产权房执行。即自房屋出售之日起 8 年内购买政府产权的,按原配售价格结算;8 年以后购买的,按届时市场评估价格(不含房屋装修费用,同时须经共有权人确认)购买。在共有产权期间,购买家庭出售共有产权房时,按产权份额分成出售所得(为购房家庭和政府产权代表人共同认可的评估机构的评估价格),政府产权收益纳入保障性住房专项资金账户进行管理。

4 淮安市共有产权住房项目运作实例及存在问题

4.1 项目实例

淮安共有产权房以经济适用房项目进行立项,纳入省市年度目标任务,享受经济房优惠和支持政策,再由项目责任主体进行挂牌上市,扣除上交省土地出让规费后的土地出让金,全部由市财政拨付市住房保障中心,净收益部分作为政府产权部分的出资来源。

目前实物配售类型中,共建成共有产权住房项目 8 项,项目分布于清河区、清浦区以及开发区,保障户数规模最大的项目为福星花园,达到 258 户,表 4 汇总了已建成共有产权住房项目实物配售的保障成效。

表 4 淮安市共有产权住房项目实物配售保障情况

项目名称	区域	保障户数	面积(m²)	销售基准价(元/m²)	保障类型	建成时间
新新家园		140	13441.06	3300	实物配售	2005
福星花园	清河区	258	17207.33	3320	实物配售	2011
和达雅苑		196	15647.16	3380	实物配售	2012

续　表

项目名称	区域	保障户数	面积(m^2)	销售基准价（元/m^2）	保障类型	建成时间
东湖怡景苑	开发区	11	875.4	3100	实物配售	2014
洪福小区	清河区	93	6333.84	3380	实物配售	2014
淮钢二期	清浦区	3	198.42	3200	实物配售	2014
南浦佳园		31	2495.23	3150	实物配售	2015
康居花园		14	1216.47	4270	实物配售	2015

注：2016年10月8日，撤销清河区、清浦区，合并设立淮安市清江浦区。

这里选取"淮钢二期"，简要介绍其项目运作方式。

(1) 项目规模。该项目位于站场路南侧、枚皋路北侧、西安路东侧、清浦区行政中心西侧，总占地面积202亩，其中保障性住房占地面积137亩，总建筑面积14万 m^2，保障性住房房源1414套（廉租房376套，共有产权房1038套），计11.1万 m^2。

(2) 土地出让。采取"限房价、竞地价"土地挂牌的方式，通过项目法人招标进行市场化运作。土地挂牌条件为：地块竞得者所建多层部分房源由保障中心回购，回购价格为1990元/m^2（不含维修基金和管道煤气，不分楼层系数，统一价格），半地下车库600元/m^2，同时地块竞得者须将回购部分的多层住宅顶层以上阁楼无偿提供给保障中心。保障中心以低于成本的价格回购房源，地块竞得者通过配建的1万 m^2 商业用房和自行销售的7000 m^2 房源以及剩余的65亩土地运营来平衡其项目资金。

该地块2010年12月由新兴发展江苏投资管理公司摘牌并负责建设，摘牌总价为12700万元，由市财政扣除上缴省级土地出让规费后将11129万元土地出让金返还至保障房资金专户，专项用于保障房建设和回购。

(3) 产权比例。1038套共有产权房中，申购人可在个人出资不低于60%的范围内自主选择个人和政府产权比例。

(4) 资金来源。政府共有产权部分资金共计5911万元，主要来源于以下几个方面：一是土地出让金溢价部分，市财政返还淮钢二期土地出让金11129

万元,其中保障中心用于土地整理投入资金为6383万元,4746万元的溢价部分显化为政府资金。二是税费及政府性基金优惠减免部分,即城市基础设施配套费105元/m²,计1165万元,显化为政府资金。

4.2 存在问题

(1) 保障家庭规模不大。截至2016年8月31日,共有产权房保障总数仅为1291户,共有产权房申请家庭相对较少。原因考虑有以下几点:淮安市是人口净流出地区,很多农村劳动力选择到江南等经济较发达的地区工作,在淮安本市工作、购房的较少;部分困难家庭无力购买,选择政府提供的公租房货币补贴或实物配租保障;目前房地产市场形势趋冷,很多领了共有产权房供应证的家庭持观望态度;城镇棚户区改造力度不断加大,很多住房困难家庭通过棚改改善了住房条件。

(2) 个人信贷支持力度不够。部分家庭购房能力不足,自有产权部分仍需申请银行贷款购买,但在申请房屋按揭贷款审批时受年龄、收入等条件限制,银行不愿意承担风险,导致购房家庭贷款困难。目前市区仅与江苏银行达成共有产权住房合作协议。

(3) 经费来源不明确。虽然目前建立了共有产权住房发展资金,主要从市级财政预算安排、住房公积金增值收益在提取贷款风险准备金和管理费用后的部分、土地出让收益的一定比例、地方政府债券资金等渠道筹集,但是缺乏相关政策文件明确共有产权住房建设资金的来源渠道。

5 进一步发展共有产权住房的建议

淮安模式是在我国住房市场日益多元化、政府与市场充分合作的前提下进行的政策创新。它回答了在房价高、经济适用房等政策性住房政策存在弊端和部分中低收入夹心层人群住房需求得不到满足时政府应该扮演的角色问题。现阶段为共有产权发展初期,政府需要做好共有产权定位以及顶层设计,未来随着共有产权模式的逐渐推广,政府应尽量减少介入,加快培育非营利机构来承担共有产权住房的运作,逐渐替换政府在发展共有产权住房中的角色。公平与合理是政策制定的重要原则之一,同时应避免寻租和牟利,坚持市场化运作,体现政府支持,实现共有产权住房模式的发展。

5.1 培育市场运作主体

(1) 开发企业参与共有产权的方式。淮安市已出台政府和企业共同出资、向保障对象提供支持、共同购买普通商品住房形成共有产权房的相关政策文件。然而实际操作中还并未有企业参与共有,短时间内企业对此可能会持观望态度,然而良好的政策支持是增强企业积极性的最好助推剂。一是政策优惠,税费减免。二是开发企业产权证券化。现金流是开发企业最看重的问题,共有产权模式让开发企业短时间内无法收回资金,政府可以鼓励开发企业将自己拥有部分的产权通过证券化的方式进入市场流通,使其资金回笼,获得资金的持续利用。虽然项目开发完后项目公司解散,但可由母公司的行政单位来处理后续产权增购事项[1]。

(2) 培育非营利性组织,形成政府与个人之间的桥梁。党的十八大关于房地产市场和住房问题的政策转向"让市场在资源配置中发挥决定性作用",这就要求政府要减少行政性管控和干预,更多发挥监管和服务作用。英国住房体系的成熟得益于政府、住房协会(非营利组织)和私营企业之间的配合,私营企业主要针对高收入群体,非营利组织主要服务于中低收入人群,而政府则集中精力保障最低收入群体的基本住房需求。可见,非营利组织在这个体系中发挥了重要的作用,它可以弥补政府和市场的某些不足,成为它们之间的缓冲剂,同时,在个人与政府共有的情况中,个人容易形成福利依赖。目前淮安对政府产权部分不收取租金,一方面原因是让利于民,另一方面也是源于租金收缴困难。非营利组织承担部分共有产权住房的运作后,在共有产

---

[1] 李梅. 发展共有产权住房问题研究[D]. 武汉:华中师范大学, 2015.

权住房推行的后期,其职责就可以包括租金收缴等后续管理事项。

5.2 市场定价及产权明确

目前淮安市对个人拥有产权份额实行灵活选择模式,即个人可在不低于60%的范围内,且不设置最高份额,自行选择出资份额。为进一步明晰产权及体现政府优惠,在此列举公式以演示:

1. 共有产权住房实物配售产权份额

$$E1 = A \div [B \times (1-C)]$$
$$E2 = 1 - E1$$

其中:

E1、E2 分别代表个人产权份额、政府产权份额;

A 表示个人出资额(在保障面积内的,出资不低于60%;超出面积部分,按完全产权购买);

B 表示同期同地段同类普通商品房价格;

C 表示政府提供的房价优惠百分比。

2. 共有产权住房货币补贴产权份额

$$E1 = 1 - E2$$
$$E2 = F \div G$$

其中:

F 表示货币补贴额;

G 表示购买该房屋总金额。

从公式中可以很清晰地看出:第一,在实物配售模式中,政府在房价上优惠于民,即公式中的C,目前淮安的比例为5%～10%;而在货币补贴模式中,则完全市场化。第二,对于政府产权部分,目前实行方案为不收取租金,即相当于政府为个人提供了一笔为期8年的无息贷款。第三,首付款的减少以及政府为购房者提供贷款担保,使得部分原本无法贷款的购房者可以申请贷款,大大减轻了购房压力,体现了政策支持。当个人与企业、政府三方共有时,政策的优惠体现同上。

针对目前淮安市共有产权住房申请家庭数量不多的问题,未来可在个人最低出资比例(目前为 60%)、保障面积标准(目前为 24 m²)、房价优惠(目前为 5%～10%)以及贷款时的首付比例、还款时间上进一步放宽标准,加大优惠幅度。

5.3 绩效评估机制与风险防控机制

针对上述申请家庭数量不多的问题,除进一步放宽标准、加大优惠幅度外,还应建立绩效评价机制。政府应按照企业化经营的模式,按照市场化运作的原则,负责保障房项目资金筹措、建设和运营管理工作,提高公共资源的使用效率。建立共有产权住房政策绩效评估机制,充分了解保障需求,提高保障效果,提高居民满意度。

共有产权住房具有商品属性且市场化运行特点鲜明,应防范来自房地产市场蔓延的风险。例如房地产市场下行,影响居民购买共有产权住房,导致共有产权房贬值,金融机构减少对保障房项目的房贷和投资规模等。因此,共有产权住房制度需建立风险防控机制。主要包括:一是建立保障性住房贷款偿贷保障机制;二是建立保障性住房金融风险分担机制;三是完善保障性住房项目贷款担保制度[①]。

5.4 制定住房银行相关法律法规

兵马未动,粮草先行。在成立国家住房保障银行之前,应该抓紧制定和出台相关法律法规,学习和借鉴国外先进的经验和普遍做法。在住房问题解决较好的国家,大多都有专门的政策性住房金融法,如日本依据《住宅金融公库法》于 1950 年 6 月设立住宅金融公库;美国依据《1932 年住房贷款银行法》建立了联邦住房贷款银行体系;以及英国的《住房协会法》、德国的《民房建设资助法》、韩国的《住宅建设促进法》等。相关法律对政策性住房金融机构的

---

① 刘远胜.市场化背景下共有产权住房制度的创新与发展——以江苏省淮安市为例[J].产业与科技论坛,2015,14(21):32-33.

创设目的、法律地位、资金运用、业务范围、资金来源、融资原则、国家信用支持和优惠政策、组织体制、监督检查机制、法律责任等方面进行了法律规范和规定[①]。同时,围绕政策性住房保障银行的性质特征,构建其外部差别监管体制,以政策实现度评价为重点,从社会、经济、生态环境三个系统和经营绩效、公共绩效两个维度,设计国家住房保障银行绩效考评与标准化监管指标体系和计分模型,实现依法监管。

参考文献:

[1] 李梅.发展共有产权住房问题研究[D].武汉:华中师范大学,2015.

[2] 刘远胜.市场化背景下共有产权住房制度的创新与发展——以江苏省淮安市为例[J].产业与科技论坛,2015,14(21):32-33.

[3] 李海涛.完善共有产权住房制度设计的若干构思[J].现代城市研究,2016(4):82-87.

[4] 华红梅.建立我国政策性住房金融机构的构想[J].金融教学与研究,2015(3):40-41.

---

① 华红梅.建立我国政策性住房金融机构的构想[J].金融教学与研究,2015(3):40-41.

住房和城乡建设部科技项目(2015 - R4 - 007)
专题研究报告三

共有产权房权属登记与取得方式研究

南京市住房保障和房产局
南京大学金陵学院
南京大学房地产事务研究所

共有产权房制度,顾名思义,就是指个人与政府共同拥有一套房子的产权。政府将用于经济适用房建设的财政性支出转化为投资,并且按投资比例拥有房屋的产权和部分权利。2014年共有产权被写入政府工作报告,时任住建部副部长齐骥同志特别要求,试点城市要进一步完善试点方案,特别强调要确保公平公正,并在此基础上,探索建立符合国情的保障性住房供应体系。有关"健全符合国情的住房保障和供应体系",被写入三中全会决定中,亦成为未来楼市调控长效机制的基本原则。

本课题首先阐述了共有产权住房的内涵及特征,对其产生背景、法律性质、用途目的、产权主体等进行了研究;然后结合我国目前的相关法律现状,从共有产权住房的法律适用性、权属登记类型与程序、取得方式类型等方面探讨目前现状、问题及原因;最后提出南京市共有产权房应遵循和完善的原则及制度。

1 共有产权房的内涵及特征

共有产权房是指由政府与个人共同出资,并按比例获得住房产权的保障性住房,是在房地产行业发展新阶段下对传统经济适用房制度的继承、发展和创新,属于保障性住房的一种新类型[1]。

所谓共有产权房,是指政府与购房人共同拥有房屋产权,即将政府用于建设保障性住房的财政性支出(主要包括减免的土地出让金及有关的配套等费用)转化为投资,政府按投资比例拥有保障性住房部分产权,并取得房屋的占有、处分、受益等相应权利;而符合申购保障性住房条件的购房者则按自己出资多少一次性购买保障性住房的部分产权,余下房屋产权归政府所有;政

---

[1] 吴立群,宗跃光.共有产权住房保障制度及其实践模式研究[J].城市发展研究,2009,16(6):131-133.

府则收取较低租金将自身产权部分的房屋租给购房者使用。最终购房者与政府合股买房,双方按各自投入资金的比例计算各自的房屋产权面积,形成共有产权房。对受助购房者来说,自己出资的部分为个人产权房;政府出资的部分则是享受住房使用权的"使用权房"[①]。

1.1 共有产权房的产生背景

一直以来,我国政府将"居者有其屋"作为住房制度改革的基本指导思想。在这一思想的指导下,从 20 世纪 70 年代末开始,我国已对传统福利性住房制度进行过多次探索式改革。1998 年,在公房出售的基础上,政府提出了住房货币化分配的改革思路,充分利用市场机制配置房屋资源,满足居民住房需求。这一做法的目的是鼓励城市居民通过购买自住房,获得住房产权。同时,为保障中低收入家庭的住房权利,政府也逐步推行经济适用房制度。作为我国产权式住房保障制度的主要形式,2002 年以前,经济适用房制度在解决城市中低收入居民住房困难、改善居民居住质量等方面发挥了重要作用。但在 2002 年之后,由于自身的设计缺陷,再加上房屋价格持续上涨的因素,经济适用房制度逐步暴露出一些弊端,引起了社会的广泛关注。

由于传统经济适用房的售价较低(通常比市场价低五成左右),其升值空间巨大。因此,只要存在转售牟利的可能性,在法制不健全的情况下,单靠现有政策和制度,就不可能完全杜绝强势群体的非法侵占。在此情况下,部分学者认为,基于经济适用房在推行过程中产生的负面效应,应立即废除经济适用房制度,并大力推广公共租赁房。这样的看法有些偏颇,持此观点的人忽视了房屋产权作为财富的来源的重要意义。如果中低收入者无法获得住房溢价的收益,那么将加剧社会财富分配的不均衡。而共有产权房能够满足中低收入者凭借房屋产权实现财富保值或增值的需要,也可以有效抑制那些不符合准入标准的群体的强行"搭便车",因而一经推出,便获得了政府管理部门的青睐。

---

① 王子博. 基于产权理论的共有产权房制度分析[J]. 经济师,2014(7):68-70.

2007年,淮安市在江苏多个城市试行"划拨土地经适房共有产权"的基础上,为解决经适房"有限产权"界限不清、退出机制难以操作的问题及弊端,逐步推动以出让土地共有产权房代替划拨土地经适房,确立了购房家庭与政府7∶3和5∶5两种产权比例,并建立了"住房保障基金"专项用于回购及承担政府产权部分。这一新模式得到了国家相关部门的肯定。目前,共有产权房模式已经正式成为住建部推行的新型住房政策。

1.2 共有产权房的用途目的

1.2.1 解决中低收入人群的住房需求

共有产权住房制度对一些既不属于政策优惠对象、又负担不起商品房的群体提供了优惠。在共有产权住房政策实行之前,虽然实行了经济适用房、廉租房等保障性住房政策,但由于这些保障性住房政策的辐射人群较窄,导致部分需要住房的人群不能享受此类保障性政策。加之一些客观原因,导致这部分人群在获取商品房上存在障碍,最终无法解决住房问题。共有产权住房的辐射人群较广,对于负担商品房有困难的群体,能够更大幅度地解决其住房问题,促进社会矛盾的解决。

1.2.2 遏制牟利空间

政府与购房者共有权利,有助于减少行政机关寻租、避免购房者投机转租。在共有产权住房中,对于同一套房屋,有政府与购房者两个房屋所有者。一方面,在经济适用房、廉租房等保障性住房中,政府中某些人员可能利用其优势地位购入保障性住房,进行投机买卖,获得不正当收益。但在共有产权住房中,由于房屋购买者除了政府还存在中低收入家庭这一购房者,因此政府难以利用优势地位而便捷地投机买卖住房,从而减少了政府的腐败行为。另一方面,经济适用房、廉租房等保障性住房中可能有些购房者非政策辐射对象,而弄虚作假获得保障性住房,再加以买卖获得不正当收益。但在共有产权住房中,如果有购买者非中低收入家庭,即非共有产权住房的政策辐射对象,其即使弄虚作假获得共有产权住房,但在后期买卖过程中,受限于房屋的另一共有人——政府,将导致其房屋买卖受限,受到更多的来自政府的监督管理。

1.2.3 平抑过快上涨的房价

共有产权房缓解了一部分中低收入家庭的经济压力,保障了其拥有房产的权利,一定程度上有助于抑制房价上涨。而作为住房保障和供应体系的一部分,共有产权房体现了社会公平性,它将为转换房地产调控方式起到积极作用。

2 南京市共有产权住房发展现状分析

南京作为江苏省省会城市、长江下游重要的中心城市,是省内最发达的金融、贸易、信息中心和科教文化对外交往中心,对周边城市具有巨大的辐射功能和吸引力。因此,南京市相对于其他城市的特点在于城市人口密度大,其中的大部分又为具有高度流动性的外来务工人员和在南京各大高校求学的大学生。正是这种高密度、高流动性文化名城的特点造就了南京的共有产权住房特色。

2.1 南京市共有产权房的发展历史

南京市于2015年4月29日出台了住房保障体系转型"1+4"文件,即《关于推进南京市住房保障体系转型的实施意见》,以及四个配套政策文件:《南京市公共租赁住房和廉租住房并轨运行实施细则》《南京市公共租赁住房管理办法》《南京市保障性住房共有产权管理办法(试行)》和《南京市国有土地上住宅房屋征收安置办法》。新政策旨在推动住房保障品种从纷繁芜杂向规范统一转变;保障重点从征收拆迁安置向困难群体基本住房保障转变;保障房建设模式从集中为主向集中与分散并重转变;管理方式从粗放向精细转变,实现城市中等偏下收入住房困难家庭和被征收拆迁家庭住房应保尽保,以及对城市新就(创)业人员和外来务工人员住房有效支持。

2.1.1 "1+4"政策文件体系

"1+4"文件中,共有产权房是最受关注的热点之一。南京市现有经济适用住房、保障性限价住房、中低价商品房、产权调换房、拆迁安置房等保障房,品种繁多,政策也存在交叉。按照新的《南京市保障性住房共有产权管理办法(试行)》,这些购买型保障房将统一为共有产权房,即保障对象按出资金额比例与政府委托部门或机构按份共有产权。凡是符合条件的城市中低收入住房困难家庭、无房家庭和新就业人员都可按规定申购一套共有产权保障房。

2.1.2 首次保障房选房活动

根据《南京市保障性住房共有产权管理办法(试行)》,自2015年7月1日启动申请受理工作以来,截至目前,全市审核通过并公示的共有产权保障房申购对象共881户,2016年6月18日,南京市开展了首次共有产权保障房选房活动。

选房对象:经南京市房改办审核通过,并在2015年8月30日《南京日报》公示后无异议的共有产权保障房申购对象(本批次128人)。

房源地点:目前政府筹集的共有产权房全部分布在岱山片区1号、9号地块,投入房源按整栋整单元自东到西的原则,约1∶1.1配比。

销售单价:9925元/m^2(宁价服〔2016〕135号)。

选房流程:

(1)签到:申购人本人携身份证及相关材料在规定时间内到达选房地点进行登记、确认资格,进场后在工作人员安排下就座。如申购人本人不能到场,被委托人携带本人身份证原件、申购人身份证原件或复印件及《授权委托书》在规定时间内到达选房地点进行登记、确认资格,进场后在工作人员安排下就座。

(2)抽取顺序号:申购人根据公示顺序号的先后抽取选房顺序号,并办理确认手续。(例如:申购人抽取的球号为8,则该申购人第8名选房,以此类推。)

(3)选房:申购人携本人身份证原件按照所抽取的选房顺序号,在意向套型房源中进行选房,每户须在规定时间内完成选房,并办理确认手续。申购人如需更改意向套型,可在抽号选房结束后的剩余房源中进行选房。

（4）签约：申购人携本人身份证原件，凭选房确认手续，与开发商签订《认购协议书》。

（5）缴纳定金：申购人凭认购书，到财务组刷卡缴纳两万元定金（选房现场不接受现金支付）。

图 1　南京市首批共有产权保障房选房现场

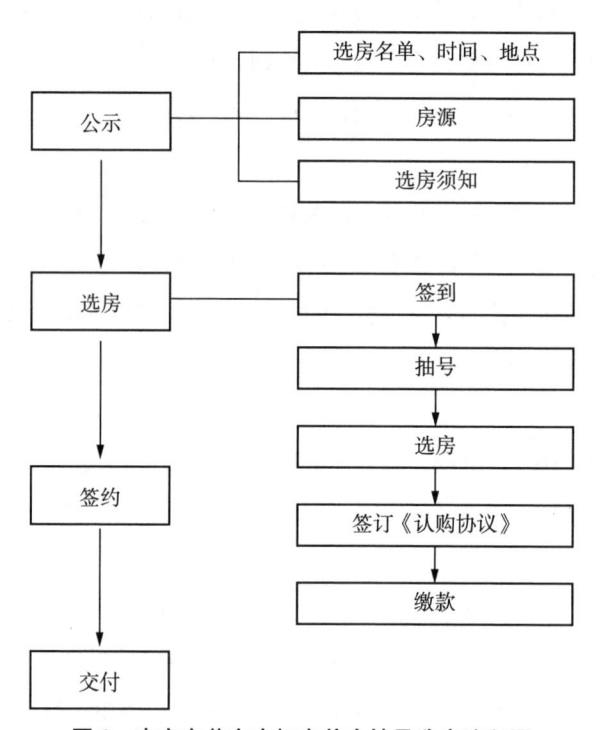

图 2　南京市共有产权房首次抽号选房流程图

2.2 南京市共有产权保障房发展的主要经验

南京市深入贯彻江苏省委、省政府"以共有产权模式改进经济适用住房制度"的改革战略部署,加快完善住房保障制度体系,多形式、多渠道解决城镇常住人口住房问题,加强和改进共有产权保障性住房权属管理,进一步消除利用保障性住房投机牟利空间,实现政府投入和回收的住房保障资源可持续用于解决群众住房困难。

2.2.1 科学合理的准入退出机制

南京市共有产权保障房的供应实行申请、审核、公示和轮候制度。对中低收入家庭的审核,实行严格的"三审两公示"制度,街道、区住房保障部门和区民政部门、市住房保障部门形成三级审核,其中街道审核通过和住房保障部门终审通过后,分别有一次公示。

在退出环节,对弄虚作假、隐瞒收入和住房条件等骗购共有产权保障房的家庭和个人,一经发现,由市住房保障部门取消其保障资格,责令限期退出房屋,逾期不退的,依合同约定予以追责。单位出具虚假证明的,由上级主管部门依法追究有关人员责任。

南京市共有产权住房的退出机制以"出口"反制"入口",限制了炒房等投机行为,从源头上避免滋生的寻租腐败问题,即使有人暗箱操作骗购共有产权住房,由于个人不拥有房屋的完全产权,社会住房保障资源也不至于完全流失。共有产权住房产权比例明确且有商品房性质,与购买普通商品房一样保值增值,解决了政府与民争利的不和谐状况。

2.2.2 保障对象覆盖面广

南京市共有产权保障房的保障对象是三类人群:一是符合条件的城市中低收入住房困难家庭;二是具有本市玄武区、秦淮区、建邺区、鼓楼区、栖霞区、雨花台区(以下称江南六区)户籍且在本市无房屋权属登记、交易记录的城镇居民无房家庭;三是具有江南六区户籍且在本市无房屋权属登记、交易记录,签订劳动合同且连续缴纳社会保险2年及以上,全日制院校本科及以上学历、毕业未满 5 年的新就业人员。

保障对象可分次购买共有产权保障房产权份额。首次购买的产权份额，城市低收入住房困难家庭不得低于 50%，城市中的偏低收入住房困难家庭不得低于 70%，其他保障对象不得低于 80%。

2.2.3 科学合理的定价

共有产权保障房供应价格实行动态管理，由市物价部门按照略低于周边同品质、同类型普通商品住房实际成交价格标准核定，并向社会公示。根据宁价服〔2016〕135 号文件相关规定，南京市首批共有产权保障房销售单价为 9925 元/m^2。

除保证了被保障群体有足够的支付能力外，当共有产权住房随着时间达到可上市年限的时候，共有产权住房即具有了完全的商品房属性。此时，就不能再完全依靠政府的制度和政策对共有产权住房的价格进行界定，权利承载体的可交易性质使保障性住房的产权效率发挥到极致。

2.3 共有产权房发展存在的问题

2.3.1 房源供给不足

目前，南京市四大保障房片区可供分配的房子共有 8.28 万套，其中公租房 2 万套、产权调换房和经适房近 5 万套，还有一部分廉租房。四大片区剩余房源，将先供应给已经确定的保障对象，可作为共有产权房的存量不足。共有产权保障房仍未选址新建，即使新开工建设部分房源，由于从开工到交付的周期较长，并且体量不大，不足以及时完全满足申购家庭的需求。

因此，南京市在《南京市保障性住房共有产权管理办法（试行）》中提出，可建住宅建筑面积在 5 万 m^2 以上的商品住房项目用地出让前，由市国土资源部门会同市规划、住房保障部门共同研究项目中配建共有产权保障房方案，报市政府土地出让与储备专题工作会议审定。在商品住房项目中配建共有产权保障房的，应当在项目用地出让合同中，明确配建共有产权保障房的建设总面积、单套建筑面积、套数、套型比例、建设标准、配合办理产权登记、建成后无偿移交产权等事项。在商品住房项目中配建的共有产权保障房建成后,建设单位应按约定移交给政府委托部门或机构。该做法进一步从商品房配建共有产权房的政策角度,缓解了共有产权房的房源紧缺问题。

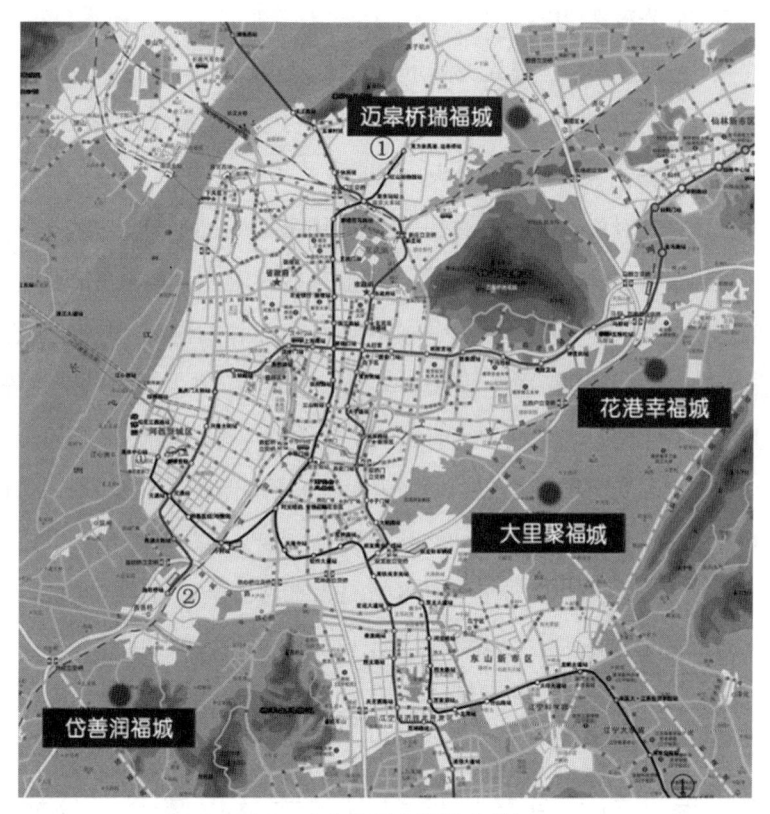

图3 南京市四大保障房片区

2.3.2 贷款问题需协商沟通

共有产权房并非完全产权性质,一套共有产权房有两个产权人。对银行而言,产权不明晰的房产,存在一定的金融风险,贷款申请一般不予接受。因此,保障对象在申请办理公积金贷款和商业贷款时会遇到一些银行金融政策上的阻碍,需要相关部门同公积金管理中心和金融机构进一步沟通协调。

《南京市保障性住房共有产权管理办法(试行)》中提出,购买共有产权保障房可以按照规定申请提取住房公积金,公积金管理部门应优先办理。目前,南京市住保办正在跟银行协商解决好保障对象的贷款难题,鼓励商业银行开发相关金融产品,为符合条件的保障对象提供信贷支持。为此,南京市房产局、金融办、公房管理中心、人民银行南京分行营业部、安居集团联合发布《南京市共有产权保障房购房贷款操作办法(试行)》,近期,市房产局牵头,会同相关贷款银行和安居集团制定有关共有产权保障房偿贷资金的管理办法。

2.3.3 保障对象界定难度较大

对住房保障对象的界定条件之一是上年度家庭收入,而界定收入本身就是一项较难的事情。有些群体表面上的工资收入很低,但还同时从事着其他劳动获得收入。另外,收入情况也不是一成不变的,如工作的变动,工资的上涨、下降,兼职劳动收入的增多、减少,家庭基本情况的变动如人口数量的变化等,都可能是随时变化的。这样的问题可能造成一个结果,就是保障性住房不能完全精准地覆盖到确实需要保障的群体,而表面收入不多但有其他隐形收入的群体可能搭了保障性住房的便车。加之我国银行、房产、信誉等综合性个人信息系统尚未建立,政府、社会对个人基本情况较难做出全面、真实的客观评价,因此对待保障群体是否需要保障、需要怎样的保障缺少明确判断。

3 南京市共有产权房取得方式及权属登记分析

2015年4月29日,南京市政府发布《南京市保障性住房共有产权管理办法(试行)》,规范了共有产权房的取得方式,规定共有产权保障房实行申请、审核、公示和轮候制度。

3.1 取得方式及审核标准

3.1.1 中低收入家庭申购共有产权房

同时满足下列条件的对象可以申请购买一套共有产权保障房:

(1) 具有江南六区户籍满 5 年的城镇居民；

(2) 家庭人均月收入在规定标准以下（现执行标准为：中等偏下收入低于 3074 元；低收入低于 1921 元）；

(3) 家庭人均住房建筑面积在规定标准以下（现执行标准为 15 m² 以下）；

(4) 家庭人均财产在规定标准以下（中等偏下收入家庭认定标准为：3 人户低于 20 万元,2 人及以下户低于 23 万元,4 人及以上户低于 17 万元；低收入家庭认定标准为：3 人户低于 15 万元,2 人及以下户低于 17 万元,4 人及以上户低于 13 万元）；

(5) 家庭车辆在规定标准以下（中等偏下收入家庭认定标准：拥有 2 辆以上或 1 辆价格超过 12 万元机动车辆的家庭不认定为城市中等偏下收入住房困难家庭；低收入家庭认定标准：拥有 2 辆以上或 1 辆价格超过 8 万元机动车辆的家庭不认定为城市低收入住房困难家庭）。

在申请购买时，需提供以下材料：家庭收入情况证明，房产证、公房租赁证等家庭住房状况证明，家庭成员身份证和户口簿，家庭成员婚姻证明，需提交的其他证明。

保障对象可分次购买共有产权保障房产权份额。首次购买的产权份额，城市低收入住房困难家庭不得低于 50%，城市中等偏下收入住房困难家庭不得低于 70%，其他保障对象不得低于 80%。自首次购买产权 5 年内，保障对象可根据自身需求，分次继续按原购买价格购买剩余产权份额；5 年后购买的价格根据届时市场评估价确定。

申购流程：

(1) 由申请人本人向户籍所在地（或实际居住地）街道办事处提出申请并提供材料，填写《南京市低收入（中等偏下收入）住房困难家庭认定申请审批表》，并签署《诚信承诺书（授权书）》；

(2) 街道办事处应当自受理之日起 20 个工作日内，全面核查申购家庭的人口、户籍、收入、住房、财产、车辆等信息,提出初审意见,并在社区内公示10日。经公示无异议或异议不成立的,街道办事处应将初审通过的家庭申请材料、初审意见和公示情况一并报送区住房保障部门;

(3) 区住房保障部门自收到街道报送材料之日起20个工作日内完成申购家庭住房状况审核认定。审核通过的,将相关材料转送区民政部门;

(4) 区民政部门自收到区住房保障部门转送的申请材料之日起20个工作日内完成申购家庭经济状况审核认定。对拟认定的住房困难家庭,区民政部门在《南京市低收入(中等偏下收入)住房困难家庭认定申请审批表》上签署收入认定意见,并将申请材料和认定意见集中转交区住房保障部门;

(5) 区住房保障部门自收到区民政部门反馈意见之日起10个工作日内提出初步审核意见,将通过审核的家庭的材料集中提交市住保办;

(6) 市住保办自接到区住房保障部门初审意见之日起30日内完成审核工作,对符合申购条件的家庭登报公示。经公示无异议或异议不成立的,即可批准申购家庭取得轮候资格,待购共有产权保障房。经审核,不符合申购条件的,书面通知区住房保障部门,由区住房保障部门送达申请人,并说明理由。申请人对审核结果有异议的,可以申请复核。

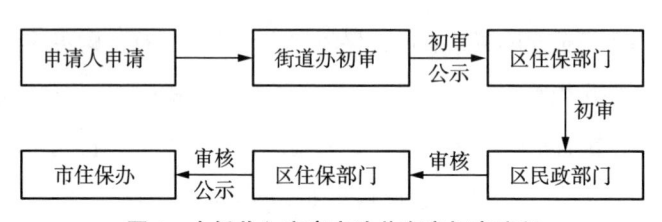

图 4 中低收入家庭申购共有产权房流程

3.1.2 首次置业家庭及新就业人员申购共有产权房

同时满足下列条件的对象可以申请购买一套共有产权保障房:

(1) 具有江南六区户籍且在本市无房屋权属登记、交易记录的城镇居民无房家庭可购买一套共有产权保障房。

(2) 具有江南六区户籍且在本市无房屋权属登记、交易记录,签订劳动合同且连续缴纳社会保险2年及以上,全日制院校本科及以上学历、毕业未满5年的新就业人员,同时具备前列条件,可购买一套共有产权保障房。

需要提供的材料包括:家庭成员身份证和户口簿、家庭成员婚姻证明,新就业人员须提供学历证明及当前劳动合同、社会保险缴费证明等,需提交的其他证明。

申购流程:

(1) 申请人携带相关申购材料至市住保办提出申请;

(2) 市住保办集中审核,将审核通过的名单予以公示,经公示无异议或异议不成立的申请人家庭进入轮候。经审核,不符合规定条件的,书面通知申请人并说明理由。申请人对审核结果有异议的,可以申请复核。

轮候期间,申请人家庭收入、住房、财产、车辆等情况发生变化的,应及时向申请部门或单位报告,由市住保办、区住房保障部门、区民政部门重新确认保障资格。一经查实不符合保障条件的,立即取消其轮候资格。

3.2 共有产权房的权属登记

在我国,法律上,根据物权法、民法"一物一权"的原则,一处房产法律只承认一个所有权,但一个所有权可由一个民事主体所独有,也可以由两个或者两个以上的民事主体所共有,这就为共有产权制度奠定了法律基础。《中华人民共和国民法典》第二百九十七条规定:"不动产或者动产可以由两个以上组织、个人共有。共有包括按份共有和共同共有。"第二百九十八条规定:"按份共有人对共有的不动产或者动产按照其份额享有所有权。"这些规定表明,政府作为法人成为房屋权利人,按投资额成为保障房的按份共有人之一并领取《房屋共有权证》,从现行法律制度上说是可行的。

3.2.1 权属登记流程

保障对象购买共有产权保障房后持"通知书"、《购房合同》等必备要件按规定办理权属登记。房屋、土地登记部门在办理权属登记时,注明"共有产权保障房"、土地性质、购买价格及保障对象持有的产权份额。保障家庭应按照规定办理共有产权权属登记,产权证书应注明共有产权面积、比例等情况。保障家庭或人员在购买实施共有产权经济适用房、限价商品住房、利用货币补贴购买普通商品住房或安置房时,应按有关规定缴纳个人产权部分的契税。

3.2.2 产权比例分割

实施共有产权的保障性住房个人产权比例原则上不低于50%。保障对象可分次购买共有产权保障房产权份额。首次购买的产权份额,城市低收入住房困难家庭不得低于50%,城市中等偏下收入住房困难家庭不得低于70%,其他保障对象不得低于80%。自首次购买产权5年内,保障对象可继续按原购买价格购买剩余产权份额,5年后购买的价格根据届时市场评估价确定。需要强调的是,保障对象取得完全产权份额前,共有产权保障房不得擅自用于出租经营,不得改变房屋用途。保障对象使用共有产权保障房期间购买其他住房的,应先取得共有产权保障房完全产权,或按照约定退出个人拥有份额。此外,自购房发票记载时间5年后,经共有产权人同意,共有产权保障房可上市交易,交易价格按届时市场价执行。

3.2.3 产权回购及上市交易

保障家庭在取得共有产权保障性住房后,可通过一次性付款或分期购买政府产权,并按有关规定缴纳相应面积的契税,从而最终拥有完全产权,具体购买价格由当地价格主管部门会同住房保障部门确定。保障家庭取得完全产权后,如房屋的土地性质是采取划拨形式的,应变更为出让形式,权属登记部门应及时予以办理变更登记手续。

共有产权保障性住房5年内不得上市交易,因特殊原因确需转让的,应优先由当地住房保障机构按照原购房价格回购个人持有份额;满5年上市交易的,可参照当地同区域、同品质普通商品住房交易均价进行评估(房屋装修等费用除外),并按产权比例进行分割后,方可上市交易。

4 南京市共有产权房发展的对策分析

坚持政府主导、市场运作,加大政府对共有产权保障性住房建设的投入,制定和落实引导、鼓励社会力量参与建设和管理的政策措施,更好地发挥市场机制作用;坚持因地制宜、分类指导,根据各地住房市场发展阶段性、区域性特征,加强分类指导,有序组织实施,不搞一刀切;坚持规范运营、进退有序,建立健全管理机制,对保障对象实行动态管理,严把准入和退出关,确保各类信息公开;坚持产权清晰、收益分享,明确政府和个人产权比例,共同承担房产收益和风险。

4.1 探索 PPP 融资模式,解决政府资金难题

将 PPP 模式引入共有产权保障性住房项目建设,政府不需要一次性投入大量财政资金用于保障性住房建设,而只需要支付每月的租房补贴及数年后部分产权的购买费用就能保证共有产权保障性住房项目的正常运作,扩大了受保障人群的范围,实现现有保障性住房供应体系的全覆盖。且 PPP 模式能够运用企业成熟的资金运行能力及丰富的项目管理经验等优势,为项目建设运营降低成本,同时,受保障人群本身的住房成本并未因此发生改变,也能共享住房增值收益。有了产权关联,提升了受保障人群的责任感,有效降低项目维护成本。对于私营部门而言,享有政策奖励、税收优惠,其社区配套也拥有稳定的客群,企业也没有产权销售的压力,因此,私营部门能通过发挥自身项目管理的经验优势获取稳定的投资收益。公私双方通过合理的风险配置,发挥各自优势,实现利益共享,更好地满足社会公众对保障性住房的需求,最终达到"共赢"状态,更好地推动我国保障性住房的健康可持续发展。

(1) 推动 PPP 立法及条例的工作。规范、详尽的法律是促进共有产权住房 PPP 模式的基础。以国家层面的 PPP 法律制度为基础,出台相关配套的

PPP实施指南及合同示范文本,为PPP模式发展提供良好的法律环境。(2)建立相关专业机构。目前我国负责共有产权住房管理的是各地住建部门,政府部门作为利益相关方和监管方,当公私双方发生争端时易损害私营部门合法权益,因此在共有产权住房PPP模式实施过程中,房屋销售价格及租金的确定均需要引入第三方评估机构,应推动建立相关专业机构,确保PPP项目有序运作。(3)加强PPP专业人才培养。共有产权住房PPP模式的实施涉及多方利益主体,涵盖合同、房产开发、工程技术、法律等多学科知识,合同关系复杂,特许经营期较长,对参与各方专业素质要求高。而当前PPP项目实施尚不成熟,缺乏足够的专业人才,在私营部门选择、特许经营期确定、争端解决机制方面决策能力较弱。因此应加强对政府部门和企业人员的培训,为PPP模式推广奠定人才基础。

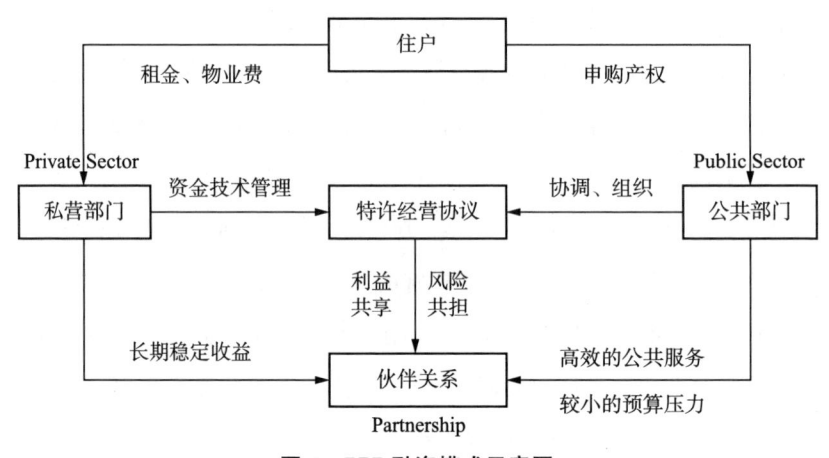

图5 PPP融资模式示意图

4.2 采取预购形式加大共有产权保障房供应量,精简申请流程

南京市共有产权保障房的建设也可参考商品房的"期房"方式去构建,共有产权保障房的建设与申请准入程序同时进行,既节约时间,减少保障群体等待入住房屋的时间,又可在预购合同签订的同时,吸纳共有产权保障房的房屋资金,保证共有产权保障房建设资金现金流充足。共有产权保障房的建

设初衷就是为了满足"夹心层"群体的居住需求,因此,在申请门槛上,应该考虑到这部分人群的受教育水平和实际能力,精简准入的申请要求,尽量用互联网形式缩减申请递交材料,提高行政办事效率。除了缩减申请材料外,缩减申请流程,将提交申请到实际入住控制在合理的时间内,让真正等待居住的保障人群不放弃申请。

4.3 建立共有产权房综合信息平台,实行封闭式管理

针对目前存在的保障对象难以界定、公权力寻租、上市交易收益分配不规范等问题,通过对监督管理制度的各个环节进行优化组合,发挥制度方面的最大效率。

1. 建立共有产权房综合信息平台,科学、合理分配房源

建立共有产权房综合信息平台,与一定地域范围内(如全省或全市)的房屋信息系统联网,实现信息共享和互查。由工商、民政、税务、交通、公安、社保、辖区居委会等多部门参与,对申请者信息进行联合审查。条件允许的试点城市可考虑与银行、证券等金融机构联网。规定首次申请最低出资标准,规避利益寻租现象。将申请购买共有产权房家庭全部纳入统一平台进行分配,需购房的家庭按照申请的先后顺序,采取计算机摇号的方式确定拟分配的房源。为体现人性化特点,可依据不同申请家庭的基本情况,如人口、住房面积、老人数量、成员身体状况、收入水平等进行分类,提供适合家庭的房源。将分配结果公示,接受公众监督。需要说明的是,申请购房家庭不一定非要限定于本地区户口,外来务工人员、刚毕业的大学生等应同样有机会申请。针对家庭收入情况和住房情况并不完全匹配的问题,审核前置条件改变以往的"以家庭收入低为标准",而是"以住房困难为标准"。

2. 对共有产权房实行封闭式管理

以法律条文形式明确共有产权房在管理方面应实行封闭式管理。只要仍然是共有产权房,其性质就应是保障性住房。在其完全进入市场交易之前,其管理、监督、使用权转让,必须在封闭式的共有产权房系统内进行,遏制

和规避通过共有产权房来获利的行为。

3. 完善准入、退出机制内容体系,实现机制内容整体化

准入、退出环节虽然处于共有产权房分配的前后两个不同位置,但互为补充,共同对共有产权房的分配、管理起到制约作用,比如有效的退出机制应以准确的准入机制为基础,以达到准确保障的目的。因此,健全的准入、退出机制对共有产权房的健康发展意义重大。

4. 建立数字化轮候系统

① 申请政府筹集的共有产权住房出现供不应求时,按照申请先后顺序实行轮候,申请时序相对集中无法按先后申请时间实行轮候的,通过公开摇号方式确定。

② 每年政府货币补贴助购对象数量实行配额制,申请货币补贴助购对象数量超过配额的,按照申请先后顺序实行轮候,申请时序相对集中无法按先后申请时间实行轮候的,通过公开摇号方式确定。

③ 建立数字化轮候系统,将申请人信息、轮候评估过程和结果全部融入共有产权住房分配支持系统的数据库平台中,从而实现轮候全过程的自动化和网络化,增强制度实施效率、公正性和透明性。

4.4 健全法律法规,建立逐级问责机制

建立健全法律法规,完善共有产权房运作机制。南京市共有产权房政策推行时间不长,其相关法律法规仍不完善。如共有产权房转让出售的处罚、上市再交易公平的分配原则、可否租赁、能否质押贷款等细节性问题都未作出明确性规定,只能运用行政手段来管理,从而导致制度存在不稳定性和随意性,容易造成"捡漏"行为的出现,完善相关法律法规势在必行。同时,共有产权房运作机制的环环相扣,不仅要求政府加强每个环节监管,更要改进每个环节实施手段,实现机制的顺利运作。建造环节,加强对房地产行为的监控;申请环节,实行实名制信用体系监管;售后监管环节,完善政府内部机制;退出环节,建立售后动态管理。各个环节紧密相连、各自协调发展,才能使整

个共有产权制度平稳运行,最终实现保障中低收入群体住房的根本目的。

在现有法律、管理制度前置的情况下,建立强有力的逐级问责机制,才能保证各项法律、制度得以良好执行。对于各环节中违反法律、暗箱操作、影响公平分配等行为,必须有问责督办机制保驾护航。问责机制不应仅设立在共有产权房一系列环节都结束的后期,而是应该在共有产权房的每一个环节予以明确责任单位、责任人、责任时限、完成效果等,向社会公布,对应环节均设立监督部门和问责机制,完成一个环节即监督一个,完成一级审核即监督一级。这样才能够早监督、早纠正,避免监督"迟到"。

共有产权房以政府与个人共有产权的形式,将保障房的产权明确化,统一了住房的保障性与商品性,是社会发展的必然趋势。本课题通过对共有产权房制度的内涵与特征以及南京市共有产权房的发展现状、申购及产权处置的研究,提出创建南京特色的共有产权房制度的原则及政策建议。但共有产权房制度是一个系统工程,且比起之前的保障房形式更复杂,涉及的难点更多,要建设一个充满经济活力、富有文化特色、人居环境优良的南京城,创建具有南京特色的共有产权房制度,还需要在进一步的探讨中继续研究。

住房和城乡建设部科技项目(2015-R4-007)
专题研究报告四

共有产权式经济适用住房的发展与探索

连云港市住房保障和房产管理局
南京大学金陵学院
南京大学房地产事务研究所

前言

2004年,连云港市政府就在省内率先启动了政府集中建设保障房小区的工作,并出台《连云港市市区经济适用住房管理暂行办法》,明确了经济适用住房的建设、申请、交易和管理等工作要求,2008年江苏省政府出台《江苏省经济适用住房管理办法》后又进行了修改调整,同年市政府出台了《连云港市市区经济适用住房管理办法》。虽然传统模式的经济适用房解决了大量城市低收入家庭的住房困难问题,但在实际操作中也存在一定弊端,如产权比例不明晰导致的上市难、测算难等。2013年,连云港市以明确产权为思路,对以政府投资建设为主导的共有产权式经济适用住房制度创新模式进行了试点,试点成果颇丰,连云港市进一步将工作经验推广,在市区范围内全面实施共有产权式经济适用住房制度。

目前,连云港市共有产权式经济适用住房正值大力推广时期,如何合理解决试点中遇到的矛盾与困难、进一步创新完善共有产权式经济适用住房制度成为工作重点。本报告首先明确了共有产权式保障性住房的相关概念,从理论上阐释共有产权式经济房相比于传统经济适用住房的优势,以详细解析连云港市共有产权式经济适用住房的实施情况为中心,介绍了共有产权式经济适用住房的产生和发展,总结出现的基本问题与矛盾,初步提出了未来工作思路和创新方向。

1 共有产权式经济适用住房制度概述

1.1 共有产权式经济适用住房的基本内涵与本质

共有产权式经济适用住房制度是新形势下应对住房保障现实需求的保

障新模式,近年来在全国各地的尝试取得了一定可观成果。为进一步研究完善共有产权式经济适用住房制度,发挥共有产权保障模式在解决城市低收入家庭住房问题时的作用和效果,进一步明晰相关概念、明确共有产权意义界定等基础研究具有非常重要的意义。

1.1.1 房屋产权

房屋产权,若从广义上定义即指与住房有关的财产的各项权利的总称,包括物权、债权、继承权等,是对住房的占有、支配和转移等法律关系的体现。而狭义的住房产权就是现在房地产学者及普通百姓理解的概念,即住房所有权,即对房屋所享有的占有、使用、收益与处分的权利。房屋产权作为物权的一种,具有以下三个属性。第一,房屋所有权具有整体性。主要体现在房屋的所有权并不是占有、使用、收益、处分所有权能的简单集合。第二,房屋所有权具有社会性。随着社会经济的发展,越来越多的人意识到所有权虽系个人所有,但必须兼顾社会利益,负担相应义务。第三,房屋所有权具有观念性。在现今社会,房屋所有权人对房屋的价值不仅限定在居住的层面,更多的是体现在如何使房屋增值,给所有权人带来经济利益,并且所有权的权能可与所有权发生分离而由他人享有,从而形成各种他物权[1]。

1.1.2 有限产权

民法上的所有权分为两类,一为单独所有权,另一个为共有。单独所有权指所有权为一人所有,是所有权的常态,即所有权人在法律规定的范围内自由使用、收益、处分所有物[2]。共有则是相对于单独所有而言,为所有权的特殊形态。共有所有权是对所有权予以量的分割而形成的制度,是数人对于同一物享有同一所有权,而非数人对同一物分别享有所有权[3]。

《经济适用住房管理办法》中规定,经济适用房购买5年内不得上市交

---

[1] 陈晓维.经济适用房共有产权制度研究[D].大连:大连海事大学,2010.
[2] 王泽鉴.民法物权通则.所有权[M].北京:中国政法大学出版社,2000.
[3] 王效贤,刘海亮.物权法总则与所有权制度[M].北京:知识产权出版社,2006.

易,因特殊原因需要转让的则由政府回购。购买5年以上的可以上市交易,但购房人需要按照届时同地段普通商品住房与经济适用住房差价的一定比例向政府交纳土地收益等相关价款。即政府有类似共有人的地位,对于经济适用房享有优先购买权及一定比例的收益分配权[①]。所以,部分学者认为经济适用房有限产权概念属于共有产权范畴。但也有学者认为,政府仅享有一定部分的收益权和优先购买权,对房屋并没有实施使用、处分的权利,产权并不纵向完整。并且,在房屋的修缮和管理上,政府也并没有承担该项义务。所以这些学者认为,有限产权并不属于共有产权的概念范畴。实际上,有限产权是一种对所有者的收益和处分权利进行限制的产权形式,而并非共有产权。由于经济适用住房的政策保障性住房性质,需要对被保障者的房屋收益进行一定限制以体现产权的"社会性"和保障社会公平。

1.1.3 共有产权式经济适用住房

共有产权式经济适用住房是指被保障对象与政府(或其他相关出资人)按照一定比例份额共同持有房屋产权的经济适用住房,主要是为解决困难家庭购房出资难、难以达到最低出资额的问题。具体地,共有产权式经济适用住房制度是指地方政府让渡部分土地出让收益,然后以成本配售给符合条件的保障对象家庭,由保障对象家庭与地方政府签订合同,约定双方的产权份额、保障房将来上市交易的条件以及所得价款的分配份额,而房屋产权可由政府和市民按一定比例持有。一般情况下,各方出资人的产权份额按照各自出资比例划分,其中被保障对象的产权份额由其实际出资取得,政府的产权

[①] 建住房〔2007〕258号,《经济适用住房管理办法》第三十条:"经济适用住房购房人拥有有限产权。购买经济适用住房不满5年,不得直接上市交易,购房人因特殊原因确需转让经济适用住房的,由政府按照原价格并考虑折旧和物价水平等因素进行回购。购买经济适用住房满5年,购房人上市转让经济适用住房的,应按照届时同地段普通商品住房与经济适用住房差价的一定比例向政府交纳土地收益等相关价款,具体交纳比例由市、县人民政府确定,政府可优先回购;购房人也可以按照政府所定的标准向政府交纳土地收益等相关价款后,取得完全产权。上述规定应在经济适用住房购买合同中予以载明,并明确相关违约责任。"

份额由减免的土地出让金、行政事业性收费、税费等转化为相应的出资来取得。理论上,各方产权所有者均获得不完整产权,若一方独占房屋享有使用权,需向其他所有者缴纳租金。并且,房屋处分权受限,处置房屋需要获得所有共有产权人同意并且按照份额划分收益。

1.2 共有产权式经济适用住房的产生背景

1.2.1 我国经济适用住房发展状况

经济适用住房的概念提出始于20世纪90年代。1994年国务院颁布的《关于深化城镇住房制度改革的决定》中明确提出了建立以中低收入家庭为对象、具有社会保障性质的经济适用住房供应体系和以高收入家庭为对象的商品房供应体系[1]。1994年12月,建设部联合其他两个部门发布了《城镇经济适用住房建设管理办法》,其中规定了经济适用住房的供应对象是中低收入家庭,同时也规定了经济适用住房的住房标准、资金来源等基本问题。

20世纪90年代中后期,我国房地产业进入快速发展时期。1998年国务院正式出台《国务院关于进一步深化城镇住房制度改革加快住房建设的通知》,其中规定:"停止住房实物分配,逐步实行住房分配货币化;建立和完善以经济适用住房为主的多层次城镇住房供应体系;发展住房金融,培育和规范住房交易市场。"[2]随着福利分房政策的正式取消,为解决低收入家庭住房问题,经济适用房成为保障性住房的主要模式。1999年4月建设部颁布《已购公有住房和经济适用住房上市出售管理暂行办法》,其中明确规定了经济适用住房上市交易的相关程序要求。2002年国家计委和建设部共同颁布了《经济适用住房价格管理办法》,明确规定了如何规范经济适用住房的价格管理。2004年国家四部联合颁布了《经济适用住房管理办法》,对经济适用住房建设中产生的问题做出总结并进一步明确了经济适用住房的定位,这一规定也标志着我国经济适用住房制度得以最终确立。这一阶段是经济适用住房

---

[1] 贾登勋,脱剑锋.房地产法新论[M].北京:中国社会科学出版社,2009.
[2] 刘国臻.土地与房产法研究[M].北京:中国政法大学出版社,2013.

建设的飞速发展时期,到 2003 年底,全国经济适用住房累计竣工面积达到 4.77 亿m²。[1]

进入 21 世纪后,我国经济高速发展,房地产市场发展活跃,随着经济发展环境的变化,在进行住房保障过程中,经济适用住房制度逐渐暴露出一些弊端。为进一步协调解决利用经济适用住房进行住房保障显示出的重点矛盾,国务院先后发布一系列重要文件,如"前国八条""后国八条""国六条"等。国务院发布的《关于解决城市低收入家庭住房困难的若干意见》,对经济适用住房重新进行定义,规定经济适用住房为政策性住房,而不是原先的政策性商品住房,并且严格规定供应对象为低收入住房困难家庭[2]。2007 年底重新修订的《经济适用住房管理办法》中,详细规定了经济适用住房的建设管理、价格管理、准入及退出机制等,提出经济适用住房购房人拥有的是有限产权。通过一系列对经济适用住房制度的调整和完善,进一步加强我国住房保障工作,在我国国情不断变化中适时调整了经济适用住房制度规划。

1.2.2 共有产权式经济适用住房引入的必要性

经济适用住房制度有效解决了部分低收入家庭的居住问题,为我国住房建设做出巨大贡献,然而随着宏观环境的变化,经济适用房制度矛盾愈加凸显。其中,突出问题主要有以下几个方面:(1) 土地取得、房产定价"双轨制"。由于经济适用房所使用的土地是由划拨方式供应的,而普通的商品房所使用的土地则是通过出让方式供应的,这就导致了土地取得方式的不同,也即所说的土地取得方式"双轨制";另外,国家还对经济适用房给予减免税费的优惠,这样,经济适用房的价格未计入土地出让费和减免的税费,其价格只相当于同时期普通商品房价格的 70%(价格包括成本+管理费,最终定价不超过商品房的 70%),普通商品房的价格由市场形成,而经济适用房更多体现的是国家定价,所以导致了房地产市场定价机制的"双轨制"。(2) 难以形成保障资源的循环、持续利用模式。一套经济适用房只能解决一户中低收入家庭的

---

[1] 孟祥沛.房地产法律制度比较研究[M].北京:法律出版社,2012.
[2] 姚兵.房地产学研究[M]. 北京:北京交通大学出版社,2011.

住房问题，即使这一户家庭以后步入中产阶级，不再符合经济适用房供应标准，这套经济适用房的产权仍然在这一家庭手中，无法达到循环保障的功能。（3）部分住房地处偏远，基础设施较差。由于经济适用住房的土地取得方式为划拨，所以有部分地块位于城市外围较为偏远地区，周围基础设施较差，生活成本较高。（4）政府缺乏建设经济适用房的动力。由于地方财政的主要来源是各种税费和土地出让金，经济适用房采用划拨方式取得土地使用权，政府对其免除土地出让金，同时，根据规定还要给予减免税费的优惠，这对地方政府来说无疑是雪上加霜，所以地方政府建设经济适用房的积极性不高。（5）产权份额限定模糊，导致经济适用房退出时溢价收益的补偿及分配没有科学有效依据，政府很难及时高效地收回先期的保障性投入，无形中滞后了政府资金的流动性。

经济适用住房制度的建立解决了众多中低收入家庭的住房困难，也是我国贯彻和落实保障性住房政策的重要措施。但是相较于国际住房保障市场，我国经济适用住房制度起步时间晚、发展时间短、法律法规不完善、采用统一的产权归属模式，这的确是我国经济适用住房制度不可忽视的劣势和缺点，面对以上问题，各地逐步开始探索以共有产权经济适用住房模式进行住房保障。共有产权制度将政府用于经济适用房的补助资金转化为固定产权比例，这一制度不但能让政府国有资产不再流失，还可以增加其价值获得一定收益，最终实现以共有产权经济适用房为主的住房保障制度。

淮安市于 2007 年 7 月颁布了《淮安市市区保障性住房建设供应管理办法》（淮住房〔2007〕2 号），规定经济适用住房的产权由购房人和政府依照比例共同所有[1]。政府运用出让方式替代土地划拨方式来实现住房的产权转让，

---

[1] 淮安：创新共有产权房供地模式[EB/OL]．http：//www.mlr.gov.cn/xwdt/dfdt/201003/t20100330_143366.htm，2015 - 01 - 06；江苏淮安首推共有产权住房获部委官员肯定[EB/OL]．http：//news.sina.com.cn/c/2010 - 03 - 10/023617191266s.shtml，2015 - 01 - 06；江苏淮安寻路"共有产权"避免"假穷人"混入[EB/OL]．http：//news.hexun.com/2010 - 06 - 08/123918415.html，2015 - 01 - 06．

并以出让金补贴的方式来确保经济适用住房的保障属性,防止通过经济适用房变相牟利的行为,一定程度上使政府财政资金收支得到平衡,增加了地方政府实施经济适用住房制度的动力。随后,共有产权模式在全国范围内被广泛借鉴,各地因地制宜探索更加合理的经济适用住房制度。住建部2010年4月下发的《关于加强经济适用住房管理有关问题的通知》(建保〔2010〕59号)中要求,"按照配售经济适用住房时承购人与政府的出资比例,确定上市所得价款的分配比例、政府优先购买权等管理事项。其中,政府出资额为土地出让金减让、税费减免等政策优惠额之和。"[1]通过这一政策性文件,对共有产权模式的比例构成、交易管理、税费政策等做出了较为全面的规定,标志着我国经济适用住房共有产权模式正式步入有据可依的实施阶段。

1.3 共有产权主体的权利分配与义务承担

共有产权经济适用住房的产权是由受保障人和政府按份共有,在房屋的日常使用和市场交易过程中,双方既享受各自的权利,也需要承担相应的义务,合理的权利和义务划分可以平衡受保障者和政府双方的利益。

1.3.1 产权分配与收益归属

共有产权经济适用住房的产权分割主要根据政府出资和申购人出资比例进行划分,常见产权分配有3∶7、5∶5等。作为共有产权经济适用住房保障功能最直接的体现,受保障者享有对房屋的占有权是当然和必需的。受保障者作为占有权人可以对房屋进行合理的使用,即受保障者享有房屋的使用权能,但也有限制,主要表现在不得破坏房屋功能、擅自出租房屋等不符合共有产权经济适用住房规定的行为。

在占有和使用权之外,房屋所有权中的另外一项重要权利是收益权。尽管经济适用住房的本质属性是保障,但是资本投入时间可以带来价值上的增

---

[1] 住房和城乡建设部.关于加强经济适用住房管理有关问题的通知(建保〔2010〕59号)[EB/OL]. http://www.pzhsxq.gov.cn/zwgk/ztbd/jczwgkgfhbzhsdgzzt_1/bzxzf/zcwj/sjwj/3025152.shtml,2018-02-02.

量。按照规定,共有产权经济适用住房在满足一定条件之后可以在市场上进行交易。房屋产权的共有权人对于房屋的收益享有按照份额分配的权利,政府和受保障者可以按照各自的出资比例享受在房屋交易后因房屋增值而产生的收益。这种制度设计的目的在于,政府享受房屋交易产生的收益后,不会再通过经济适用房制度谋取利益或者权力寻租。

1.3.2 继承与抵押

共有产权经济适用住房可以作为一种财产被继承,为保持房屋的保障属性应当对继承有所限制,即受保障者的继承人也应符合受保障标准,而且继承的份额与受保障者占有的产权比例相一致。按照我国按份共有财产的继承规定,所有人的财产共有份额按照法定继承顺序被继承,且除公司股权等特殊权利外,无需征得其他财产所有人的同意。所以,共有产权房屋继承的发生不以房屋其他共有权人即政府的同意为前提。如果受保障者的继承人符合受保障标准,那么受保障人的产权份额应当折现,继承人继承该部分房屋价值。

就抵押权而言,经济适用住房的抵押权只可以用于抵押购买该房屋,而不得作为其他贷款的担保对象。受保障者如果无法偿还贷款,银行可以通过拍卖房屋实现抵押权,拍卖所得多于应偿还金额的部分应当向其他共有权人即政府返还,而政府抵押权实现的过程中能够避免不合理的损失。在第二种情况之下,政府的财产极容易因为不对称的信息而造成损失,经济适用住房可能流转于不符合保障条件的人手上,从而流失经济适用住房资源。概括而言,房屋的抵押权受到房屋产权共有性的诸多限制[①]。

1.3.3 物业管理及房屋修缮

物业服务的内容涵盖小区绿化、卫生环境、维护修缮房屋以及配套设施等项目,物业管理费是房屋产权人或者实际房屋使用人向委托物业管理单位缴纳的,基于房屋的占有和使用而产生的日常性费用。在共有产权模式下,

---

① 李睿飞.经济适用住房共有产权问题研究[D].上海:上海社会科学院,2015.

由于政府将房屋使用权让渡给了受保障者,受保障者的产权比例不影响其对房屋的使用。由于物业管理费用的性质和用途,房屋的实际居住者即受保障者应当承担缴纳全部物业费用的义务。在政策实际运行过程中,受保障者缴纳的物业管理费用一般低于市场上其他商品住房小区所缴纳的费用,体现出了共有产权经济适用住房模式对申购人保障的完整性。

2 共有产权住房制度与传统经济适用住房制度比较分析

2.1 传统经济适用房制度简介

2.1.1 定义

我国2007年修订的《经济适用住房管理办法》中规定:"经济适用住房,是指政府提供政策优惠,限定套型面积和销售价格,按照合理标准建设,面向低收入住房困难家庭供应,具有保障性质的政策性住房。"

2.1.2 特征

经济适用房是带有保障性质的住房,在多方面具有独特的制度定位和价值功能,主要特征有以下几点:

(1)经济性。即经济适用房的价格相对于市场价格比较适中,能够匹配中低收入家庭的承受能力,具有较强的可支付性。《经济适用住房价格管理办法》中规定:经济适用房基准价格包括开发成本、税金和开发成本3%以内利润三个部分。经济适用房的价格明显比同时期、同地段的普通商品房要低。

(2)保障性。经济适用房的社会保障性主要体现在相关政策上:一是经济适用房的开发和建设享有优惠政策,如建设用地实行行政划拨,免交土地出让金,免收城市基础设施配套费等各种行政事业性收费和政府性基金,政府负担经济适用房项目外的基础设施的建设费用等;二是经济适用房价格实行政府指导价,以保本微利为原则,在建设、管理成本和不高于3%利润的基础上确定。

(3)商品性。经济适用住房不是完全的福利性住房,不能完全由国家免费提供,这点与廉租房有本质的区别。但经济适用住房也不同于普通的商品房,它的商品性受到社会保障性的限制,是商品性与社会保障性的统一。

(4)适用性。经济适用房不仅面积适当、功能实用、户型设计合理,而且交通、配套设施等各种生活功能要便利、完备,其规划设计、建设质量必须能满足人的基本的居住需求,能符合不断提高人们居住质量的基本理念,不能因为价格便宜而降低建设标准,不能因为经济性而否定适用性,而是要实现物美价廉的双重价值目标。《经济适用住房管理办法》中规定:经济适用房单套建筑面积要控制在60 m^2左右,而且要统筹规划、合理布局、配套建设,充分考虑城市中低收入住房困难家庭对交通等设施条件的要求,合理安排区位布局。

2.1.3 产权归属

目前住房产权主要有两类:一类是购房人拥有完整的产权,购买后可以随时上市交易、转让或出租,如商品房;另一类是有限产权,比如经济适用房。因为经济适用房的用地是政府无偿划拨的,购买时必须经过严格的申请、审批,上市交易、转让或出租都受到限制,所以将经济适用房产权定义为"有限产权",即购房者对房屋拥有不完整的处分和收益权。

2.2 共有产权住房制度相对于传统经济适用房制度优势分析

共有产权房制度作为原经济适用房制度的改进成果,其内在的本质是坚持经济适用房的双重性质、实现保障性与商品性两者的有机统一,但在继承旧有制度本质内核的基础上,也有自己的创新和改善之处。

(1)保障方式和力度更为理性。共有产权房制度的保障对象是城镇的中低收入住房困难家庭,保障对象与原经济适用房的保障对象是一样的,但不同之处在于它们保障的力度有差异,原经济适用房制度通过减免土地出让金和各种税费,使所形成的经济适用房的价格只相当于同时期商品房价格的

70%,补助力度比较大,而共有产权房制度在补助力度上更理性些。共有产权房的价格参照商品房执行政府指导价,普通商品房的价格是遵循价格规律由市场形成的。这样的优惠是共有产权房保障性的体现,同时也体现了社会公平,将地方政府的利益考虑在内,对地方政府利益的保护也是长远地保护着中低收入家庭的利益。共有产权住房对中低收入家庭的保障作用应体现出"时效性",政府只负责解决这部分家庭的暂时困难。凡具备资格且有意购买共有产权住房的家庭,事实上并非"完全困难"只是"相对困难",即在较短时间内拿不出相对较大数额的购房款。例如,申请住房抵押贷款后仍不具备完全支付能力,但是这并不意味着未来情况不会得到改善。因此,政府通过提供土地及税费减免等投资方式参与购房,不但能够在一定程度上确保保障性资源的公平分配与合理流转,最大化实现资源有效配置,而且以长远的、发展的眼光来看,在对共有产权进行划分时,这种定价机制更便于购房者与政府对各自产权份额的确定,与此同时,也为后期退出提供了依据。

(2) 在资金投入与回收方面,共有产权住房成本回收快,相对没有后期负担。传统经济适用住房在后期退出时,按照政府规定的比例值收取土地补偿收益,从而达到回收投资的目的,但是,由于购房者及政府的有限产权比例模糊,缺乏相关依据支持,因而在实际缴纳环节的可操作空间较大,极易导致政府增值收益的流失。共有产权住房强调出资者按各自出资份额共同拥有产权,明确产权比例并规定各方在后期退出时按比例进行回购,在一定程度上弥补传统经济适用住房制度的不足,有效避免保障性资源的持续流失,确保其福利性保障的延续。

(3) 共有产权式经济适用房更体现了住房的市场性。中国现行社会主义市场经济,在市场经济的体制之下,商品的价格由市场形成,商品在市场上进行交换买卖,共有产权房虽是保障性住房,但其市场性特征也是很明显的。共有产权房的房屋价格形成方式既不同于商品房也不同于原经济适用房,商品房是完全由市场形成价格的,政府对其价格的干预不大,而经济适用房的价格是由政府主导的。共有产权房的价格形成方式介于两者之间,它参照商品房的价格,在其基础上形成。但在整个价格的形成过程中,市场是基础,政府只是在市场价格的基础上进行调整,而且这个调整受到一个额度限制。

共有产权房是为了解决中低收入家庭的住房困难而存在的,当申购者的家庭经济情况好转,申购者可逐步购回政府产权部分,获得该保障房的完整产权。5年之后,申购者购买政府所拥有的那部分产权,其购买价格也要按照此时的商品房价格来计算。当购房者将共有产权房以商品房的形式投入市场时,政府主体和个人主体按照双方的产权比例来分享价款。这种共有产权房的退出方式,体现了民法的"谁投资,谁所有,谁收益"的原则,并且,也符合按份共有关系中,一方主体出让其份额时,另一方主体享有优先购买的权利这一规定。

3 连云港市共有产权式经济适用住房制度的探索

3.1 背景

3.1.1 连云港市发展定位

连云港位于中国大陆东部沿海、长江三角洲北翼、江苏省东北部、山东丘陵与苏北平原结合部,是中国首批14个沿海开放城市之一、中国十大幸福城市之一、江苏沿海大开发的中心城市、国家创新型城市试点城市、国家东中西区域合作示范区、长三角区域经济一体化成员。2015年,连云港市经济社会发展取得丰硕成果,全市实现GDP 2160.64亿元、人均居民收入19418元,同比分别增长10.8%和9.1%,增幅均位居全省第一位。数据显示,2015年全市城镇居民人均可支配收入25728元,农村居民人均可支配收入12778元,同比分别增长9%和9.2%,农村居民收入增幅快过城镇居民收入。

2009年6月,国务院第68次常务会议通过了《江苏沿海地区发展规划》,

正式将江苏沿海开发提到国家战略层面,拥有江苏唯一天然深水出海港的连云港迎来了千载难逢的历史机遇。在新一轮的建设热潮中,连云港市的各项产业面临重新调整振兴。连云港市的社会保障水平不断提高,为改善城市面貌,建设城市文明形象,旧城改造、改善中低收入家庭生活环境成为工作重点,将惠民安居工程与建设城市文明形象衔接起来共同服务于连云港市城市产业布局调整和经济发展尤为重要。

3.1.2 连云港市居民住房现状

连云港市城镇化水平于2010年突破50%,近年来增长至58%;总人口数基本维持在520万人左右,逐年有小幅上涨;2010年连云港市年末家庭总户数为1396610户,2014年家庭总户数共1407524户,家庭户数平均年增长率为0.2%;2014年连云港市年人均可支配收入为17798元;2010年连云港市人均购房建房平均支出为1370.1元,2014年人均住房支出为1849元,年增长率为8.7%,其中2014年人均住房购房支出占人均可支配收入的10.39%。

2010年连云港市中低收入家庭共4432户,低收入家庭4630户,包括新就业人员4318人、外来务工人员5237人,住房困难家庭户(人)数共18617户(人)。经过5年的住房保障落实工作,截至2016年3月,连云港市低收入住房困难家庭符合实物配租及租赁补贴条件的共有1708户,相对于2010年待保障户(人)数大比例下降。

2010年至今,从连云港市区人口变动情况的分析可以看出,连云港虽然进入快速城市化阶段,但并没有带来总人数的激增,家庭小型化和农村户籍转为城市户籍两种形式可能成为人口变化的主要方式。在住房保障方面,连云港市通过近年来多层次住房保障体系的实践,基本建立了以廉租住房、公共租赁住房和经济适用住房为主体,限价商品住房、人才安置房及其他形式为补充的住房保障制度体系。在连云港市区"十二五"住房保障发展规划中明确目标,新开工建设经济适用住房7155套,符合条件的低收入住房困难家庭基本实现买得到经济适用住房,并将经济适用住房的保障范围逐步扩大到中等偏低收入住房困难家庭。连云港市贯彻适时调整、动态管理的原则,时刻把握人口变化趋势和居民生活需求,极大程度地解决了中低收入住房困难家庭住房问题。

3.2 连云港市共有产权式经济适用住房制度发展历程

2004年,在连云港市政府高度重视下,连云港市启动了集中建设保障房小区的工作,在市区新孔南路西、海宁西路南划拨土地用于经济适用住房建设,同年,市政府出台了《连云港市市区经济适用住房管理暂行办法》(连政发〔2004〕218号),明确了经济适用住房的建设、申请、交易和管理等工作要求。2007年建设部、发改委等部门出台了《经济适用住房管理办法》(建住房〔2007〕258号),2008年省政府出台了《江苏省经济适用住房管理办法》(江苏省人民政府令第51号),我市政府按照国家、省有关要求,对2004年的市区经济适用住房暂行办法进行修改,于2008年7月出台了《连云港市市区经济适用住房管理办法》(连政发〔2008〕77号)。

在2013年以前,连云港市政府投资集中建设的经济适用住房全部按照上述文件精神,建设用地实行划拨,并给予相关优惠政策,由物价部门核定成本价格,采用传统的模式进行销售和管理,即不划分政府与个人的产权比例,产权证上也只登记个人姓名,在满5年上市交易时按照届时同地段普通商品房与经济房差价不低于50%的比例缴纳土地收益等价款,或按政府所定标准缴纳土地收益等价款,取得完全产权后上市转让。

传统模式经济房解决了大量城市低收入家庭的住房困难问题,但在实际操作中也存在一些弊端。由于没有明确划分产权,买受人在购买时只知道是有限产权,但产权比例是多少并不清楚。若按照文件要求以不低于届时同地段普通商品房与经济房差价50%的比例补缴土地收益等价款,一是因近十年的房地产市场价格涨幅较大,当年购买经济房价格与现行上市交易时的商品房价格之间的差异较大,老百姓难以接受;二是上市交易补交增值收益涉及的部门多、测算难,加之土地性质从划拨转变成出让在程序上也难以操作等,导致上市交易存在计算复杂、操作繁琐、增值收益缴纳标准不确定等问题。另外涉及经济纠纷、法院判决时也一般难以执行,买受人想以房产抵押贷款,银行也常因产权不明确为由不予批准。如何解决传统模式经济房产权不明确的问题,成了该背景下住房保障工作研究的重点方向。

为解决传统经济适用住房的产权不明晰、操作难度大等问题,连云港市逐步开始尝试将"共有产权"的思想运用于住房保障制度之中。2012年9月,为进一步加快解决城市中低收入家庭、新就业人员和外来务工人员的住房困难,连云港市出台了《连云港市市区保障性住房集中收购和货币化补贴实施方案》(连政办发〔2012〕132号)。方案提出,进行经济适用住房货币补贴方式,对符合购买经济适用住房条件的住房困难家庭进行保障,补贴购房面积按住房保障标准即人均建筑面积15 m^{2}计算,每户最多不超过60 m^2;补贴金额按2000元/m^{2}计算,2人户每户6万元,3人户每户9万元,4人及以上户每户最高12万元;申请人按照户籍所在地确定选房范围;申请人享受政府经济适用住房补贴购买的住房,其房屋所有权证加注"政府补贴购房"字样,产权按出资比例实行申请人与政府共有,纳入政府保障性住房管理;申请人在5年内购买政府产权,全额退还政府补贴款,5年后购买还应按照政府共有产权比例缴纳增值收益(届时同地段普通商品住房价格与申请人所购住房原价的差额)后可获得完整产权;申请人5年内不得直接上市交易[1]。

2013年,连云港市以明确产权为思路,开展了深入调研工作,并积极参与江苏省住建厅、财政厅、民政厅三部门联合开展的住房保障体系建设试点示范工作,对以政府投资建设为主导的共有产权经济适用住房制度创新模式进行了试点,试点工作取得圆满成功之后,把试点工作取得的经验予以推广,在市区范围内全面实施了共有产权式经济适用住房制度。2013年8月,连云港

---

[1] 连云区住建局.市政府办公室关于印发连云港市市区保障性住房集中收购和货币化补贴实施方案的通知(连政办发〔2012〕132号)[EB/OL]. http://www.lianyun.gov.cn/lygslyqzfhcxjsj/zcfg/content/lyqzjj_36878.html,2012-09-18.

市出台了《连云港市市区共有产权式经济适用住房制度创新试点工作实施方案》(连政办发〔2013〕93 号);同时由连云港市云城房产置业担保有限公司为保障对象提供贷款担保服务,极大解决了保障对象贷款难的问题。

4 连云港市共有产权住房制度运行规范

连云港市于 2013 年开始试行共有产权式经济适用住房制度,通过尝试开展共有产权式经济适用住房制度创新,建立住房保障和市场经济相结合的新机制,将政府对经济适用住房的优惠政策按比例体现在共有产权中,科学合理解决经济适用住房上市交易增值、收益分配等问题,实现政府投入保值增值的良性循环。

4.1 运行机制

4.1.1 住房供给

在市区统一建设的经济适用住房项目中进行试点,即按照《经济适用住房管理办法》(建住房〔2007〕258 号)和《江苏省经济适用住房管理办法》(省政府 51 号令)的规定,土地实行行政划拨,享受免收行政事业性收费和政府性资金等优惠政策,共有产权式经济房房源安排在市区政府投资集中建设的保障房小区内。

4.1.2 准入机制

连云港市共有产权式经济适用住房供应实行申请、审核、公示和轮候制度。区经济适用住房主管部门负责本行政区域经济适用住房申购的审核、公示;市经济适用住房主管部门会同市民政、总工会负责审核批准,并统一组织向符合购房条件的城市低收入住房困难家庭售房。

城市低收入住房困难家庭申请购买经济适用住房应同时符合下列条件:(1) 夫妇至少有一方具有市区城镇户口,并居住 3 年以上;(2) 家庭收入符合市人民政府划定的收入线标准;(3)无房或现住房面积低于市人民政府规定标准的住房困难家庭。其中,经济适用住房供应对象的家庭收入标准和住房困难标准,由市人民政府根据当地商品住房价格、居民家庭可支配收入、居住水平和家庭人口结构等因素确定,实行动态管理,每年向社会公布一次。

经济适用住房的申购由申请人户口所在地街道办事处负责受理,并进行初审。区经济适用住房主管部门进行复核,并通过入户调查、邻里访问等方式对申请人的家庭收入和住房状况等情况进行核实、公示。申请人及有关单位、组织和个人应当予以配合,如实提供有关情况。经区经济适用住房主管部门进行复核、公示通过的家庭,由市经济适用住房主管部门会同市民政、总工会等部门负责审核并公示,公示无异议的,发放准予购买经济适用住房的核准通知,注明可以购买的面积标准。申请购房户数量超出本期供应的经济适用住房数量时,采取摇号轮候的方法确定。符合条件的家庭,可以申购共有产权式经济适用住房。2口人家庭,保障面积为50 m^2;3口人家庭,保障面积为60 m^2;4口人及以上家庭,保障面积为80 m^2。保障面积内的住房由购房人按核准的价格购买;超出保障面积部分的住房由购房人按照市场价格购买。

4.1.3 产权分配

经济适用住房成本价格为个人出资金额;将政府免收的土地出让金、行政事业性收费和政府性基金折算为政府出资金额,核定的经济房成本价格作为个人出资金额,经测算确定政府和个人的产权比例,在房屋产权证上予以注明。该产权比例测算由住房保障主管部门牵头,各相关成员单位配合,在房屋预(销)售前确定。

在保障面积内的,购房人与政府按届时测算的比例拥有相应的产权比例;在保障面积以外的,购房人按照市场价格购买的,个人拥有完全产权。

4.1.4 退出机制

共有产权式经济房5年内不得上市交易,因特殊原因确需转让的,须经市住房保障主管部门批准并按照原购房价格回购。满 5 年上市交易时,按届时同地段普通商品房住房销售价格及产权份额进行评估,分配上市交易金额,足额上缴政府产权及收益部分后方可办理相关手续,变更为完全产权。政府收益全额缴入市住房保障专项资金专户,实行"收支两条线"管理,专项用于共有产权式经济适用住房的建设和回购。

购买共有产权式经济适用住房的家庭,可以分期购买政府产权部分,形成完全产权。5 年内(以缴纳契税日期为准),按初始购房价格购买;5 年后,按届时同地段普通商品住房销售价格购买。

共有产权式经济适用住房满 5 年上市交易的,应根据市物价部门公布的届时同地段普通商品住房销售均价进行评估(不计算房屋装修费用),并按照产权比例进行分割后,方可持相关凭证办理房屋、土地权属过户手续。过户后的房屋权属转变为完全产权,土地性质同步转变为出让。同等条件下,政府享有优先购买权。

4.1.5 其他相关规定

政府拥有的产权部分房屋 5 年内免费提供给购房家庭使用;5 年后继续使用的,应按市场价格向政府缴纳租金,并按年度签订租赁合同。

共有产权式经济适用住房在取得完全产权前,购房人只能用于自住,不得擅自将房屋出租经营,不得改变房屋用途,政府产权部分不得用作抵押。

5 连云港市共有产权住房制度成效评价

5.1 共有产权式经济适用住房制度试点情况总结

5.1.1 共有产权式经济适用住房制度创新试点做法

2013 年,连云港市经过各有关部门的通力协作,较好完成了市区共有产权式经济适用住房制度创新试点各项工作任务,取得了明显的成效。创新试

点工作从 2013 年 1 月开始启动,到 11 月基本结束,基本情况为:

1. 试点对象

市区范围内符合经济适用住房保障条件的家庭,采取自愿报名的形式按照轮候顺序申购共有产权式经济适用住房。

2. 试点项目

试点房源安排在市区集中建设的保障房小区——茗昇花园内,土地实行行政划拨,享受免收行政事业性收费和政府性基金等优惠政策,共计 64 套小高层房源。

3. 产权比例

房源成本价格为个人出资价格,政府免收的土地出让金、行政事业性收费和政府性基金折算成政府出资金额,经测算确定政府和个人产权比例为 2∶8,并在房屋产权证上注明。

4. 上市交易

试点房源 5 年内不得上市交易,因特殊原因确需转让的,须经市住房保障主管部门批准并按照原购房价格回购。满 5 年上市交易时,按届时同地段普通商品房住房销售价格及产权份额进行评估,分配上市交易金额,足额上缴政府产权及收益部分后方可办理相关手续。

5. 资金管理

上缴政府的资金由市住房保障主管部门代收,全额缴入市住房保障专项资金专户,实行"收支两条线"管理,专项用于共有产权式经济适用住房的建设和回购。

6. 其他规定

分期购买政府产权部分形成完全产权的,5 年内按初始购房价格购买,5 年后按届时同地段普通商品房住房销售价格购买。政府拥有的产权部分房屋 5 年内免费提供给购房家庭使用,5 年后继续使用的,按市场价格向政府缴纳租金,并按年度签订租赁合同。

连云港市在共有产权式经济适用住房制度创新试点工作中,坚持高位推动,强化领导,明确工作主体,结合实际将政府给予的优惠政策量化体现在共有产权比例中,解决了以往经济适用住房上市交易增值收益分配难等问题。在政策宣传方面,通过报纸、网络、手机短信等多种方式加大宣传共有产权式经济适用住房制度创新试点工作,动员市区符合经济适用住房保障条件的家庭参加试点。试点房源全部通过电脑选房方式进行公开分配,由申请户代表现场启动和中止电脑房源信息数据选中房源,并采取网签等信息化管理手段。

5.1.2 共有产权式经济适用住房申购情况

连云港市区 2012 年共有 2563 户家庭申请购买经济适用住房,市区于 2013 年开始进行共有产权式经济房试点,2014 年开始正式实施共有产权经济房制度。其中,2012 年至 2014 年的经济适用房申购家庭中有 240 户以共有产权的形式申购了经济房,共有产权式经济适用住房试点开始后,申购家庭选择共有产权式经济适用住房的比例约为 50%。

2563 户申请家庭全部保障完毕后,市区于 2015 年底再次进行了共有产权式经济适用住房申报工作,目前共有 371 户家庭申请报名。

5.1.3 共有产权式经济适用住房申购家庭走访调查情况总结

为了解连云港市共有产权式经济适用住房申购家庭的基本情况、满意度和政策了解程度,我们实地走访了连云港市保障房小区茗昇花园内购买共有产权式经济适用住房的两户家庭,进行详细了解。茗昇花园共有产权式经济适用住房于 2015 年进行申购家庭电脑公开选房,基准价 3200 元/m^2 左右,房源的个人产权与政府产权比例为 7∶3,即个人购房出资占房屋完全产权价格的 70%,政府的土地、税费优惠等占房屋完全产权价格的 30%。茗昇花园保障房小区环境优美,基础设施配套较好,周围分别有小学、中学新建校址。

走访调查的第一户共有产权家庭为三口之家,本地城镇户口,仅有一人在外务工,长期租房或借住于亲友家中,家庭年总收入约 3 万左右;本次购得共有产权经济适用房面积 78 m²,其中保障面积 60 m²,自有完整产权面积 18 m²,房屋总价为 28 万多元,现已通过公积金贷款购得 70% 产权,有意愿在 2~3 年内购回政府 30% 产权获得完整产权;对共有产权经济适用住房制度非常满意,对小区环境、周边配套设施等均较为满意。第二户家庭共 5 口人,本地城镇户口,通过家里自筹钱款购得 80 m² 共有产权经济适用住房的 70% 产权,有意在 2~3 年内购得政府的 30% 产权以获得完整产权;该户家庭户主认为,共有产权式经济适用住房制度政策惠民力度大,政策操作透明,对房屋质量也非常满意。

通过走访家庭调查总结可知,共有产权式经济适用住房制度有力地解决了低收入家庭住房困难问题,并且实现了政府投资良性循环、操作透明,减小了寻租空间。连云港市共有产权式经济适用住房试点工作中,保障了住房困难家庭权益,将惠民政策量化于共有产权式经济适用住房制度实践之中,深受被保障家庭好评。

5.2 共有产权式经济适用住房制度实施成效

2013 年,连云港市出台了《连云港市市区共有产权式经济适用住房制度创新试点工作管理办法》,对相关措施和做法加以明确和规范,成为之后的共有产权式经济适用住房工作的指导性文件。目前,连云港市共有产权式经济适用住房制度创新工作已全面展开,市区所有政府投资建设的未销售及在建的经济房房源全部作为共有产权式经济适用住房进行销售和管理,百姓在购房时就确定了政府和个人的共有产权比例,5 年后上市交易的分成比例界定清楚,解决了传统经济适用住房保障方式上市交易测算难、操作难的问题,进一步完善了住房保障体系,促进了市场经济的发展,维护了社会的和谐稳定,解决了住房保障管理中的诸多难点问题。

1. 完善了经济适用住房保障方式

实施共有产权式经济适用住房制度之前,连云港市经济适用住房保障方式主要采取通用的有限产权保障和货币补贴保障两种方式,通过共有产权式经济适用住房制度,把政府给予的优惠政策直接折算成产权比例,有效地探索了经济适用住房保障的新模式,弥补了以前经济适用住房保障方式的不足和欠缺。

2. 解决了上市交易难的历史问题

传统模式的经济适用住房,购买5年后上市交易需补交增值部分的一定比例,测算难、操作难。共有产权制度实施后,百姓在购房时就确定了政府和个人的共有产权比例,5年后上市交易的分成比例界定清楚,解决了以往经济适用住房保障方式中5年后上市交易存在不确定因素等问题,在社会上引起了很大反响,得到了保障对象的好评。

3. 实现了政府投资的增值收益

共有产权式经济适用住房制度较为合理地解决了经济适用住房上市交易增值收益分配的问题,体现"谁投资、谁所有、谁受益",既实现了政府投入保值增值的良性循环,又兼顾到了新旧两个保障政策之间的衔接和过渡;既改进了经济适用住房保障方式,又避免了因新旧政策悬殊太大引起的矛盾纠纷,维护了社会稳定,达到了预期的效果。

5.3 共有产权式经济适用住房制度实施问题与矛盾

目前,连云港市共有产权式经济适用住房制度建立时间较短,仍处于政策初步实践和探索阶段,在制度实施和实际操作过程中,发现了一些具体的矛盾与问题,需要进一步完善制度政策本身以及提高政策实施效率。具体有以下几点:

1. 低收入住房困难家庭的政策接受程度有待提高

虽然共有产权式经济适用住房具有产权明晰、上市方便等诸多优点,但部分群众并没有考虑到今后的上市问题,反而认为共有产权经济适用住房表明了产权比例,房子不完全属于自己,且因补贴面积不同,购房款较传统模式要多付一部分,因此对共有产权经济适用住房很有抵触情绪,要求按传统经济适用房模式进行分配。对这部分群众,需要耐心进行政策宣传,反复讲解两种模式的具体不同之处,帮助其了解共有产权式经济适用住房的优点,促使其接受共有产权制度。

2. 上市交易时土地性质转变操作较难

由于连云港市的保障房建设用地大多数都是划拨用地,虽然土地出让金已折算为政府出资额纳入了政府产权比例,但上市交易时土地性质的及时转变需要国土部门具体操作,目前还缺少上级层面的政策支持。政府共有产权部分在上市交易中涉及的税费减免也尚无政策优惠。

3. 保障对象准入审核操作难

低收入住房保障对象的经济状况准入标准由多方面审核要求,也就需要众多部门联动进行审核,例如民政、银行、工商、公积金、公安、车管所、证券等多个部门,但目前各部门协调审核操作较难,缺乏联动性,尤其是金融相关部门审核难,存在较大限制。为此,连云港市成立了低收入家庭经济状况核对领导小组,由民政局牵头,联合多个部门进行审核,但具体执行依然遇到较大困难。并且,低收入认定标准在多个部门未得到认定同意,迫切需要多个部门共同确认的审核标准、细则。

5.4 共有产权式经济适用住房制度未来工作思路

5.4.1 逐步走向货币化共有产权形式

经过十几年来持续不断的努力,连云港市市区中低收入住房困难家庭户数已显著减少,各类保障房房源已呈现出供大于求的现象,再加上"去库存"等政策环境要求,市区已明确今后不再新建经济适用住房,待现有经济适用住房分配完毕后,将着手建立经济适用住房货币补贴制度,通过政府发放货币补贴的形式让保障对象到市场上选购合适的商品房作为经济适用住房,政府与保障对象的出资比例作为经济适用住房的产权划分依据。发放经济适用住房货币补贴可以避免低收入家庭集中居住造成的贫民窟效应,可选择房源也较政府集中建设的经济适用住房更为多样化。但有关部门需要注意引导开发商多建设一些小户型的商品房,避免出现保障对象拿着政府的补贴在市场上却选不到合适房源的情况。

5.4.2 通过共有产权"去库存",租售并举

在"去库存"的政策环境要求下,试图引导开发商与保障对象共有商品房产权的形式进行住房保障。政府主导与开发商积极沟通协调,约定以开发商降价部分作为开发商产权,剩余部分为保障对象产权,逐步引导住房保障市场化,既实现了"去库存"的政策要求,又解决了低收入困难家庭住房难问题。并且,提倡租售并举的保障方式,实现逐步保障,给予保障对象一定的购房缓冲期,由租房逐步转变为共有产权购房,提高低收入家庭的劳动积极性。

6 连云港市共有产权式经济适用住房需求群体分析

中低收入者作为共有产权保障性住房的主要受益者,其范围的合理界定至关重要。本节从人均月可支配收入的角度对江苏省共有产权保障性住房的保障范围进行界定。以居民的支付能力进行保障群体的确定是最为核心的保障原则,根据不同收入阶层居民的购房支付能力,对中低收入者进行进一步划分,制定分层保障体系,确定不同的保障标准,这一做法具有重要意义。按照居民收入水平不同,可通过保障标准线的确定形成以下保障体系(图1):

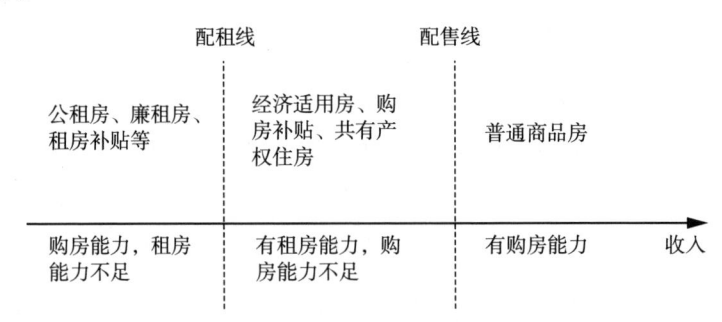

图1 按收入不同形成的住房保障体系

共有产权住房的保障范围应介于配租线以及配售线之间,即这部分"夹心层"群体有一定租房能力但是购房能力不足,以下将针对连云港市的具体情况,按收入不同确定共有产权住房的具体保障标准。

充分考虑连云港当前的实际情况,有以下基本数据及假定:

(1) 住房的户均面积约为 60 m²;

(2) 连云港市近一年来(2015.09—2016.08)商品住宅平均销售价格为 5821.75 元/m²[①],平均租房价格为 14.23 元/月/m²[②]。

(3) 以江苏银行(2016 年 3 月 1 日)的五年以上贷款的年利率 4.9% 为标准,居民使用等额本息还款方式;

(4) 家庭购房年限 30 年;

(5) 2016 年 3 月 30 日,连云港市央行等发布通知,缴存职工家庭使用住房公积金委托贷款购买首套普通自住房,最低首付款比例为 20%,所以研究中将需贷款额度设定为 80%。

对于配租线的确定,同理确定居民是否有租房可支付能力。计算得到"具有租房能力"家庭的年收入下限为:

$$Y' \geqslant \frac{12Rs}{a} = \frac{12 \times 14.23 \times 60}{0.4} = 25614$$

至此可以确定,在连云港市,凡是家庭年收入不低于 25614 元的家庭,皆属于"具有租房能力"群体,由此可确定共有产权住房保障标准的家庭收入下限即配租线。

对于配售线的确定,通过对"具有购房能力"群体的年收入下限进行确定,即共有产权住房保障群体的年收入上限。计算得到"具有购房能力"群体的年收入下限为:

$$Y' \geqslant \frac{P \times S \times m \times r \times (1+r)^n}{[(1+r)^n - 1] \times a}$$

---

① 数据来源:吉屋网,http://lyg.jiwu.com/fangjia/.
② 数据来源:城市房产,http://lyg.cityhouse.cn/lmarket/.

$$= \frac{5821.75 \times 60 \times 80\% \times 4.9\% \times (1+4.9\%)^{30}}{[(1+4.9\%)^{30}-1] \times 40\%}$$

$$=44929.36$$

至此可以确定,在连云港市,凡是家庭年收入不低于44929.36元的家庭,皆属于"具有购房能力"群体,由此可确定共有产权住房保障标准的家庭收入上限即配售线。

同理,连云港市共有产权住房保障标准应设定为家庭年收入在25614～44929.36元之间,即"有租房能力且缺乏购房能力"的群体。由于假定户均面积为60 m²,且一般规定共有产权住房家庭人口为2人时可申请住房60 m²,所以进一步设定假设分析中家庭人口为2人,则共有产权住房保障标准应为家庭人均年收入在12807～22464.68元之间。2014年,连云港市城镇居民家庭全年人均可支配收入为21518元,即可申请共有产权住房对象的人均收入为平均收入的60%～104%之间。2014年连云港市共有产权住房申请者年均收入为11113.65元,略低于假设分析中的家庭人均年收入下限。

7 完善共有产权住房制度的对策建议

7.1 共有产权制度创新对策建议

为了使连云港市共有产权式经济适用住房保障模式得以持续健康的发展,需要对现行保障机制进一步完善以提高对住房困难家庭的保障效率以及实现政府保障运作良性循环。

7.1.1 完善多层次住房保障体系

对于整个住房保障体系,利用不同的产权份额划分方式,产权份额由0～100%,对不同收入的保障对象实行不同保障方式,调节住房保障人群,使得对各收入阶层住房困难家庭都能给予最为合理的保障方式。例如,根据保障对象经济收入和能力不同,实行不同保障形式,具体而言,即根据住房困难家庭收入情况确定共有产权式经济适用住房保障群体(例如第六章中测算结果为可申请共有产权住房对象的人均收入为连云港市人均收入的60%～104%之间),对该"夹心层"家庭进行保障;保障对象的0产权即公租房、廉租房等形式,例如根据测算,对人均收入低于平均收入60%的群体即对无还款能力的最低收入阶层以保障租赁补贴或配给公租房、廉租房的形式进行补贴。争取实现针对各类低收入人群都有最为合适的产权份额进行保障的全覆盖保障方式,这样既保证了保障对象的利益权益,又推动了住房保障制度的完善。

7.1.2 房源供应多样化

由单一集中建设经济适用住房,转变为灵活多样的方式供应保障性住房。可以采取项目法人招标的方式,选择具有相应资质和良好社会责任意识的房地产开发企业实施,制定政策规定开发商在开发建设商品住宅时建设一定比例的共有产权经济适用住房;在"去库存"的政策环境要求下,引导开发商与保障对象共有商品房产权的形式进行住房保障,逐步引导住房保障市场化,形成以相对分散建房购房为主、以集中建房购房为辅的保障性住房供应方式。

7.1.3 补贴方式与补贴类型多样化

着手推进经济适用房货币补贴,通过政府发放货币补贴的形式让保障对象到市场上选购合适的商品房作为经济适用住房,政府与保障对象的出资比例作为经济适用住房的产权划分依据。发放货币补贴可以避免低收入家庭集中居住造成的贫民窟效应,可选择房源也较政府集中建设的经济适用住房更为多样化。运用货币补偿或租赁补贴方式解决住房保障问题,不仅可消化商品房的库存,解决保障群体的住房问题,也可避免继续建设保障性住房造成的资源浪费。

首先,保障房建设周期长,从拿地、拆迁到开发一般需要2～3年的时间,并需通过长期的轮候、等待才可入住。住房保障货币化可使中低收入人群自主购买适合自己的住房,避免因为低收入人群聚居而造成的社会阶层割裂及分化。

其次，住房保障货币化可采取货币补偿或补贴形式进行购买或租赁住房。一是按户进行补偿或补贴，可根据中低收入人群所在生活、工作的城市制定标准。二是按人进行补偿或补贴，由于目前我国人口的流动性较大，按人给予货币补偿或补贴，易于满足中低收入人群对住房的或购或租需求，更显公平。推动货币化可使市场供应与需求相匹配，又可使保障更为及时有效，大大提高配置效率。

同时，发放货币补偿或补贴时应做好申请登记，防止出现保障对象通过虚假二手房交易套取巨额补贴款的行为，防范货币化分配过程中的寻租行为；做好资金监管，防止资金筹集、管理和使用过程中的漏出现象，以保证住房保障资金用到实处。另外，在房价上行或下行期，货币补贴应随行就市，可每年调整一次补贴标准。

并且，根据申购家庭的具体收入情况，从低到高，采取分级补贴标准，如可分为70%、50%、30%三个等级给予补贴，根据受助中低收入家庭不同的经济状况，确定个人产权的拥有比例；个人根据自己的实际经济承受能力来支付相应的产权比例，承受能力低的家庭可先购买30%的产权，而承受能力相对较高的家庭可以购买50%或70%的产权，体现了更为合理的分层保障方式。最后，可以对保障群体进行多类型划分，例如具体划分为进城务工人员、新就业大学生以及其他城市户口中低收入者，确定不同群体的不同产权配比方式，并且规定进城务工人员、城市低收入者购房产权份额比例不低于60%，新就业大学生购房份额不低于80%等。

通过进一步细分保障群体以及保障方式，完善共有产权式经济适用住房保障制度，更加合理地解决住房困难家庭的住房问题。

7.2 相关政策配套措施

7.2.1 完善建设信息化监管机制

完善建设共有产权式经济适用住房信息化管理平台，与一定地域范围内

（如全省或全市）的房屋信息系统联网，实现信息共享和互查。由工商、民政、税务、交通、公安、社保、辖区居委会等多部门参与，对申请者信息进行联合审查。对共有产权房家庭相关资料进行信息化档案管理，提高相关监管工作效率，例如房屋管理、产权购回情况动态更新、退出或交易和租金收缴等相关信息，降低政府监管成本，提高管理效率。

7.2.2 加强审批体系建设

进一步完善申请救助家庭经济状况核对工作联席会议制度，明确民政部门的带头引领作用，将中低收入住房困难家庭核查工作成立专项，对各部门职责和核查内容做出明确规定，引导建立多部门联合的救助家庭经济状况核对平台。统筹推进申请救助家庭经济状况核对工作，确保最低生活保障者等社会救助对象得到准确、高效认定，社会救助制度得到公平、公正实施。

7.2.3 建立个人信用档案机制

为保障社会公平，确保共有产权经济适用住房不被用作投资收益的商品，在进行严格审批的同时，资格审查机构可利用商业银行建设的全国统一的个人信用信息数据库与金融机构联合制定个人信用档案制度。当个人采取不正当手段骗购经济适用住房后，可将其资料记于金融机构的个人信用不良记录上，通过互联网，各家金融机构对此也会加强警惕，拒绝其贷款申请。

参考文献：

[1] 陈晓维.经济适用房共有产权制度研究[D].大连：大连海事大学，2010.

[2] 王泽鉴.民法物权通则.所有权[M].北京：中国政法大学出版社，2000.

[3] 王效贤，刘海亮.物权法总则与所有权制度[M].北京：知识产权出版社，2006.

[4] 贾登勋，脱剑锋.房地产法新论[M].北京：中国社会科学出版社，2009.

[5] 刘国臻.土地与房产法研究[M].北京：中国政法大学出版社，2013.

[6] 孟祥沛.房地产法律制度比较研究[M].北京:法律出版社,2012.

[7] 姚兵.房地产学研究[M].北京:北京交通大学出版社,2011.

[8] 李睿飞.经济适用住房共有产权问题研究[D].上海:上海社会科学院,2015.

[9] 李东阳.连云港市建立多层次住房保障体系的实践与思考[J].中国房地产,2010(4):58-60.

[10] 梅夏英.物权法.所有权[M].北京:中国法制出版社,2005.

[11] 窦丽.我国经济适用房共有产权制度研究[D].太原:山西财经大学,2008.

[12] 黄薇薇.共有产权保障房模式研究[D].哈尔滨:哈尔滨工业大学,2015.

住房和城乡建设部科技项目(2015－R4－007)
专题研究报告五

经济适用住房共有产权份额认定

常州市金坛区住房保障办公室
南京大学金陵学院
南京大学房地产事务研究所

1 研究背景及意义

1.1 经济适用住房共有产权份额认定的研究背景

2014年国务院政府工作报告中提出"要增加中小套型商品房和共有产权住房供应",这是"共有产权住房"首次出现在政府工作报告中。共有产权住房已从民间探索发展到了中央管理层探索发展的新阶段。

从已有试点城市共有产权住房保障的做法来看,试点城市共有产权住房的份额存在着认定差异、标准不一、缺乏依据等问题。"淮安模式"在2007—2012年期间购房人和政府出资份额主要执行7∶3的共有产权住房份额比例,主要是根据传统经济适用房价格与同期、同类地段普通商品房价格之比确定。一套共有产权房的个人出资额等同于购买同面积经济适用房的出资额。而在棚户区改造中,共有产权拆迁安置住房的产权份额,既执行7∶3,又执行5∶5。目前,申购共有产权住房的保障面积标准为人均建筑面积24 m^2,在保障面积内的,按照6∶4结算个人房款,超面积部分,由购房人按完全产权购买。上海有7∶3、6∶4、6.5∶3.5等,南京有5∶5、7∶3、8∶2等几种比例。产权比例关系到保障对象是否能够买得起住房,关系到所有人享有的权利,是"共有产权"模式的核心内容,共有产权住房产权份额认定各地标准不一,如何科学有效认定将成为完善共有产权住房保障制度的一项新课题。

1.2 经济适用住房共有产权份额认定的研究意义及目标

为了更好地开展共有产权试点,引入公平、科学、有效的共有产权份额认定机制显得尤为重要。共有产权份额认定机制的完善和发展既能体现社会公平又能实现社会财富增长的分享。一方面,公平的产权份额认定为"爬楼梯式"住房保障模式提供退出的科学依据;另一方面,通过划定购买人等级确定其购买产权的比例,将住房确定为由政府和购买人按份共有的共有物,这也是合理分配上市交易收益、消除牟利和寻租空间的基础。

本次对共有产权份额认定的研究着力于总结试点地份额认定的经验、成效及存在的问题,为其他试点地的工作开展提供参考及借鉴。本研究试图结合理论与当地实践,找出解决问题的方案,并提出相关政策建议。

1.3 经济适用住房共有产权份额认定的研究思路与方法

本研究以常州市金坛区共有产权住房份额认定为研究对象,研究过程中拟采用以下思路:首先,明确本研究的背景和研究意义,明确共有产权制度按份共有的内涵、法律特征及覆盖人群;其次,分析国内外典型共有产权住房按份共有的模式,并总结借鉴经验和启示;再次,详细梳理分析常州市金坛区共有产权住房按份共有的发展历程、典型经验、运行成效及存在的困难和问题;最后,根据以上研究的经验及问题,提出完善该模式的对策。

拟采用的研究方法有:

(1) 文献研究法:广泛阅读相应的文献资料,了解国际、国内共有产权住房按份共有的理论与实践情况;

(2) 实证研究法:通过一定深度的调研,了解常州市金坛区共有产权房按份共有的发展历程、典型经验、运行成效及存在的困难和问题等,对常州市金坛区共有产权按份共有制度进行相应的梳理;

(3) 比较分析法:通过对国内外典型共有产权模式的比较研究,借鉴经验,为完善金坛共有产权按份共有制度、完善我国共有产权房发展提出政策建议。

2 经济适用住房共有产权份额的概述

2.1 共有产权住房按份共有的内涵

当多人共享一个所有权时,为避免相互间权利的冲突,不得不规定一定的范围,使各人在其范围内行使其权利,这个范围就是各个共有人的应有部分。简而言之,份额就是各个共有人行使权利和承担义务的范围。这个范围可以通过多个角度表征,其中数量比例是最为直观的一个方面。份额抽象地存在于共有财产的任何一部分上。份额并不局限在共有物的某一特定部分之上,共有人根据其应有份额可以对共有物的任何一个部分行使权利,即占有、使用和收益权及于共有物的全部。

从共有产权住房来看,份额主要分为个人出资份额和政府出资份额。个人出资份额是指:经济适用住房购买对象按经济适用住房价格购买的个人出资金额。政府出资份额是指:经济适用住房免收的土地出让金、行政事业性收费和政府性基金。

2.2 共有产权住房按份共有的模式选择

产权份额的计算就是要给出按份共有人各自拥有的产权份额的数量值,以明确按份共有人权利分享和义务分担的界限,例如用于确定维修基金、物业管理费以及重新上市后的收益分摊等。从已有的试点探索来看,共有产权住房的产权份额计算的形式有四种。

2.2.1 出资比例式

按份共有人拥有的产权份额根据其出资部分占总房价的比例确定。这是最常见的一种形式。我国《物权法》第一百零四条规定,"按份共有人对共有的不动产或者动产享有的份额,没有约定或者约定不明确的,按照出资额确定"。在试点城市,产权人持有的产权证属于共有产权证,其中分别载明了国有产权和个人产权的比例,明确这一比例的作用就是确定维修基金等费用的分担比例。

2.2.2 产权面积式

按苏州市的做法,按份共有人按出资额确定其拥有的产权面积,通过产权面积的形式体现产权份额。根据规定,"政府出资部分按优惠价折算成产权面积,在购房合同中注明:购房时政府出资×××元,折算为建筑面积××× m^2"。由于该市规定购房款以外所有费用由住户承担,并且公有产权部分的租赁费按面积计算,因此通过出资数额和产权面积可以清晰地界定产权。

2.2.3 完全租赁式

个人与其他购房人共同出资，构成租赁关系，按出资份额明确已付房款对应的面积数量。这种经济适用房租售并举的实施方式以杭州市为例，住户在获得完全产权之前无法拿到房屋所有权证。因此，该形式实际上不属于按份共有的共有产权形式，但住户租金缴纳取决于未支付房款对应的面积数量，并且房屋共用部位、共用设施设备维修基金又根据出资份额确定，因此又具有出资比例式的典型特征。

2.2.4 法律推定式

在发生按份共有的前提下，通过上述方式仍无法确定份额的，推定各共有人的份额均等。通常，在份额计算上法律有明确规定的，按法律规定；没有明确规定的，实行推定。各国在规定按份共有人的应有份额时，一般都规定均等份额的推定，这样做不仅简便易行，且最为公平，便于解决争端。

2.3 共有产权住房按份共有的法律特征

在我国，法律上根据物权法、民法"一物一权"的原则，一处房产法律只承认一个所有权，但一个所有权可由一个民事主体所独有，也可以由两个或两个以上的民事主体所共有，这为共有产权制度奠定了法律基础。《中华人民共和国民法典》第二百九十七条规定："不动产或者动产可以由两个以上组织、个人共有。共有包括按份共有和共同共有。"第二百九十八条规定："按份共有人对共有的不动产或者动产按照其份额享有所有权。"说明按份共有人共同享有一个所有权，一方共有人不单独享有完整的所有权，也就没有将其所有权对应的房产或者其使用和占有权进行出租这一法律处分的权利；其次按份共有的房屋，作为所有权权能之一的使用权的实现建立在一个完整功能的实体上，按份共有人不可能按其份额进行物理上的分割并将其出租。

2.4 共有产权住房按份共有的覆盖人群

共有产权住房供应对象主要是具有一定支付能力但又不足以到市场上购置住房的"夹心层"，《金坛市经济适用住房管理办法（修订版）》（坛政规

〔2012〕9号）第一条明确规定，供应对象为城镇居民中等以下收入家庭。低收入家庭按上年度城镇居民人均可支配收入的60%确定，中等偏下收入家庭按上年度城镇居民人均可支配收入的80%确定（金坛区2010—2016年中低收入线如图）。

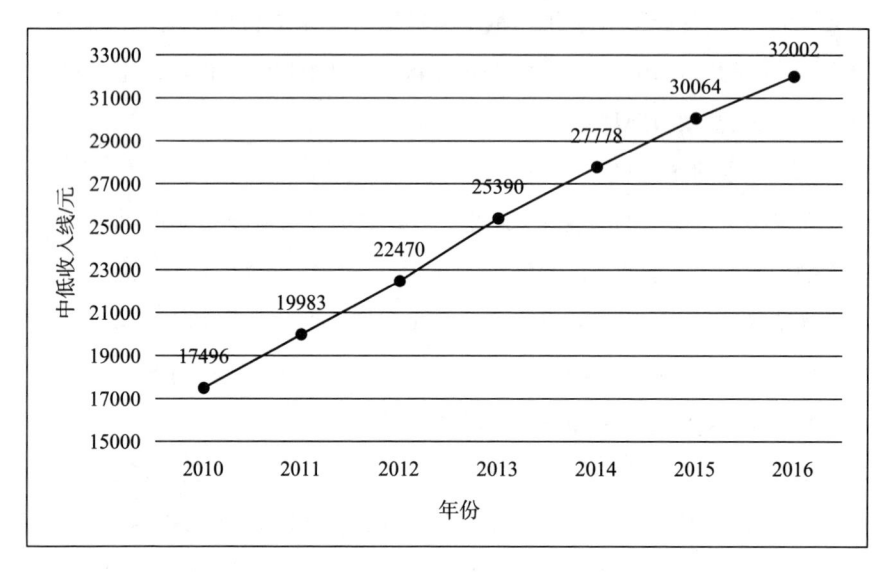

图1　金坛区2010—2016年中低收入线

3　国内外典型模式经验借鉴

3.1　英国：由共有产权向共享收益转变

英国是最早提出并实施共有产权住房政策的国家，也是老牌的市场经济国家，住房政策在200多年的市场经济体制中主要体现为三种形态：20世纪初之前完全依赖市场解决住房问题；20世纪初到20世纪80年代，政府通过大规模建设公共租赁房干预住房市场；20世纪80年代以来，发展公私混合的共有产权住房保障方式。20世纪80年代初，首先推进的共有产权保障计划是公共住房私有化的一种创新方式。

附录一 共有产权住房制度创新研究专题研究报告

英国的共有产权与共享收益模式都是政府对有一定购房支付能力但又难以完全依靠市场途径购买住房的部分群体的一种资助方式。20世纪80年代初的共有产权是利用补贴获得住房产权的普遍方式,房主以租买结合的形式获得住房,同时,在适当的时候购买更多的产权份额,逐步实现完整产权,从而退出这一细分市场。共享收益模式是购房者首先拥有住房的完整产权,并利用产权贷款来支付自身没有能力购买的部分产权,产权贷款分享房屋增值收益,产权贷款可以在住房转售时还清,也可以在转售前的任何时间偿还,偿还金额按照市场价格乘以当初购房者产权贷款所占的比例得出。

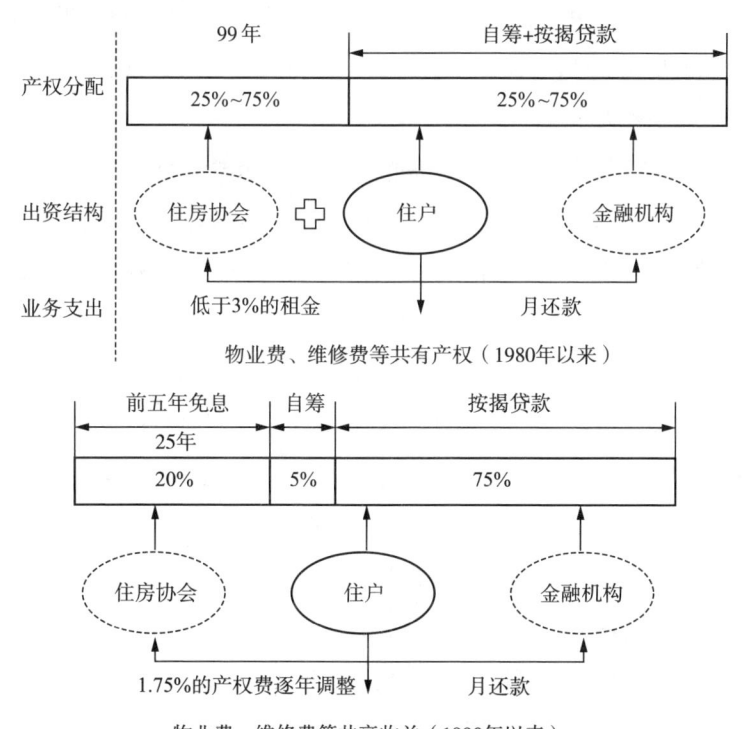

图2 英国共有产权与共享收益模式图

英国共有产权模式下的产权比例较为灵活,购房者可在25%~75%之间选择任何比例的产权,相比我国所实施的共有产权模式,其产权比例的选择范围更大、灵活性更强。如我国共有产权的淮安模式中,政府与个人的权属比例只包括"3∶7"和"5∶5"两种类型,相对较为丰富的上海模式也只包括了"3∶7""3.5∶6.5""4∶6"三种类型。实践证明,购房者首次购买时产权比例的选择性较大,受惠群体也将更广泛。我国共有产权模式应随着准入机制和监督管理机制的不断完善逐渐扩大可选择范围,进而满足更多不同收入群体的需求。但英国的共有产权模式仍然存在一些问题:(1) 流动性和灵活性欠缺。住房协会通常会对住户做一些长达数月的财务评估和测试,共有产权住户若想将其住房出售,等待的周期漫长,手续复杂;(2) 面临房价下降的风险。让居民和政府共享房价上涨收益的共有产权住房,最大的风险在于房价一旦停止上涨或出现下跌,居民和政府将共同承担房价下跌的风险,而风险也将最终转嫁给纳税人[①]。

3.2 上海:以周边房价为依据的产权份额动态机制

上海市于 2016 年 3 月发布了《上海市共有产权保障住房管理办法》,并于 2019 年修订后重新公布,其中进一步明确了共有产权保障住房的运作机制。截至 2020 年年底,上海市共有产权住房已累计保障 12.75 万户居民。"上海模式"在产权份额划分上主要以购房人出资额与周边房价的比例关系确定且政府让渡租金收益,这样一种模式有效地解决了保障对象的居住难题,且为保障对象创造了一定的财富增值空间,减少了政府建设的资金沉淀,压缩了现行经济适用住房制度普遍存在的寻租空间。

在产权设计部分,上海市共有产权住房的个人产权份额按照销售基准价格与周边房价的比例关系确定,计算公式为:

个人产权份额:销售基准价格/(周边房价×折扣系数)

政府产权份额:1-个人产权份额

其中,销售基准价格是指共有产权经济适用住房楼盘销售给居民的平均

---

① 黄忠华,杜雪君,虞晓芬.英国共有产权住房的实践、经验及启示[J].中国房地产,2014(13):76-79.

价格。周边房价是指经济适用房周边(一般取 3 km)同类型普通商品住房在最近两年内的成交均价(不少于 8 个项目,若不能达到 8 个项目,则由评价机构提供评估价),周边同类型普通商品住房不包括低容积率的住房和高档住宅。折扣系数以上海市经济适用住房的开发建设成本为基础,综合考虑保障对象经济承受能力和周边普通商品住房市场成交价格等因素确定,一般在 0.85~0.9 之间,实质上是政府对购买共有产权保障住房对象的利益让渡。上海市规定购房人购买的产权份额不低于 55%、不高于 70%,5 个百分点为一档,共四档(如下表)。

表 1 上海共有产权经济适用房个人与政府产权比例

类型	个人:政府产权比例	具体项目	销售基准价格
第一类	70:30	浦东周浦,浦东航头 1 号、3 号、4 号地块等	5200~5800 元/m²
第二类	65:35	清浦,江桥,嘉定南翔,宝山顺村	6700~7000 元/m²
第三类	60:40	浦东三林 1 号、3 号地块,浦东三林 2 号、4 号、6 号、7 号地块等	8000~8500 元/m²
第四类	55:45	恒高家园一期-1、恒高家园二期、晶采坊	9300~9600 元/m²

上海的共有产权制度设计将政府土地出让金、配套费用等投入量化为政府拥有的产权比例,明晰了有限产权的具体产权比例关系。其好处如下:一是改暗补为明补,让居民一目了然,居民在购房前就会综合分析是否需要购买。二是体现了不同项目的特点,每一个项目的所处地段不同、开发成本不同,但为了保证居民的购房能力,一些项目中政府实质的投入或补贴多、一些项目相对较少,因此,将不同的政府投入量化成不同的产权比例,改变了"一刀切"的做法,更科学、更合理、更公平。三是今后保障对象随条件改善上市转让住房时,双方按照约定的产权份额分配收益,真正按照现代经济的规则,体现了"谁投资,谁收益",购房者既享受房产增值收益也承担房价下降的风险,减少了投资性需求。并且,购房者可以无偿使用政府持有的那一部分产

权,体现了上海的共有产权住房是将所有权和使用权相分离,政府无偿让渡了政府出资那部分的使用权。

上海的共有产权模式也存在一定的问题。上海的共有产权住房购房者不能回购政府产权,即使是购房满5年过后,房屋权利人也不能通过补缴房价增值收益的方式取得完全产权,处于半封闭的运作状态[①]。不管购房者取得共有产权保障性住房房地产权证不满5年还是满5年,政府都保留优先回购权。其政策设计的出发点是保证满足居民基本的居住需求而非投资性的需求。

3.3 两种典型模式对比分析

将英国和上海的共有产权模式进行对比可以看出,英国和上海在产权比例的划分上都具有一定的灵活性,英国的共有产权购房者可在25%～75%之间选择任何比例的产权,而上海的共有产权购房者的产权是根据周边房价动态决定产权份额。两者灵活、动态地确定购房者的产权就是为了适应符合条件购房者的不同需求,覆盖更多的保障人群。在产权属性上,英国的共有产权住房所有权和使用权不分离,购房者在前5年无需缴纳产权使用费,从第6年开始需要缴纳贷款价值的1.75%并且逐年增加。上海的共有产权住房的所有权和使用权分离,政府让渡出使用权,住房者无需缴纳使用费。在共有产权住房的退出机制上,英国的共有产权住房房主可以在任何时候购买更多的份额或者偿还部分权益贷款,购买和偿还的价格取决于当时的市场价格,每次最低购买份额或偿还数额为住房市场价的10%,权益贷款必须在25年内还清,而上海的共有产权住房无论是不满5年还是5年后都不能上市交易,只能由政府回购。

[①] 上海房地产科学研究院.上海住房保障体系研究与探索[M].北京:人民出版社,2012.

表2 英国和上海共有产权模式对比

国家/地区	产权比例	产权属性	退出机制
英国	购房者可在25%～75%之间选择任何比例的产权	共有产权住房的所有权和使用权不分离	房主可以在任何时候购买更多的份额或者偿还部分权益贷款,购买和偿还的价格取决于当时的市场价格,每次最低购买份额或偿还数额为住房市场价的10%,权益贷款必须在25年内还清
上海	"3:7""3.5:6.5""4:6"三种类型,根据周边房价动态决定产权份额	共有产权住房的所有权和使用权分离,政府让渡使用权	共有产权住房不满5年和5年后都不能上市交易,只能由政府回购

上海的共有产权住房购房者不能回购,而英国共有产权住房制度建设的目标就是要鼓励住房保有,提高住房的自有化率。从共有产权保障住房性质出发分析,应该赋予居民回购政府产权的权利,其因有三:一是设计共有产权保障住房制度的背景是因为存在着一些暂时买不起房但对拥有一套房有强烈诉求的群体,只有赋予居民回购政府产权的权利才能满足其最终的诉求;二是如果赋予居民回购政府产权的权利,就可以盘活政府大量的沉淀资产,回笼的资金又可以投入更多的保障房建设;三是购房者无期限、无偿使用政府的资源,有失公平,尤其是当一部分家庭经济条件改善后,通过回购政府产权建立退出机制是有必要的。

4 常州市金坛区经济适用住房共有产权份额的认定

4.1 共有产权份额认定的发展历程

1997年金坛市率先出台《经济适用住房管理暂行办法》,当时,金坛市作为省房改试点市(县),为着力解决单位未分配住房城镇职工的居住问题,停止实物分房,实行住房分配货币化。随着国家、省对住房保障工作要求的提升,2008年,金坛市政府按国家、省《经济适用住房管理办法》进行修订,出台了《金坛市经济适用住房管理办法》(坛政发〔2008〕82号),随着房地产市场的快速发展,房价上涨幅度较大,土地出让与行政划拨土地差价悬殊,引发少数人对经济适用住房产生牟利行为,许多新闻媒体对经济适用住房产生怀疑,金坛市经济适用住房申请量急剧上升。2012年,市住房保障办公室提出了对经济适用住房进行共有产权管理模式的设想,得到市政府的高度重视,经反复调研,借鉴外地的经验和做法,结合本地的实际,形成了金坛独特的经济适用住房共有产权管理模式。同年,正式出台了《金坛市经济适用住房管理办法(修订版)》(坛政规〔2012〕9号)文件。

1997—2007年为初探阶段,这一阶段保障性住房以经济适用房为主体,全国开始大量建设经济适用房,这一时期保障性住房快速发展。金坛市的住房保障主要保障在外地工作离、退休回坛的职工,这些职工是具有市区常住户口,在外地工作时未购买过公有住房、经济适用房、安居房及集资建房的住房困难户;以具有市区常住户口的现役军人配偶为主,根据不同级别配以不同面积的住房,其属于小产权房,不能上市交易,市场化程度较低。

2008—2011年为雏形阶段,我国确定房地产业为支柱产业,房屋供给主体从保障性住房转向普通商品住房。保障对象更加集中于城镇中等以下收入家庭及住房困难户。保障方式也从传统的实物保障转变为实物保障与货币保障相结合。根据市场规律,探索了一定的保障性住房上市及退出的机制,规定取得房屋所有权证、土地所有权证满5年后,缴纳土地收益等价款按经济适用住房优惠增值部分的50%确定。

2012年至今为完善阶段,国家再次提出保障性住房的重要性,并出台相应政策刺激保障性住房建设,各地掀起了共有产权住房修建及探索的热潮。2012年的《办法》是在2008年《办法》基础上的完善与创新。从传统的经济适用房到共有产权住房的转变,主要是为了消除逐利者的牟利空间,使共有产权住房成为真正保障对象(城镇居民中等以下收入家庭)的住所。金坛创新性地采用实物保障与货币保障相结合的形式,尽量全面地覆盖保障对象的需求。以产权面积式的计算方式动态衡量共有产权主体的面积，推出合理、科学的上市退出机制，使金坛区的共有产权住房探索成为保障对象受益、政府住房保障资金保值增值良性循环、有效遏制牟利行为的"多赢"机制。

表3　各阶段住房保障政策特征

年份	保障对象	保障方式	上市交易
1997—2007年初探阶段	在外地工作离、退休回坛的职工，这些职工是具有市区常住户口，在外地工作时未购买过公有住房、经济适用房、安居房及集资建房的住房困难户；具有市区常住户口的现役军人配偶	实物保障 享受成本价的购房建筑面积：一般职工、干部为75 m²；科级干部为90 m²；县处级干部为110 m²，超面积按市场价计算	不能上市交易
2008—2011年雏形阶段	城镇中等以下收入家庭（家庭收入为城镇居民可支配收入的60%）及住房困难户（人均住房面积低于18 m²）	实物保障结合货币补贴	取得房屋所有权证、土地所有权证满5年后，缴纳土地收益等价款按经济适用住房优惠增值部分的50%确定
2012年至今完善阶段	城镇居民中等以下收入家庭（家庭收入为城镇居民可支配收入的80%）	实物保障与货币保障（最高4.5万）相结合	土地使用权证满5年后，按规定标准的一定比例向政府交纳土地收益等相关价款，取得完全产权，方可上市交易。补缴增值收益=商品房市场均价×政府出资份额面积

4.2　共有产权住房保障的金坛经验

4.2.1　创新共有产权住房的价格核定

根据《江苏省经济适用住房价格管理办法》，金坛区的经济适用住房价格包括土地征用费用、前期工程费用、房屋建筑安装工程费和附属公共配套设施费[如式(1)]。以南洲花园四期经济适用住房项目为例，其价格构成为：土地征用费用402元/m²(40万元/亩)＋工程前期费用80元/m²＋建安造价1050元/m²＋公建配套49元/m²＋公共基础设施359元/m²＋财务费用38元/m²＝1978元/m²。最终市物价局主管部门核定南洲花园四期价格为1960元/m²。

经济适用住房价格＝土地征用费用＋前期工程费用＋房屋建筑安装工程费＋附属公共配套设施费 (1)

共有产权住房价格估算时,同地段普通商品房的价格由经济适用住房的价格、土地净地出让与土地划拨前期取得费用价差、政府减免的各项规费和政府性基金、合理的利润(10%)和税金五个部分组成[如式(2)]。南洲花园四期经济适用住房土地采用挂牌出让方法,出让起始价为18931万元(2398元/m^2),土地净地出让价格与通过行政划拨取得土地费用价差为120万元/亩,折合建筑面积单价为1207元/m^2＋政府减免的各项规费和政府性基金240元/m^2＋合理的利润340元/m^2＋税金285元/m^2＋经济适用住房价格1960元/m^2＝4032元/m^2,最终确定南洲花园四期市场价为4000元/m^2。位于南洲花园马路对面的城南花园与南洲花园属于相同地块,同为多层建筑,容积率为1.50。其土地净地出让价格为160万元/亩,对外市场销售价格为5500元/m^2。

同地段普通商品房价格＝经济适用住房的价格＋土地净地出让与土地划拨前期取得费用价差＋政府减免的各项规费和政府性基金＋合理的利润(10%)＋税金 (2)

4.2.2 创新共有产权住房的份额认定

金坛区共有产权住房保障是以货币补贴和住房补贴相结合,保障对象可自由选择。所以共有产权份额认定也分为实物安置产权份额和货币补贴产权份额,从多形式、多层次全面推进共有产权份额认定的开展,尽可能地覆盖保障对象,使份额认定成为实现共有产权住房保障的坚实基础。

1. 经济适用住房实物安置产权份额

个人出资份额是指经济适用住房购买对象按经济适用住房价格购买的个人出资金额。政府出资份额是指经济适用住房免收的土地出让金、行政事业性收费和政府性基金。政府出资具体金额为同期同地段同类普通商品房市场价的85%减去经济适用住房价格[如式(3)]。

个人份额面积为：A÷(B×85％)×C

政府份额面积为：(B×85％－A)÷(B×85％)×C (3)

其中 A 表示经济适用住房价格；B 表示同期同地段同类普通商品房价格；C 表示享受经济适用住房面积。

表4　南洲花园四期经济适用住房共有产权份额对比

参照同类同地段市场价 5500				按照实际核定市场价不予优惠 4000				按照实际核定市场价优惠15% 3400			
个人产权份额面积	个人产权比例(%)	政府产权份额面积	政府产权比例(%)	个人产权份额面积	个人产权比例(%)	政府产权份额面积	政府产权比例(%)	个人产权份额面积	个人产权比例(%)	政府产权份额面积	政府产权比例(%)
26.7	35.6	48.2	64.4	36.7	49	38.2	51	43.2	57.6	31.7	42.4

从对比一览表中可以看出，金坛区在实施经济适用住房共有产权过程中，充分考虑住房保障家庭的根本利益，在确保国有资产不受损失的前提下，实现住房保障家庭的利益最大化。保障家庭购买同类同地段普通商品房实际享受政府优惠补贴为(5500－3400)×75＝157500 元。

实例：丁秋萍购买 79.56 m² 的经济适用住房，经济适用住房单价为 1960 元/m²，核定商品房市场价为 4000 元/m²，享受经济适用住房面积为 75 m²，超出控制面积为 4.56 m²，则个人份额面积为：1960÷(4000×85％)×75＋4.56＝47.8 m²；政府份额面积为：(4000×85％－1960)÷(4000×85％)×75＝31.76 m²。

2. 经济适用住房货币补贴产权份额

个人出资份额是指个人在市场上购买住房的个人出资金额。政府出资份额是指享受经济适用住房货币补贴金额的85％[如式(4)]。

个人份额面积为：(A－B×85％)÷A×C

政府份额面积为：(B×85％)÷A×C (4)

其中 A 表示购买该房屋总金额；B 表示货币补贴金额；C 表示该套房屋总面积。

实例：李华购买 122.01 m² 的住房，总房款为 442963 元，货币补贴金额为 45000 元，则个人份额面积为：(442963－45000×85％)÷442963×122.01＝111.48 m²；政府份额面积为：(45000×85％)÷442963×122.01＝10.53 m²。

4.2.3　创新共有产权住房的金融保障

《金坛市经济适用住房管理办法（修订版）》（坛政规〔2012〕9 号）规定：经济适用住房开发单位可以用在建项目作抵押向金融机构申请住房开发贷款，且各金融机构和住房公积金管理中心要向购买经济适用住房的个人优先发放商业性个人住房贷款、政策性个人住房贷款或个人住房组合贷款。

在共有产权贷款方面，金坛区与中国银行达成协议：协议保障对象如不能偿还共有产权住房贷款，退出时以公租房置换共有产权住房，通过政府回购，来偿还银行的损失。并且约定全区共有产权抵押贷款业务只授权给一家银行来做，总共有 250 户贷款，迄今为止已经第 5 年，这些贷款中没有一起逾期。这样一种政府强势托底担保的金融政策，减少了银行的风险，增加了银行预期，为提供共有产权住房抵押贷款的金融机构吃了一颗"定心丸"。

4.2.4　创新共有产权住房的管理制度

金坛区创立"联合审查"制度，联合公安、民政、财政、人力资源和社会保障、住房和城乡建设、公积金管理中心、地税、国税、工商、总工会、残联、监察等十二个部门，按照各自职责共同做好城镇居民申请住房保障家庭经济状况核查工作。各相关部门应当指定专人对申请住房保障家庭经济状况进行核查工作。

金坛区设立专项维修基金，《办法》规定购买共有产权住房的居民要按时按房屋建筑面积交纳物业管理费用。专项维修基金由购房人按房屋建筑面积全额缴纳。在后期管理费处理方面，共有产权小区的物业费由业主委员会自行收取。

4.3 共有产权住房保障的金坛成效

常州市金坛区的产权份额认定主要采用的是产权面积式的份额认定办法。经济适用住房共有产权管理模式的建立,有效解决了经济适用住房增值收益分配问题,充分体现了"谁投资、谁所有、谁受益"的原则,实现了政府投入的住房保障资金保值增值的良性循环,让政府投入的住房保障资金真正用于需要解决住房问题的中低收入家庭,有效遏制了少数人利用住房保障政策进行投机行为,从而使经济适用住房申请数量从2012年的1183户合理回归到2015年的335户。截至目前,已有299户家庭签订共有产权式经济适用住房网上备案合同,254户家庭领取共有产权房产证和土地证,2户家庭办理共有产权式经济适用住房货币补贴。

采用2012年出台的共有产权份额认定办法,金坛区修建的南洲花园四期保障性住房项目被列入市政府为民办实事重点工程,该项目用地面积79820 m²,容积率为1.49,总建筑面积155931 m²,总户数1153户,其中经济适用住房320套、公共租赁住房153套、限价商品房680套。

> 这套80 m²的房子只要个人出资20余万元,我们这个小区紧邻湿地公园,风景好,交通方便。我们很满意。在外面租住了4年,现在有了自己的家了!

金坛区共有产权房主唐白珍

4.4 经济适用住房产权份额认定遇到的困难及问题

4.4.1 制度创新与制度审计的矛盾

为了使共有产权住房保障不单单是一项以政府为主导的保障行为,金坛区创新性地将修建保障房的土地性质由划拨改为了出让。这样做的目的一方面是使保障行为更加市场化,与市场接轨,进一步加强市场在保障房资源配置中的作用；另一方面也是鼓励保障对象能够通过努力买下"全产权"的房屋，实现"居者有其屋"的理想。然而审计部门对金坛区的共有产权住房保障工作审计的时候，坚持经济适用房的用地性质应为划拨用地，审计制度的固守成为制度创新的蹩脚。

4.4.2 保障性住房与商品房发展的矛盾

金坛区保障房刚刚推行的时候，市民认为价格"低廉"的保障性住房有利可图，其申请情况一度火热，总申请量达到1200套。市民对保障性住房的热情不减使得保障性住房的发展与普通商品房的开发形成了矛盾。其根本在于保障性住房的政策还存在一定的牟利空间，让市民觉得有利可图。

5 经济适用住房共有产权份额认定的政策建议

5.1 共有产权住房的政府产权份额定量计算

常州市金坛区共有产权住房政府出资部分按优惠价折算成产权面积的动态产权份额计算方式，有效地实现了共有产权住房产权份额的动态计算，既保证了保障性住房的福利性，又保证了保障性住房的公平性，是进一步完善经济适用住房政策体系的一种宝贵探索。这样一种方式将经济适用住房的有限产权进行细化，明确了产权份额，明确了上市交易增值收益分配比例，解决了经济适用住房增值收益分配难题，从政策上消除了经济适用住房牟利空间，值得在有条件的地区推广。

5.2 处理好住房保障与房地产市场的健康关系

保障性住房与一般住宅最大的不同在于它的"保障性"特质。其建设的目的不是获利，而在于"保障"，是为特定人群提供的"住的保障"，借此在某种程度上实现社会公平和保障社会稳定，只有坚持"保障"的性质才是住房保障与房地产市场稳定的基础。中央在2016年经济工作会议中多次指出加快农民工市民化,通过扩大需求来稳定房地产市场。这些"新市民"在城市定居需要大量保障性住房。而在房地产市场中,一方面市场的供给结构失衡,另一方面新市民住房需求得不到满足。此时就需要用政府的有形之手,让房地产市场进行供给侧改革,通过一些形式让"过剩"的商品房向"紧缺"的保障性住房转移,从而达到新的供需平衡,促进住房保障与房地产市场的持续健康发展。

5.3 共有产权住房建设应与"去库存"相结合

借鉴英国的共有产权住房制度,为中低收入家庭提供了拥有住房产权以及资产的机会,促进了混合型、平衡式社区的建立和城市再生,并在低公共成本的前提下释放了社会住房存量,同时也有助于在高压的住房市场中引入与留住关键人才。结合我国现有国情,一方面,城镇化的快速发展使得真正需要保障性住房的进城打工人员由于户籍原因不具有购买保障性住房的资格,从而使保障性住房与其主要需求者不对称,阻碍了保障性住房的发展,因此政府需要出台相应的户籍政策,使农民工能够真正享受城镇化成果。另一方面,在去库存的背景下,政府可以购买一定比例的商品房作为保障性住房,不但可以减少商品房的库存,也可以增加保障性住房的供给。在社会保障方面,政府可以通过一些措施如降息、降低首付、个人所得税抵押利息等形式增加消费者购买力,从而拉动保障性住房的供给。

5.4 探索建立更加市场化的住房协会管理制度

以英国的共有产权住房制度为例,无论是共有产权保障计划还是共享权益保障计划,住房协会在政府和住房民众之间都起着不可磨灭的重要作用。住房协会既是共有产权住房的提供者,又是共有产权住房的管理者,通过共有产权住房的增值收益及共有产权部分的租金来维持正常运行,对房屋的保护和维修进行监督,为住房者提供服务,减轻政府负担。住房协会利用公共补贴和个人贷款新建和翻修住房并租售给住户,住房协会还可对住户购买的产权份额设置上限以控制房源,干预住房资源的流转。在我国现有的社会主义市场制度下,住房保障工作还主要是以政府为主导的行为,市场化程度更高的住房协会制度还有待进一步探索。

5.5 拥有更完全产权的共享收益将成为新趋势

共有产权和共享收益最大的区别在于购房者对房屋产权的占有情况不同。在共有产权模式中,房屋产权由住房协会(中国为地方政府)和住户共有,住户拥有的是不完全的所有权,并要向住房协会缴纳剩余产权面积的使用费。而在共享权益模式下,购房者拥有全部的所有权,不存在租赁关系,政府或住房协会出资的价值体现在提供的低息住房贷款和利益分配上。上海和金坛的模式已将所有权和使用权分离,赋予了住房者更完全的使用权,随着共有产权制度的不断完善和住房需求者物质生活水平的提高,拥有更完全产权的共享收益型共有产权住房将成为新的趋势。

附录二　共有产权住房制度创新研究调研报告

住房和城乡建设部科技项目(2015 - R4 - 007)
调研报告一

张家港市共有产权住房调研报告

南京工业大学天诚不动产研究所

1 研究背景

在城市人口持续增加的压力下,在土地资源日趋紧缺的约束下,现行的住房保障体系远远不能满足住房保障需要,必须进行创新。江苏省作为全国率先提出"共有产权房"改革试点的省份,一开始在淮安市试点推广,之后连云港、泰州、如皋、苏州等城市陆续进行了共有产权经济适用房的试点。各城市试点多年,各有特色,体现出"共有产权"的多样化,取得了一定的成效。

最早回应社会"夹心层"问题并进行共有产权住房创新试点的江苏省,在共有产权住房建设管理方面既有着成功的模式经验,又积累了亟待改善和解决的问题。因此,本研究以江苏省共有产权住房建设的现有成果为基础,从现存问题困境出发,探索共有产权住房模式进一步完善的形式和途径,是全省乃至全国范围内这一模式进一步推广的重要课题。

2 调研的思路和方法

本研究以张家港市共有产权住房制度为研究对象,研究过程中拟采用以下思路:首先明确本研究的背景和调研的内容;其次详细梳理分析张家港市共有产权住房制度的发展历程、运行机制、准入退出机制、运行成效及存在的问题;最后总结张家港市共有产权住房制度的特点与经验,探索未来的发展思路。

本次调研的形式主要是座谈会,通过一定深度的调研了解张家港共有产权住房制度发展的历程,共有产权住房制度运行、准入、退出机制及存在问题等,对张家港市共有产权住房制度进行相应的梳理。

3 张家港市共有产权经济适用住房政策详解

张家港市于2013年开始着手共有产权住房相关工作。经过调研,于2014年11月份出台了《张家港市共有产权经济适用住房管理办法通知》。

3.1 共有产权经济适用住房出资额和产权划分

在共有产权可享受面积(75 m²)内,按个人出资份额与政府出资份额的比例关系确定产权份额,超出优惠面积,按照市场价。

个人出资份额为申购家庭按基准价购买可享受面积的价款总额,政府出资份额为共有产权房建设用地市场价与实际取得价的价差、免收的行政事业性收费和政府性基金等。按照政府适度让利要求,可享受面积内产权份额比例确定为7∶3,即个人占70%产权,政府占30%产权。产权份额需要调整时,由市房产中心制定方案,报市政府批准后公布执行。可享受面积以外部分以及自行车库、汽车库(位)、阁楼等由申购家庭按照核定的价格购买,享受完全产权。

3.2 共有产权经济适用住房土地性质

张家港市按照《经济适用住房管理办法》(建住房〔2007〕258号文)第七条"经济适用住房建设用地以划拨方式供应"的规定,确定共有产权经济适用住房建设土地性质为划拨。

3.3 共有产权经济适用住房保障对象

保障对象主要是中低收入家庭,而且家庭财产(家庭成员所拥有的全部货币财产和实务财产)价值在中低收入家庭年收入标准的8倍以下。经济适用住房保障对象不包括外来务工人员和新就业大学生。

3.4 共有产权经济适用住房建设

张家港市共有产权经济适用住房建设以成片开发为主,建设规模根据中低收入家庭住房需求合理确定,严格控制套型面积,目前张家港市共有产权住房面积主要集中在 90 m²~110 m²。目前张家港市共有产权经济适用住房还在建设过程中。

3.5 共有产权经济适用住房价格

共有产权经济适用住房销售应当实行明码标价,不在标价之外收取任何未予标明的费用。市物价部门根据《江苏省经济适用住房价格管理实施方法》核定房屋价格。

共有产权住房可享受面积内的基准价,由市物价局会同市房产管理中心,在综合考虑开发成本的基础上核定,建设用地土地出让金由市国土部门核定。目前张家港市共有产权经济适用住房价格在优惠面积以内是 3250 元/m²,超出优惠面积以市场价为准,由市物价局会同房产管理中心,参照同地段同类型普通商品房的平均价格水平适当下浮予以核定。

3.6 共有产权经济适用住房准入和退出

共有产权经济适用住房严格执行经济适用房相关规定,实行严格的准入和退出机制,其供应程序包括预登记、申请、初审、会审、公示和轮候制度。共有产权房房源分配采用公开摇号选房的方式确定,摇号选房过程由市公证处公证。已获准购买共有产权房的申请家庭,因自身原因自愿放弃购买的,2 年内不得再次申购。

3.7 共有产权经济适用住房权属登记

《房屋买卖合同》签订后,应当按规定办理权属登记。需在房屋所有权证附记栏加盖"共有产权经济适用住房"印章,并载明个人与政府的产权比例。市保障性住房发展中心代表市政府作为共有产权人。购房人不再享受其他保障优惠。

3.8 共有产权经济适用住房的管理

购房人在未取得共有产权经济适用住房之前,不得将共有产权经济适用住房转让、出租、出借、闲置或者赠与,不得设定除共有产权房购房贷款担保以外的抵押权。违规转让、出租、出借、闲置、赠与共有产权房,或者擅自改变住房用途且拒不整改的,由市房产管理中心限期按照原价并考虑折旧等因素进行收回;确定不能收回的,由市房产管理中心限期按照原价责成买受人按照市场评估价缴纳政府产权部分的房屋价款,不得再次申请购买或者租赁各类保障性住房。

3.9 共有产权经济适用住房完全产权的取得

购买共有产权房满 5 年后需上市交易的,须经市房产管理中心批准。交易时,由出让人按市场评估价向政府缴纳政府产权部分的房屋价款,取得完全产权。向政府缴纳的房款纳入财政专户,资金专项用于全市的保障房建设和老住宅区维修改造等方面经费支出。

购买共有产权房满 5 年后,买受人可按市场评估价向政府缴纳政府产权部分的房屋价款,取得完全产权。

4 实施以来遇到的问题

2015 年张家港市共有产权经济适用住房提交审核 81 户,最终确定为 58 户,部分中低收入家庭选择放弃申请。主要是由于共有产权经济适用住房周边配套设施不完善,而且张家港市本身房价不高,获利空间小。

准入和退出制度模糊不清,由于中低收入家庭的标准难以界定,难以核实居民的实际收入及其收入变化。而且,受保障者的资格审查也没有在我国经济适用住房共有产权模式中充分规定,审查本身的程序性和有效性尚未明确。共有产权经济适用住房退出机制也需要进一步的完善,追责制度缺失,原则性规定居多,尚未有明确的责任承担方式。

对于经济适用住房的受保障者,我国在金融扶持方面的政策相当有限,受保障者在购买共有产权经济适用住房部分产权时,申请贷款的难度很大。

经济适用住房抵押贷款担保机制也亟待建立。

5 政策建议

1. 共有产权经济适用房应当统筹规划、合理布局、完善配套设施,充分考虑城市中低收入困难家庭对交通等基础设施条件的要求,尽可能安排在重点发展区域、产业集中区域,在土地成本低的地段,要优先安排建设共有产权房。

2. 由于张家港市共有产权经济适用住房的优惠价格与市场价相差不大,而且后续的管理成本较高,建议实行货币化补贴,代替实物补贴。

3. 政府部门应该加强对受保障者资格的监管,做到政策公示、房源公布、价格透明、购房者信息公开。

4. 由于目前大部分商业银行不愿意做经济适用房贷款业务,而且许多低收入家庭不符合贷款要求,如果采用租售并举的共有产权模式,可大大减轻购房者的资金压力。

住房和城乡建设部科技项目(2015 - R4 - 007)
调研报告二

高邮市共有产权住房调研报告

南京工业大学天诚不动产研究所

1 研究背景与意义

1.1 研究的背景

2014年《政府工作报告》中明确要求增加共有产权住房供应。与此同时,党中央、国务院领导以及省委、省政府领导还多次专门指示、批示,要求抓紧组织力量对共有产权住房进行探索,总结经验,提出推进及相应制度化的建议。可见共有产权住房这一形式将成为未来保障体系建设的重要内容。

住房供给结构趋于稳定以来,高度商品化推动市场经济发展的同时,也出现了一些问题,主要是迅速膨胀的房价使得房地产市场出现了"夹心层",这些人没有能力支付如此高昂的房价,也没有被纳入保障范围。高房价的形成既有它的外部环境,也有内在推动力,是多种因素综合作用的结果。这些因素既包含开发商追求高额利润的因素,也有信贷过度、投资或投机购房占有比过大以及政策偏差和管理不到位等因素,更主要的是由于住房商品化过度,住房结构不合理,投资和投机购房占比过大等因素造成房价增长过快,夹心层问题日益突出。

1.2 研究目的与意义

本研究对共有产权住房制度进行研究,旨在达到的目的是:

1. 研究高邮市共有产权住房模式运行机制、制度特点,研究共有产权住房制度取得的成效;

2. 梳理存在的问题及面临的挑战,探讨相关问题及原因,有无设想中的解决方案;

3. 借鉴其他省市的经验启示,针对存在问题提出完善该模式的对策以及未来的工作思路。

研究意义有:

（1）对高邮市共有产权住房实践的剖析与研究,对该制度的经验总结与提升,对于完善我国住房保障体系具有十分重要的意义。

（2）以高邮市为具体案例,论述高邮市保障性住房制度模式,对这一模式的实施经验和特点进行总结,针对问题提出完善该模式的对策,为其他城市共有产权保障性住房制度的建立提供经验借鉴。

1.3 研究思路和方法

本研究以高邮市共有产权住房制度为研究对象,研究过程中拟采用以下思路:首先明确本研究的背景和调研的内容;其次详细梳理分析高邮市共有产权住房制度的发展历程、运行机制、准入退出机制、运行成效及存在的问题;最后总结高邮市共有产权租售并举住房制度的特点与经验,探索未来的发展思路。

本次调研的形式主要是座谈会和现场参观,通过一定深度的调研了解高邮市共有产权住房制度发展的历程,共有产权住房制度运行、准入、退出机制及存在问题等,对高邮市共有产权住房制度进行相应的梳理。

2 高邮市共有产权住房制度的发展历程

2007年高邮市政府出台了《高邮市共有产权经济适用住房管理试行办法》,这是高邮市第一次探索经济适用住房新的实行形式,主要保障对象是符合经济适用住房保障条件但又无力购买经济适用住房的中低收入家庭。从2007年至2012年期间,共有98户中低收入家庭购买了共有产权经济适用住房。2013年,根据省建设厅、财政厅、民政厅《关于公布住房保障体系建设省级试点项目及实施单位名单的通知》要求,高邮市被列为省共有产权经济适用住房制度创新试点城市。于2013年10月8号出台了《高邮市共有产权经济适用住房管理试行办法》,建立了新的共有产权经济适用住房制度。

3 高邮市共有产权经济适用住房政策详解

3.1 新的共有产权经济适用房特点

显化政府出资额,政府与保障对象共同拥有经济适用住房房屋产权,并按出资比例形成各自的产权份额。

3.2 新旧共有产权经济适用住房制度的主要区别

2007年高邮市政府出台《高邮市共有产权经济适用住房管理试行办法》,第一次探索经济适用住房新的形式,主要的保障对象是符合经济适用住房保障条件但又无力购买经济适用住房的中低收入家庭。高邮市从2007年到2012年期间,共有98户中低收入家庭购买了共有产权经济适用住房。2013年新出台的共有产权经济适用住房制度与2007年的制度的主要区别在于:

1. 2013年的共有产权经济适用住房将土地出让金差价和经济适用住房享受减免的相关税费作为政府出资,使政府与购房人共同拥有一套经济适用住房的产权,政府无需再次资金投入。2007年的共有产权经济适用住房是政府与购房人仅就一套经济适用住房共同拥有其产权,政府除了给予经济适用住房的隐形投入外,还需要实际投入资金用于保障。

2. 新的共有产权经济适用住房明确了住房上市时,政府与购房人按出资比例形成各自的产权份额分获收益,旧的共有产权经济适用住房必须先由购房人取得政府50%部分的产权,取得整套房产权5年后才可以上市,住房上市时购房人需缴纳50%的住房收益给政府。

3. 新的共有产权经济适用住房没有政府产权部分房屋的租金,旧的共有产权经济适用住房购房人需缴纳政府产权部分的房屋租金。

3.3 共有产权经济适用住房土地性质

高邮市按照《经济适用住房管理办法》(建住房〔2007〕258号文)第七条

"经济适用住房建设用地以划拨方式供应"的规定,确定共有产权经济适用住房建设土地性质为划拨。

3.4 共有产权经济适用住房建设

高邮市共有产权经济适用住房在经济适用住房小区中配建或单独建设共有产权经济适用住房小区。

3.5 共有产权经济适用住房价格

共有产权经济适用住房销售应当实行明码标价,不在标价之外收取任何未予标明的费用。市物价部门根据《江苏省经济适用住房价格管理实施方法》核定房屋价格。建设用地土地出让金由市国土部门核定。

3.6 共有产权经济适用住房准入和退出

共有产权经济适用住房严格执行经济适用房相关规定,实行严格的准入和退出机制,其供应程序包括申请、审核、公示和轮候制度。

3.7 共有产权经济适用住房保障对象

符合经济适用住房保障条件的住房困难家庭可以申请购买共有产权经济适用住房。2014年高邮市调整经济适用住房保障家庭收入标准,由人均月收入1200元及以下调整为人均月收入1600元及以下。经济适用住房保障对象不包括外来务工人员和新就业大学生。不过高邮市建设人才公寓解决新就业大学生的住房问题。

3.8 共有产权经济适用住房保障面积

高邮市的共有产权住房的供应面积和保障面积主要由市住房保障部门按照届时经济适用住房相关规定确定。从调研的情况来看,保障面积在70 m^2左右。

3.9 共有产权经济适用住房权属登记

高邮市要求共有产权经济适用住房按照规定办理权属登记。房屋、土地部门在办理权属登记时,要求分别注明系共有产权房、政府和购房人各种产权份额以及划拨土地性质。市政府保障部门代表市政府登记共有产权经济适用住房政府产权部分。

3.10 共有产权经济适用住房产权份额

共有产权房产权比例按照购房人与政府各自的出资占房屋总价的份额确定。购房人出资额为经济适用住房房屋价款,经测算的土地出让金差价和经济适用住房享受减免的相关税费作为政府拥有的房屋产权份额。

3.11 共有产权经济适用住房的规定

购房人在取得共有产权经济适用住房以前,不得将共有产权经济适用住房出租,不得改变房屋用途,政府产权部分不得用作抵押。

3.12 共有产权经济适用住房完全产权的取得

1. 按照届时共有产权房的价格(考虑折旧因素)一次性购买政府产权部分的住房,形成完全产权。

2. 上市交易。购买共有产权经济适用住房满五年的可以上市交易。上市交易时须经市住房保障部门确认,并按市场评估价及产权份额(不含房屋装饰装修费用)向市住房保障部门缴纳政府产权部分的房屋价款。共有产权经济适用住房按规定上市,补足土地出让金和政府相关税费后,土地性质由划拨转为出让。

4 高邮市共有产权住房发展现状

2012年,高邮市经济适用住房发展中心在高邮镇丁庄村开始新建碧水新城南苑保障房小区,目前已建设到三期工程,一期工程136套、二期258套经济适用住房已全部竣工;三期工程264套经济适用住房于2015年9月开工建设,计划2017年8月份竣工。目前,碧水新城南苑一、二、三期工程加上往年开发的惠民花园小区剩余房源(代售和在建),还有598套,经济适用住房存量较多。

近几年,高邮市经济适用住房申请和销售量呈下降趋势,2013—2015年总共销售了316套,2016年以来只有15户申请,10户购买,经济适用住房出现销售困难的状况。

5 高邮市共有产权住房存在的问题

5.1 审核难度较大

由于审核机制的问题,目前共有产权经济适用房申请审核难度大,审核过程涉及多个环节。目前这些环节的信息系统难以共享与比对,已无法直接查询,增加了家庭收入审核难度。

5.2 后期管理成本高

因房屋产权为按比例共有,在房屋使用过程中,特别是在房屋出现质量问题需要维修时,存在维修责任扯皮现象。同时,随着时间的推移,共有产权住房的维修费用、物业费用、水电暖气费用有住户拒绝缴纳的情况出现,导致后期的维护成本较高。

5.3 中低收入家庭贷款难

申请购买经济适用住房的都是中低收入住房困难家庭,经济条件有限,绝大多数申请家庭在购房时需要申请贷款。目前大部分商业银行都不愿意做经济适用住房贷款业务,即使有银行愿意放贷,也需要申请人提供公务员、事业单位工作人员等作担保,然而很多申请家庭无法找到合适的人提供担保,因而放弃购房。

5.4 经济适用住房库存压力大

目前在售的经济适用住房地处偏远,公交学校等配套设施不够完善,而近两年高邮市商品房房价下降,与之相比经济适用住房不再具有性价比优势,导致购买量急剧下降,库存量较大。

6 政策建议

6.1 完善基础配套设施

共有产权经济适用房应当统筹规划、合理布局、完善配套设施,充分考虑城市中低收入困难家庭对交通等基础设施条件的要求,尽可能安排在重点发展区域、产业集中区域,在土地成本低的地段,要优先安排建设共有产权房。

6.2 实行货币化补贴,代替实物补贴

在采用货币补贴方式之后,住房补贴可以直接给予符合条件的中低收入家庭,相对于实物补贴来说更为直接和灵活,能直接帮助最需要的人。实行保障分配货币化,在收入清晰的前提下,给最穷的人和最需要住房的人以最多的住房补助,中低收入者一旦收入改善,就让其马上退出保障体系,方便管理。

6.3 共有产权房实行严格的准入和退出机制

共有产权经济适用住房供应程序应该包括申请、审核、公示和轮候等制度。应实行公示举报制度,主动接受各方监督。对初审符合保障条件的申请人,在实际居住地和新闻媒体分别进行公示;对被拆迁人在家庭所在地居委会和拆迁现场将拆迁补偿金额、家庭居住条件、经济收入等情况,进行张榜公示。经公示无异议的,做出准予购房的书面决定;有异议的,组织相关人员复查后,做出准予或不准购房的书面决定。

后　记

  2014年3月,江苏省住房和城乡建设厅在南京召开共有产权住房保障专题研讨会,交流全省各地在保障性住房共有产权模式方面的经验,进一步研究满足城镇住房困难家庭多层次住房需求的有效途径。同年,江苏省住房和城乡建设厅委托南京工业大学等单位进行"江苏省共有产权住房制度创新研究",10月赴北京进行调研,12月出台《关于推进保障性住房共有产权工作的意见》,使共有产权住房成为"深化住房保障制度改革"的重要内容。2015年,江苏省住房和城乡建设厅委托南京大学等单位进行"共有产权住房与贴息贷款保障方式比较研究",研究成果得到有关部门和专家的肯定。

  2015年4月,《共有产权住房制度创新研究》课题列入住房和城乡建设部2015年科技技术计划项目——软科学研究(住房和城乡建设部建科函〔2016〕91号)。该项目试图对江苏省乃至全国部分城市的共有产权实践进行系统的梳理、总结,并进行理论性的提升与创新思路的研究。2015年7月,南京大学房地产事务研究所、南京工业大学天诚不动产研究所在江苏省住房和城乡建设厅住房保障处、住房改革发展处的大力支持下,与淮安市住房和城乡建设局等五个试点城市的主管部门成立联合课题组,并在淮安市就课题研究方案进行论证。之后,各市也成立相应的子课题组,相继展开研究。2016年7月上旬,南京大学课题组成员赴南京、连云港、淮安、泰州、常州金坛进行共有产权住房制度实地调研。7月中旬,南京工业大学课题组成员赴高邮、张家港进行调研。通过以上调研，就江苏省七个市区共有产权住房制度产生的背景、历史进程、保障对象准入机制、政策的运行机制、退出机制、取得的成效、存在的问题、今后工作思路等方面进行了更加深入的探究，为共有产权住房制度创新研究提供坚实的实践基础。2017年1月13日，课题研究成果通过了住房和城乡建设部委托江苏省住房和城乡建设厅组织的验收（住房和城乡建设部建科验字〔2016〕211号）。

在上述课题研究成果的基础上，《共有产权住房制度创新研究》联合课题组组织撰写了本书。全书分七章，各章主要执笔人如下：第一章，漆信贤；第二章，沈晓艳；第三章，万佳钰；第四章，孟浩；第五章，孟浩；第六章，翁翎燕；第七章，翁翎燕；后附《共有产权住房制度创新研究》课题的5份专题研究报告和2份调研报告。各专题负责人如下：专题一，尤俊；专题二，黄国富；专题三，赵书健；专题四，蒋应柏；专题五，周建华。各专题主要执笔人如下：专题一，翁翎燕；专题二，沈晓艳；专题三，孟浩；专题四，万佳钰；专题五，漆信贤。2份调研报告由吴翔华负责。

上述课题的研究及本书的写作过程，得到了住房和城乡建设部有关部门领导的指导。中国房地产业协会时任副会长胡志刚研究员、中国建筑设计研究院开彦教授、中国科学院南京地理与湖泊研究所姚士谋教授、上海财经大学陈杰教授、东南大学李启明教授、江苏省社会科学院徐琴教授和南京林业大学朱建君教授等专家给予了指导，江苏省住房和城乡建设厅时任副厅长彭向峰和杜学伦对课题研究提出了建设性意见。淮安市住房和城乡建设局、南京市住房保障和房产局、连云港市住房保障和房产管理局、泰州市房产管理局、淮安市保障性住房建设管理中心、南京市住房保障中心、连云港市住房保障中心、常州市金坛区住房保障办为课题研究提供了鼎力支持。本书在编辑出版过程中得到了南京大学出版社的有力支持。在此，一并致谢。